Transformationsprobleme in Ostdeutschland

Heinz-Hermann Krüger
Martin Kühnel
Sven Thomas (Hrsg.)

Transformationsprobleme in Ostdeutschland

Arbeit, Bildung, Sozialpolitik

Springer Fachmedien Wiesbaden GmbH 1995

ISBN 978-3-8100-1364-4 ISBN 978-3-663-11657-8 (eBook)
DOI 10.1007/978-3-663-11657-8

Ursprünglich erschienen bei Leske +Budrich, Opladen 1995

Satz: Leske + Budrich

Vorwort

Die Idee einer Ringvorlesung, gemeinsam gestaltet und getragen von WissenschaftlerInnen der ortsansässigen Universität und GewerkschafterInnen des DGB, ist so neu nicht. Auch kann unsere Veranstaltung in Halle nicht den Ruhm für sich beanspruchen, die erste derartige Veranstaltung seit dem 3.10.1990 im sog. Beitrittsgebiet gewesen zu sein – da war Dresden uns eine Nasenspitze voraus – aber alle, die dabeigewesen sind, werden mir sicher zustimmen, daß wir hier terra incognita betraten, die viel Neues verhieß, Einblicke in unbekannte Terrains, Verknüpfungen eigener Erfahrungen und Erkenntnisse mit denen anderer, dem also mit Spannung entgegenzusehen war.

Eine Unternehmung, die aber auch Risiken in sich barg, nicht zuletzt hinsichtlich der von uns nicht einschätzbaren Resonanz und – es soll nicht verschwiegen sein – zu vermutender politischer Empfindlichkeiten.

Warum ein derartiger Versuch? Es gibt da mehrere Grundüberlegungen. Ich persönlich halte sehr viel von einer Idee, die Prof. Dr. Neuweiler, er ist Vorsitzender des Wissenschaftsrates, so formulierte: „Wir brauchen einen permanenten und professionellen Dialog zwischen Wissenschaft und den anderen gesellschaftlichen Kräften (Arbeit, Kapital, Verbraucher, Kommunalpolitik etc.)“. Er wünschte sich dazu u.a. „offene Kollegs“, die „aus den Universitäten ... wieder einen zugänglichen und lebendigen Marktplatz von Ideen machen können...“ (GMH 11/93, S. 693).

So erschien es mir von jeher wichtig, berufliche Bildung und die beträchtliche Summe der Erfahrungswerte aus der Arbeitswelt mit den Inhalten und Erkenntnissen aus der Wissenschaftswelt stärker als bisher zu verknüpfen. Hinzu tritt das legitime Interesse Berufstätiger (ob nun aktuell als Arbeitsplatzbesitzer oder arbeitslos) an weiterer Qualifikation. Warum also die Hochschulen nicht auch anderen und nicht nur dem akademischen Nachwuchs öffnen?

Was aus unseren ersten Bemühungen wurde, spiegelt sich nur zu einem Teil in diesem Band wieder. Unsere Veranstaltung fand nicht an einem beliebigen Ort statt und auch nicht zu einem beliebigen Zeitpunkt, sondern in Halle inmitten der mitteldeutschen Industrieregion, geprägt von Chemie und Tagebau, Massenarbeitslosigkeit und bröckelnden Fassaden, im Jahre IV nach der Wende, was heißen soll, am Beginn einer sich abzeichnenden Periode der Konsolidierung, was auch immer diese bringen und wie auch immer man diese werten mag.

Nachzulesen sind die einzelnen Beiträge der Vortragenden, nicht aber die sich daraus ergebenden Diskussionen, die häufig genug den vorgegebenen Zeitrahmen sprengten und an anderem Ort fortzusetzen waren, die zu Gesprächen führten, in deren Verlauf unendlich viele Vor-Wende-Erfahrungen ausgetauscht und verglichen wurden, scheinbar gesicherte Erkenntnisse ins Rutschen kamen und neue Bezugspunkte entdeckt wurden. Und es war immer auch eine Begegnung zwischen West und Ost.

Seit Beginn meiner Tätigkeit in Halle im August 1990, als ich mich im sich auflösenden realen „was immer auch" wiederfand, hatte ich – nicht zum ersten Mal in meinem Leben – den fatalen Eindruck, zuerst einmal eine Pause zu brauchen, um alles zu überdenken, über Alternativen zu den sich scheinbar so billig anbietenden Antworten und Lösungsformeln nachzudenken. Zeit, die nicht vorhanden war, denn die Ereignisse überschlugen sich, irgendwie galt es entgegenzusteuern, den eifrigen Glücksrittern Paroli zu bieten, Gegenwehr zu organisieren. Gegenwehr? Eher alltägliche Schadensbegrenzung! Eins der alten gewerkschaftlichen Probleme: Der Zwang zur schnellen praxisnahen Reaktion verhindert häufig genug die Entwicklung und Umsetzung eigenständiger Konzepte und Perspektiven.

Nun also die Ringvorlesung. Nicht nur eine Chance, wie sich bald zeigte, sich einmal wöchentlich dem Druck des vollen Terminkalenders zu entziehen, sondern endlich Gelegenheit zum Zuhören, Mit- und Nachdenken, neue Menschen kennenzulernen, sich auszutauschen. Nein, kein „gesellschaftliches Ereignis", sondern eine Möglichkeit der Begegnung unterschiedlicher Sichtweisen und differierender Alltagserfahrung mit den Ergebnissen wissenschaftlicher Forschung.

In der Zusammenarbeit mit der Martin-Luther-Universität hatten wir die Gelegenheit, hier „vor Ort" in Halle regionale Bezüge herzustellen. Gegenstand unserer Aufmerksamkeit waren unsere Region und ihre spezifischen Probleme, die Menschen, deren Lebensumstände uns alle beschäftigen.

Ich wünsche mir, daß dieser Band über den Kreis der damaligen Hörer hinaus viele Menschen, vor allem in den Gewerkschaften, erreicht. Er kann deutlich machen, daß Wissenschaft das Leben der ArbeitnehmerInnen und ihrer Familien auch in dieser Region mit viel Fachkompetenz begleitet. Fachkompetenz, die abzurufen wäre beispielsweise für Betriebs- und Personalräte, aber auch für alle jene in den Gewerkschaften, die sich Gedanken machen über Zukunftsperspektiven unter sich verändernden Rahmenbedingungen, über unsere Rolle in einer sich wandelnden Gesellschaft.

Es gilt im übrigen auch Dank zu sagen, den Protagonisten der Veranstaltung und denen, die die Initiative zur Zusammenarbeit ergriffen, die Organisation übernahmen, die auch inhaltlich so manchen Beitrag leisteten, kurz Sven Thomas und Martin Kühnel von der Martin-Luther-Universität und Ulla Kreutner von der Kooperationsstelle der Freien Universität Berlin und des DGB.

Halle, im Juli 1994

Gudrun Ecker

Inhalt

Heinz-Hermann Krüger/Martin Kühnel/Sven Thomas

Brüche, Umbrüche – Aufbruch? Arbeits-, bildungs- und sozialpolitische Problemlagen und Perspektiven in Ostdeutschland

I.

Wer sich bisher nur ein wenig mit der sozialpolitischen Lage der neuen Bundesländer beschäftigt hat, dem wird vor allem eines aufgefallen sein: Von den bestehenden Problemen sind die wenigsten tatsächlich gelöst und vielfach scheinen Konzepte zu fehlen, welche in absehbarer Zeit deren grundlegende Bewältigung erhoffen lassen. Spätestens nach dem 3. Oktober 1990, dem Tag, der endgültig die Zweistaatlichkeit Deutschlands zu einem historischen Faktum werden ließ, begann für die neuen Bundesländer – nach aller Euphorie – der Alltag der Demokratie. Daß dieser Alltag mit dem Beitritt der neuen Länder zur Bundesrepublik Deutschland jedoch längst nicht das Maß an erhoffter wirtschaftlicher, sozialer und gesellschaftlicher Normalität erbrachte, zeigten die sich in nahezu allen gesellschaftlichen Bereichen ergebenden Schwierigkeiten. Die derzeit noch auffälligen Diskrepanzen zwischen Ost und West machen zudem deutlich, wie wichtig die Aufgabe der Angleichung der Lebensverhältnisse auch für die nächsten Jahre sein wird.

Auf dem Gebiet der ehemaligen DDR war die Situation zunächst von vielfältigen Brüchen gekennzeichnet. Das politische System des „real existierenden Sozialismus" war zusammengebrochen, das staatlich gelenkte Wirtschafts- und Sozialsystem ebenso. Für viele Menschen zog dies zugleich Brüche ihrer Biographien mit sich – trotz aller Freude über die gewonnenen Freiheiten waren berufliche Aussichten oder Zukunftsplanungen auf einen Schlag nichtig geworden. Es gab keine tabula rasa für einen Neuanfang, wohl aber einen Neuanfang, der sich in gesamtgesellschaftlichen und individuellen Umbrüchen vollzog. Politische und wirtschaftliche Transformationsprozesse brachten Chancen mit sich, forderten aber gleichfalls Neuorientierungen der Akteure; „bewährte" Konzepte und Rituale von Problemlösungen waren angesichts der völlig neuen Situation nur eingeschränkt oder überhaupt nicht anwendbar. Zahlreiche Herausforderungen wie die Privatisierung der ehemals „volkseigenen" Industrie, die neu entstandene und steigende Arbeitslosigkeit, der hohe Bedarf an Umschulungen oder an zukunftsträchtigen Ausbildungsformen benötigen neue Konzepte.

Aufbruch? Wir haben das Fragezeichen nach dem letzten Stichwort im Titel unserer Einleitung sehr bewußt gesetzt. Daß dieser Aufbruch notwendig ist, steht außer Zweifel. Gewiß werden in diesem Band keine Allheilmittel vorgestellt werden, doch Antworten auf drängende Fragen können erst dann gefunden werden, wenn ihnen präzise Situationsanalysen vorausgehen. Deshalb kommen hier zu arbeitsmarktpolitischen, bildungspolitischen und sozialpolitischen Problemlagen Gewerkschafter und Wissenschaftler zu Wort, die durch ihre unmittelbare Betroffenheit und die Nähe zum Problem bzw. ihre Forschungstätigkeit Einblicke in verschiedene thematische Bereiche ermöglichen. Einblicke, die zudem in etlichen Fällen ihre Aktualität Primärdaten verdanken und aufschlußreiche Informationen zur derzeitigen Lage gestatten.

II.

Die Themenauswahl gruppiert sich um drei Schwerpunkte: *Bildung und Arbeit, Soziale Problemlagen* sowie *Management und Gewerkschaftspolitik.* So verschieden die Beiträge der Autoren hinsichtlich ihrer Einzelthemen auch sind, das Anliegen ist ihnen allen gemeinsam – die Frage nach den sozialen Verhältnissen in (Ost-)Deutschland und die Suche nach gangbaren Wegen in der künftigen Entwicklung Ostdeutschlands.

Im ersten Schwerpunkt „Bildung und Arbeit“ beleuchtet *Jürgen Weißbach* (Landesvorsitzender des DGB Sachsen-Anhalt) den Komplex der staatlich organisierten Arbeitsmarktpolitik, beschreibt neueste Entwicklungstendenzen auf dem Arbeitsmarkt Sachsen-Anhaltes und zeigt aus der Sicht des DGB mögliche Alternativen zur Eindämmung und zum Abbau der Arbeitslosigkeit. *Bernd Dewe* (Institut für Pädagogik) setzt sich mit dem Konzept der beruflichen Weiterbildung in den neuen Bundesländern auseinander. Geht es hier, wie die breite Ausdehnung von Weiterbildungen und Umschulungen bis hin zur Dequalifizierung nahelegt, um ein Instrument zur bloßen Bewahrung des sozialen Friedens oder um einen sinnvollen Weg der Qualifikation? Was technisch-wirtschaftliche Bildung konkret bedeutet, welchen Nutzen sie hat und welche Zukunft dieser Zweig der schulischen Ausbildung haben kann, ist das Thema *Elke Hartmanns* (Institut für technische und wirtschaftliche Bildung). *Jan Olbertz* (Institut für Pädagogik) analysiert die universitäre Ausbildung im Spannungsfeld zwischen Spezifizierung und Universalisierung. Seine Ausführungen werden durch aktuelle empirische Erhebungen gestützt und beziehen universitätspolitische Neuordnungsversuche mit dem Ziel fächerübergreifender Integration von Forschung und Lehre mit ein.

Heinz-Hermann Krüger (Institut für Pädagogik) beschreibt eingangs des zweiten Schwerpunktes „Soziale Problemlagen“ die Situation von Kindern und Jugendlichen sowie aktuelle Entwicklungstrends. Dabei stützt er sich auf die Ergebnisse von qualitativen und quantitativen Befragungen von Kindern und jungen Jugendlichen in Sachsen-Anhalt in den Jahren 1991 bis 1993. Ob und auf welche Weise Sozialpädagogik in der gesellschaftlichen Realität Hilfen für Randgruppen und Außenseiter anzubieten und zu entwickeln vermag, stellt *Thomas Olk* (Institut für Pädagogik) dar. *Ursula Rabe-Kleberg* (Institut für Pädagogik) setzt sich kritisch mit der veränderten Rolle der Frau in der Gesellschaft nach der Wende auseinander.

Heinz Sahner (Institut für Soziologie) gibt vermittels neuester, auf eigenen empirischen Erhebungen beruhenden Daten Auskunft über die subjektiv empfundene Lebenssituation von Bürgern in Sachsen-Anhalt im Vergleich zu Analysen aus den alten Bundesländern.

Im abschließenden dritten Schwerpunkt „Management und Gewerkschaftspolitik“ geht *Wolfhard Kohte* (Juristische Fakultät) zuvorderst vor allem den gesetzlichen Grundlagen, deren Spielräumen und Lücken, sowie der rechtlichen Praxis der Treuhandanstalt bei der Privatisierung nach. *Marion Büßenschütt* schildert aus ihrer hauptamtlichen Tätigkeit beim DGB die Gründung, den Aufbau und die Schwierigkeiten bei dessen Arbeit in Sachsen-Anhalt. *Sven Thomas* (Institut für Politikwissenschaft) untersucht die Auswirkungen posttayloristischer Produktionssysteme auf die Organisation von Arbeitnehmerinteressen. Abschließend analysiert *Gesine Foljanty-Jost* (Institut für Politikwissenschaft) das umweltpolitische Management japanischer Kommunen.

III.

Die Beiträge des Sammelbandes gehen größtenteils auf Vorträge im Rahmen einer gemeinsam vom Deutschen Gewerkschaftsbund und der Martin-Luther-Universität Halle-Wittenberg (Institut für Politikwissenschaft und Institut für Pädagogik) veranstalteten Ringvorlesung unter dem Titel „Umbruch in Ostdeutschland“ im Wintersemester 1993/94 zurück. Die Idee für diese hier erstmalige Veranstaltung wurde, sofern man ein Datum festsetzen will, im Umkreis der von der Hans-Böckler-Stiftung und der Bundesarbeitsgemeinschaft der Kooperations- und Kontaktstellen am 4. und 5. Juni 1993 in Halle abgehaltenen Tagung „Hochschule und Arbeitswelt“ geboren. Der Hauptgedanke war hierbei, Themen, die sowohl für Funktionsträger der Gewerkschaften, interessierte Bürger und Wissenschaftler von Bedeutung sind, in einer interdisziplinär und breit angelegten Veranstaltung zu diskutieren. Daß Öffentlichkeit und Universität nicht voneinander strikt getrennte Bereiche darstellen müssen, hatten bereits Veranstaltungen ähnlicher Art in den alten Bundesländern, u.a. an der Ruhr-Universität Bochum oder der Freien Universität Berlin, und eben die Einrichtung gemeinsamer Kooperationsstellen von Gewerkschaften und Universitäten gezeigt.

Dem vorausgegangen war zunächst eine ebenfalls von der Hans-Böckler-Stiftung in Auftrag gegebene Studie, in welcher diejenigen Forschungsprojekte an der Martin-Luther-Universität erfaßt und beschrieben wurden, welche dem Kriterium der Relevanz für Arbeitnehmer und Gewerkschaften entsprachen[1]. Eines der unmittelbaren Ergebnisse bestand hier in der Feststellung eines Bedarfs nach gegenseitigem Meinungsaustausch – der Ergänzung praktischer Erfahrungen durch wissenschaftliche Forschung einerseits und der Formulierung von Fragestellungen aus der Arbeits- und Lebenswelt an die Wissenschaft andererseits. Es waren also hinreichende Gründe für die Initiierung eines solchen Diskurses vorhanden, der von uns in relativ kurzer Zeit und als eine der ersten Veranstaltungen dieser Art in den neuen Bundesländern ins Leben gerufen wurde. Die gut besuchte Ringvorlesung und die oftmals anregenden Diskussionen bestätigten diese Einschätzung und hatten zur Konsequenz, daß inzwischen eine Kooperationsstelle in Halle gegründet wurde, die vom DGB und der Martin-Luther-Universität gemeinsam getragen wird.

1 M. Kühnel: Dokumentation gewerkschafts- und arbeitnehmerrelevanter Forschungsprojekte an der Martin-Luther-Universität Halle-Wittenberg, Halle, im Juli 1993 (unveröffentlichtes Manuskript)

I. Bildung und Arbeit

Jürgen Weißbach

Die wirtschafts-, struktur- und arbeitsmarktpolitischen Aktivitäten/ Initiativen/Ansatzpunkte des DGB-Landesbezirks Sachsen-Anhalt

Der Deutsche Gewerkschaftsbund ist seit 1990 in Sachsen-Anhalt präsent und seit 1992 in den jetzigen Strukturen, d.h. mit einem Landesbezirksvorsitzenden (Landesbezirksverwaltung) und 7 DGB-Kreisen.

Aufgrund der völlig anderen, zum Teil sehr offenen Situation in den neuen Bundesländern, vergleicht man dies mit westdeutschen Politikstrukturen, war es dem DGB möglich, auf im Prinzip allen politischen Ebenen Einfluß geltend zu machen und Politik mitzugestalten.

Es wurden ebenfalls im Vergleich zu westdeutschen Landesbezirken in Sachsen-Anhalt spezifische Aufgabengewichtungen vorgenommen. Aufgrund der Problemlagen in den Bereichen Wirtschaft und Arbeitsmarkt lag von Anfang an hier ein Schwerpunkt gewerkschaftlicher Arbeit.

Hier gibt und gab es sowohl auf Landes-, als auch Regierungsbezirks- oder Kommunalebene die unterschiedlichsten Möglichkeiten Einfluß auszuüben und eigene Vorstellungen im Sinne einer arbeitnehmernahen Politik einzubringen bzw. dies wenigstens einzufordern.

Unsere Arbeit war nach der Wende zum Teil einfacher als jetzt, weil viele Strukturen erst im Entstehen waren, die politischen Parteien ihren Platz in Ostdeutschland erst suchten. Inzwischen ist vieles komplizierter geworden. Wir haben auch keine Illusionen, was gewerkschaftlicher Einfluß letztlich bewirkt. Gewerkschaften sind nicht in der Lage, als Reparaturverein verfehlte Politik auszubügeln. Doch bleibt für uns als wichtige Aufgabe, den Schaden, der durch die Umbruchsituation in Ostdeutschland für die Menschen entsteht, zu begrenzen und immer wieder Initiativen im Interesse der Menschen zu ergreifen.

Erste wirtschaftspolitische Forderungen erhob der DGB bereits im März 1991. Diese wurden ständig der sich ändernden Situation angepaßt und weiterentwickelt. Einige zentrale Forderungen haben nach wie vor Gültigkeit. Darüber hinaus ist es in der Wirtschafts- und Industriepolitik gelungen, bei der Landesregierung und den Verbänden der Wirtschaft wenigstens verbal eine weitgehende Übereinstimmung in Analysen und Zielsetzung zu erreichen.

Um als Gewerkschaften wirtschaftspolitische Forderungen erheben zu können, analysieren wir die Situation grundlegend. Dies haben wir durch unsere Veröffentlichungen deutlich gemacht. Aus unserer Sicht stellt sich die wirtschaftliche Situation wie folgt dar:

Die gesamtwirtschaftliche Lage in Ostdeutschland ist nach wie vor schwierig. Drei Jahre nach der formalen Errichtung eines einheitlichen Wirtschaftssystems in Ost- und Westdeutschland gibt der Zustand der ostdeutschen Wirtschaft Anlaß zur Sorge. Die vorwiegend auf Marktkräfte setzende Wirtschaftspolitik der deutschen Einigung ist weitgehend gescheitert.

Die Wirtschaft der ehemaligen DDR wurde quasi „über Nacht" marktwirtschaftlichen Mechanismen ausgesetzt, denen sie nicht gewachsen sein konnte. Gab es vor zwei Jahren noch die Hoffnung, daß die strukturelle Anpassung der neuen Bundesländer mittelfristig zu bewältigen sei, so zeigt sich inzwischen, daß statt dessen die düsteren Prognosen Realität geworden sind. Für Ostdeutschland ist der sogenannte selbsttragende Wirtschaftsaufschwung nicht in Sicht. Industriestrukturen brechen nach wie vor weg. Produktionseinbrüche und massive Beschäftigungsrückgänge legten die mangelnde Wettbewerbsfähigkeit und Chancenlosigkeit der Produktion der neuen Bundesländer offen.

Der Leistungsrückstand der ostdeutschen Wirtschaft gegenüber der westdeutschen ist immer noch gravierend. Bei einem Bevölkerungsanteil von 20% werden gerade 8% der gesamtwirtschaftlichen Produktion in den neuen Bundesländern erwirtschaftet.

In Sachsen-Anhalt ist das Produktionspotential auf ein Drittel, die Beschäftigung auf weniger als zwei Drittel des Niveaus von 1990 gesunken.

Abb.1

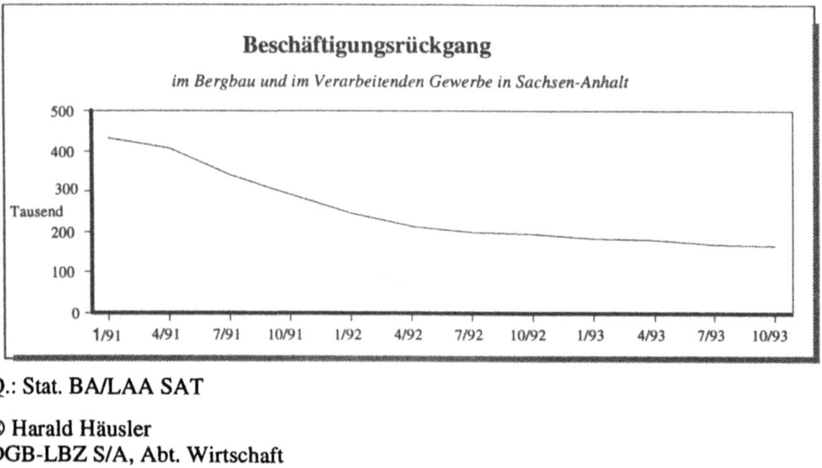

Q.: Stat. BA/LAA SAT

© Harald Häusler
DGB-LBZ S/A, Abt. Wirtschaft

Bisher ist es nicht gelungen, im industriellen Sektor wettbewerbsfähige Strukturen zu schaffen. Im Gegenteil: Die Deindustrialisierung schreitet voran. Starke Einbußen sind vor allem in solchen Schlüsselindustrien wie der Chemie und dem Maschinenbau zu verzeichnen (BUNA, LEUNA, Chemie AG, Addinol, SKET usw.).

Der Industriebesatz (Industriebeschäftigte pro 1000 Einwohner) ist von 152 im Januar 1991 auf 59 im Juni 1993 gesunken, das sind gerade 44% des westdeutschen Wertes. Auch EU-weit ist das heutige ostdeutsche Niveau bei weitem das niedrigste und wird selbst von den wirtschaftlich weniger entwikkelten Ländern Irland (64), Griechenland (74) oder Spanien (74) deutlich übertroffen. Selbst die auf die Zukunft ausgerichtete, dienstleistungsorientierte Volkswirtschaft der USA verfügt mit 88 Industriebeschäftigten pro 1.000 Einwohnern über eine nahezu doppelt so hohe Industriedichte wie Ostdeutschland.

Abb. 2:

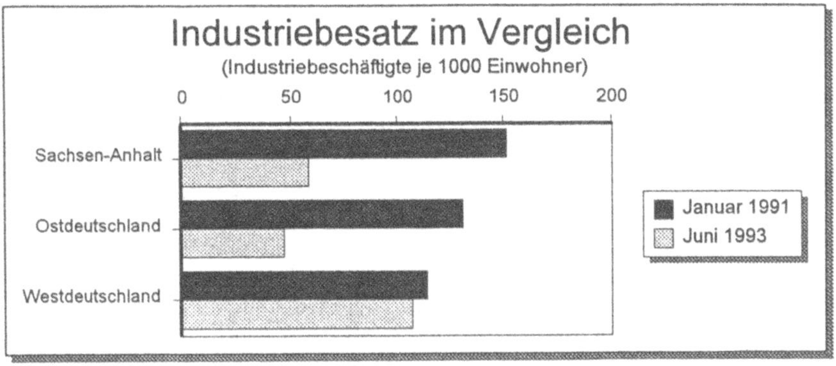

Q: WSI
(c) Harald Häusler
DGB-LBZ S/A, Abt. Wirtschaft

Mit dem drastischen Rückgang von Produktion und Beschäftigung ging der Zerfall der industrienahen Forschung einher. Die Zahl der Industrieforscher weist zur Zeit, verglichen mit den alten Bundesländern, eine Relation von 1:15 auf. Besorgniserregend ist der Abbau von Forschungspotential in den Branchen mit hohem Innovationstempo. 1989 waren in Sachsen-Anhalt noch 29.800 Beschäftigte im Forschungs- und Entwicklungsbereich tätig, 1992 nur noch 10.010 Personen. Das entspricht einem Rückgang von 66,4%. Der Schrumpfungsprozeß ist noch nicht gestoppt.

Dramatisch ist die Situation in den Unternehmen der Treuhandanstalt, in denen heute noch jeder dritte Industrieforscher arbeitet. Im Vorfeld von Liquidationen und Privatisierungen werden die Forschungspotentiale dort stark reduziert, potentielle Erwerber zeigen an deren Erhalt kein Interesse.

Viele ostdeutsche Betriebe sind bzw. werden von westdeutschen Unternehmen oder von Unternehmen des westlichen Auslands übernommen. Dies bedeutet häufig Verlust und Einschränkung betrieblicher Funktionen von der Verwaltung bis zur Forschung und Entwicklung. So wird die ostdeutsche Wirtschaft auf „verlängerte Werkbänke“ reduziert. Mit dem Abbau der Industrieforschung gehen der ostdeutschen Wirtschaft zukünftige Wachstumsfelder unwiederbringlich verloren.

Wesentliche Voraussetzung für die Neustrukturierung der Wirtschaft Sachsen-Anhalts ist eine entsprechende Investitionstätigkeit. Ihr Umfang bestimmt, wieviel Arbeitsplätze modernisiert oder neugeschaffen werden. Investitionen allein garantieren keine wettbewerbsfähigen Wirtschaftsstrukturen, gehören aber gemeinsam mit anderen Faktoren, zum Komplex notwendiger Voraussetzungen. In diesem Sinne reicht die Investitionstätigkeit – trotz einer großzügigen Förderquote teilweise über 50% – quantitativ wie qualitativ nicht aus. Pro Erwerbsperson wird ca. 1/4 des westdeutschen Niveaus investiert, davon wiederum entfallen nur etwa 1/5 auf das verarbeitende Gewerbe. Obwohl in Sachsen-Anhalt im Vergleich mit den anderen neuen Bundesländern pro Einwohner und Arbeitsplatz relativ am meisten investiert wird, hat unser Land die höchste Arbeitslosenquote in Deutschland. Das heißt, die Effekte im Sinne von mehr Beschäftigung sind relativ gering und sie werden es auch bei den prognostizierten Wachstumsraten von 7-8% bleiben.

Ein weiteres Kernproblem der Wirtschaftsstruktur Sachsen-Anhalts ist die Diskrepanz zwischen einem relativ dynamischen Dienstleistungssektor und einem rückläufigen Industriesektor. Eine solche Entwicklung ist auf Dauer ökonomisch nicht tragfähig. Das Land kann sich nur mit einer hinreichenden industriellen Basis selbständig entwickeln. Nicht mit Dienstleistungen, sondern nur mit einer gesunden Industriestruktur wird Sachsen-Anhalt überleben.

Obwohl der Dienstleistungsbereich als Hoffnungsträger galt, zeigt die Entwicklung, daß bis auf das Kredit- und Versicherungsgewerbe kaum positive Entwicklungs- und Beschäftigungseffekte existieren.

Abb. 3

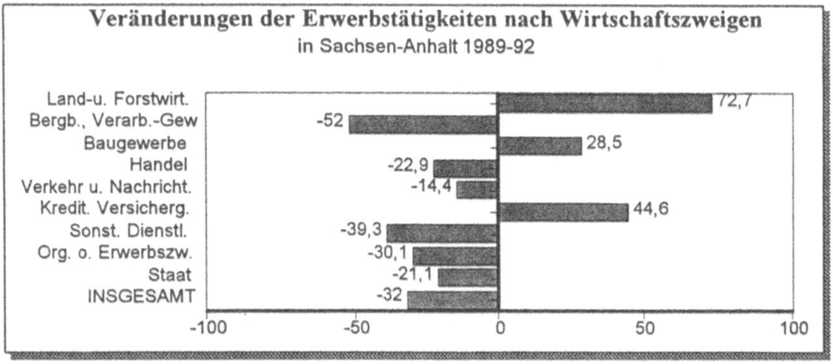

Q.: Stat. BA
© Harald Häusler
DGB-LBZ S/A, Abt. Wirtschaft

Die Faktoren, die der industriellen Schrumpfung entgegenwirken, sind nahezu erschöpft. Mittelstand, Dienstleistungen und Handwerk galten zwar als wirtschaftspolitische Hoffnungsträger der Bundes- und Länderpolitik, konnten aber die weggebrochenen Industriearbeitsplätze nicht ausgleichen. Der strukturelle Nachholbedarf an kommerziellen und produktionsorientierten Dienstleistungen ist weitgehend gedeckt. Der tertiäre Wirtschaftssektor wirkt nicht mehr als Wachstumsträger, arbeitsplatzschaffende Effekte in größerem Ausmaß sind nicht mehr zu erwarten.

Da der massive Beschäftigungseinbruch in der ostdeutschen Industrie nicht gleichzeitig mit einem ähnlich dimensionierten Rückgang der Anzahl der Betriebe einherging, hat sich folglich seit 1991 die ostdeutsche Betriebsgrößenstruktur der westdeutschen angenähert.

Abb.4

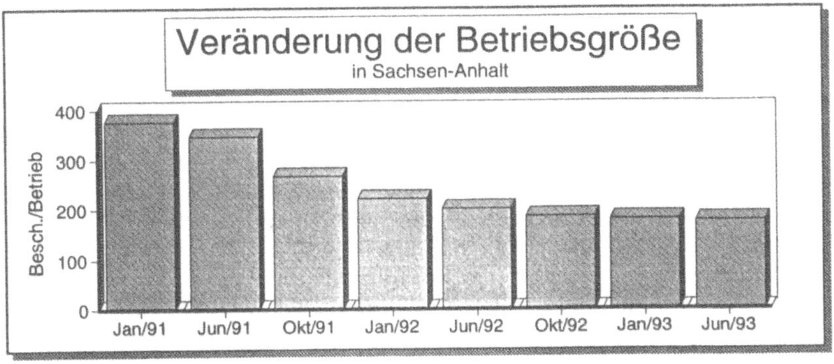

Q.: WSI
© Harald Häusler
DGB-LBZ S/A, Abt. Wirtschaft

Die durchschnittliche Betriebsgröße in den neuen Ländern lag im Januar 1991 mit 293 Beschäftigte je Betrieb fast doppelt so hoch wie in Westdeutschland (158 Beschäftigte je Arbeitsstätte). Sie glich sich der der alten Bundesländer nicht nur an, sondern fiel im Juni 1993 mit nur noch knapp 118 Beschäftigten pro Betrieb sogar deutlich unter das Betriebsgrößenniveau der alten Bundesländer. Die Anpassung bzw. Überanpassung von Branchen- und Betriebsgrößenstrukturen an westliche Muster wirft eine Fülle von Problemen auf. Ein großer Teil klein- und mittelständischer Unternehmen (vor allem Dienstleister) sind komplementärer Art bezogen auf den industriellen Bereich. Für das Gesamtgeflecht sind die „Großen" nach wie vor Voraussetzung, ihre Existenz ist letztlich die Grundlage für all die anderen. Hier sind die Zahlen ernüchternd. Der unstreitig notwendige Personalabbau durch Rationalisierung, die unstreitig notwendige Verkleinerung durch Aus-, Um- bzw. Neugründungen hat Großbetriebe als „industrielle Kerne" rar gemacht. Zweifellos verzeichnen die kleineren Betriebsgrößenklassen in praktisch allen Branchen Beschäftigungsgewinne. Diese reichen aber bei weitem nicht aus, um die Entlassungen in den Großbetrieben zu kompensieren.

Deshalb setzen wir uns auch kritisch mit den Auffassungen auseinander, die glauben machen, daß Mittelstandsförderung das non plus ultra der Wirtschaftspolitik sei bzw. über den Aufbau lediglich mittelständischer Strukturen sich die Lage in Ostdeutschland bessert.

Die sektoralen Strukturprobleme werden durch regionale Disparitäten verschärft. Es zeigen sich zunehmend regionale Unterschiede hinsichtlich der marktwirtschaftlichen Anpassungen z.B. zwischen industriell geprägten und ländlichen Räumen, zwischen peripheren Regionen und solchen in relativer Nähe zu westdeutschen bzw. europäischen Agglomerationsräumen mit attraktiven Arbeitsmärkten sowie zwischen Industriegebieten mit noch vorhandener industrieller Basis und Räumen, in denen der Erhalt eines „industriellen Kerns" nicht gelungen ist. Die regionale Differenzierung wird sich zukünftig in den neuen Bundesländern fortsetzen und die sozialen und wirtschaftlichen Probleme und Spannungen werden sich verschärfen.

Schon jetzt existieren in Sachsen-Anhalt Regionen mit günstigeren Ausgangsbedingungen (Ballungsräume Halle und Magdeburg) neben solchen mit weit unterdurchschnittlicher Wirtschaftskraft und überdurchschnittlicher Arbeitslosigkeit. Dies trifft vor allem ländlich-periphere, monostrukturierte Gebiete (Altmark, Südharz). Ein künftiger Wirtschaftsaufschwung wird sich erfahrungsgemäß nicht gleichmäßig in Sachsen-Anhalt einstellen, sondern zunächst in ohnehin entwickelteren Zentren beginnen.

Mit dem Zusammenbruch der Produktionsstrukturen in den neuen Bundesländern ging ein in der Wirtschaftsgeschichte Deutschlands einmaliger Beschäftigungsrückgang einher, dessen Ende noch nicht absehbar ist.

In Sachsen-Anhalt ist seit 1991 eine anhaltend hohe Arbeitslosenquote, seit kurzem leider die höchste in ganz Deutschland mit 19,5% (April 1994), zu verzeichnen. Ein Ende dieser Entwicklung ist nicht absehbar, d.h. auf dem ostdeutschen bzw. sachsen-anhaltischen Arbeitsmarkt hat die Zunahme der gesamtwirtschaftlichen Produktion der letzten beiden Jahre keine sichtbaren Erfolge gezeigt. Der Produktionsanstieg hat nicht zu einem Anstieg der Erwerbstätigkeit, sondern der Produktivität geführt. Die Arbeitsmarktzahlen der letzten Monate deuten darüber hinaus auf eine beträchtliche Zunahme der stillen Reserve hin.

Auch bei einem Wirtschaftswachstum wird strukturbedingt eine hohe Sockelarbeitslosigkeit für lange Zeit Realität in Sachsen-Anhalt und den anderen neuen Bundesländern bleiben.

Die Arbeitslosenquote spiegelt jedoch das tatsächliche Ausmaß der Unterbeschäftigung nicht wieder. Weit mehr Menschen haben ihren Arbeitsplatz verloren, erscheinen aber statistisch nicht, weil sie vorübergehend durch arbeitsmarktpolitische Instrumente wie ABM, Anwendung des Paragraphen 249 h/AFG, Fortbildung und Umschulung dem Arbeitsmarkt nicht zur Verfügung stehen. Die große Zahl älterer Arbeitnehmer, die Altersübergangs- und Vorruhestandsregelungen in Anspruch nehmen mußten, findet sich ebenfalls nicht in den absoluten Arbeitslosenzahlen wieder.

Abb. 5

Q.: IAB
© Harald Häusler
DGB-LBZ S/A, Abt. Wirtschaft

In dieser Zusammenstellung sind die ca. 50.000 Pendler, die dem sachsen-anhaltischen Arbeitsmarkt vorübergehend oder gänzlich entzogen wurden sowie die Rückzüge in die sogenannte „Stille Reserve" aufgrund mangelnder Beschäftigungsperspektiven nicht berücksichtigt.

Abb. 6

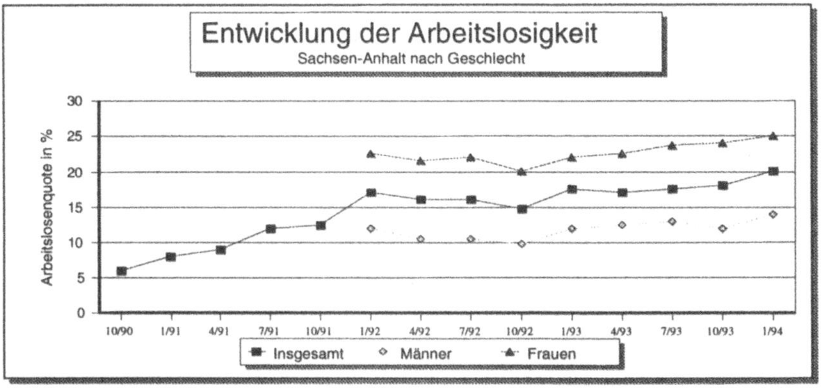

Q.: Stat. BA/LAA SAT
© Harald Häusler
DGB-LBZ S/A, Abt. Wirtschaft

Frauen sind von Arbeitslosigkeit überdurchschnittlich betroffen. Im Dezember 1993 gab es fast doppelt so viele arbeitslose Frauen wie Männer. Die Quote für Männer betrug 12,5%, die für Frauen 23,0%. Bisher ist ein freiwilliger Rückzug der Frauen vom Arbeitsmarkt nicht zu erkennen. Dazu dürften auch nicht nur die aus DDR-Zeiten gewohnte Berufstätigkeit beider Partner, sondern auch der im Vergleich zu den alten Bundesländern höhere Anteil Alleinerziehender und der wachsende finanzielle Bedarf angesichts steigender Lebenshaltungskosten beitragen.

Stark betroffen sind auch Jugendliche unter 25 Jahren, die im Dezember 1993 11,4% der Arbeitslosen stellten.

Trotz ihres hohen Anteils an der Arbeitslosigkeit finden diese Personengruppen keine ausreichende Berücksichtigung bei der Konzeption und Anwendung arbeitsmarktpolitischer Maßnahmen. Hier ist verstärkt politisches Handeln gefordert.

Bei allgemein hohem Niveau der Arbeitslosigkeit ist die regionale Verteilung deutlich differenziert. Die höchsten Arbeitslosenquoten weisen die Arbeitsamtsbezirke Dessau, Sangerhausen und Halberstadt auf, die niedrigsten die Arbeitsamtsbezirke Halle und Magdeburg.

Die Ursachen dafür sind verschieden, einerseits liegen sie in bereits beschriebenen Entwicklungsunterschieden, andererseits in der unterschiedlichen Anwendung arbeitsmarktpolitischer Instrumente. In der nachfolgenden Abbildung 7 ist die Entlastungswirkung durch arbeitsmarktpolitische Maßnahmen dargestellt. Dabei wird ersichtlich, daß das Ausmaß der Arbeitslosigkeit durch den Einsatz insbesondere von ABM und Fortbildung und Umschulung erheblich abgefedert wird. Die Kürzung der Mittel, wie 1994 vorgesehen, ist demnach der falsche Weg, da der Beschäftigungsabbau weiter anhält.

Abb. 7

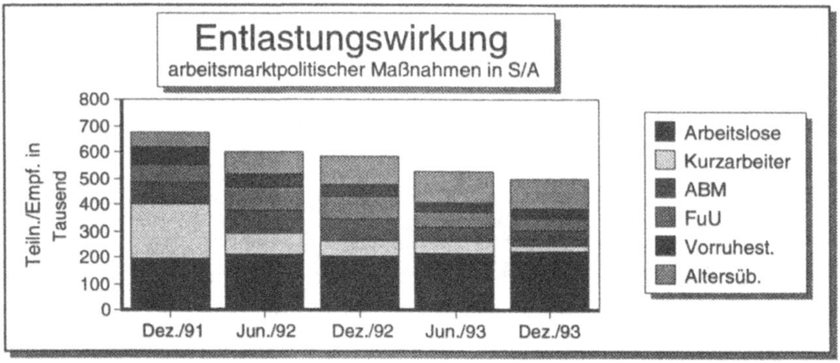

Q.: Stat. BA
© Harald Häusler
DGB LBZ S/A, Abt. Wirtschaft

Insgesamt kann festgestellt werden, daß der DGB-Landesbezirk sich auf Grund des Problemdrucks vielfältigen Aufgaben – von der sektoralen/regionalen Wirtschafts- und Strukturpolitik über die Arbeitsmarkt- und Beschäftigungspolitik bis hin zu Fragen der Energie-, Verkehrs-, Wohnungs- und Mietenpolitik sowie den Problemen, die mit der europäischen Einigung einhergingen – zu stellen hatte. Dies hat sich in der Arbeit der vergangenen Jahre widergespiegelt. Der vorliegende Bericht kann nur Auszüge darstellen.

Folgende wirtschaftspolitische Forderungen und Initiativen gingen und gehen vom DGB aus:

- Erhalt noch verbliebener „industrieller Kernbereiche“, Standorterhalt und -entwicklung,
- Umkehr der Treuhandpolitik „Privatisieren statt Sanieren“,
- Schaffung von Holding-Konstruktionen mit Landes- und/oder Bundesbeteiligungen für verbliebene Treuhandbetriebe,
- gezielte Nachfragesteuerung,
- Förderung von Forschung und Entwicklung,
- Stärkung der Investitionskraft der Unternehmen durch Förderung von Modernisierungsinvestitionen und Investitionen im Umweltschutz bzw. Technologiebereich,
- Infrastrukturausbau.

Für die Nach-Treuhand-Phase haben wir inzwischen unsere Vorstellungen vorgelegt. Zusammenfassend möchte ich feststellen, daß es uns um die Entwicklung des Wirtschaftsstandortes Ost geht. Im Mittelpunkt stehen Forderungen zur Gestaltung einer vorausschauenden Wirtschafts- und Strukturpolitik.

Der DGB spricht sich für eine aktive Rolle der Treuhandnachfolgeorganisation in der Strukturentwicklung der neuen Bundesländer aus und wendet sich entschieden gegen Bestrebungen in der Regierungskoalition, wichtige Aufgaben durch Private erledigen zu lassen.

Er fordert insbesondere:

1. Alle industriellen Beteiligungen sind in einer Obergesellschaft (Holding) zusammenzuführen. Der Bund muß diese Beteiligungen mit dem Ziel der Schaffung und Sicherung von Arbeitsplätzen und der Entwicklung und des Erhalts von Industriestandorten führen. Die Unternehmensmitbestimmung muß sowohl in der Holding als auch in allen Beteiligungsgesellschaften gewährleistet sein.
2. Das Vertragsmanagement mit dem Schwerpunkt der Kontrolle von Investitions- und Arbeitsplatzzusagen, die weitere Reprivatisierung ehemals volkseigener Unternehmen und die Zuordnung ehemals volkseigenen Vermögens an die Kommunen müssen in staatlicher Regie bleiben.
3. Es muß gesetzlich ausdrücklich festgelegt werden, daß die arbeitsmarktpolitischen Leistungsverpflichtungen der Treuhandanstalt auch für die Nachfolgeorganisationen bestehen bleiben.
4. Die Treuhandliegenschaftsgesellschaft muß einen klaren strukturpolitischen Auftrag zur Entwicklung von Industriestandorten, aber auch für eine geordnete städtebauliche und wohnbauliche Entwicklung enthalten. Im Strukturbeirat der Treuhandliegenschaftsgesellschaft muß der DGB vertreten sein.

5. Wohnungsverwertung und -bewirtschaftung durch die Treuhandliegenschaftsgesellschaft muß an konkrete Auflagen im Interesse der Mieter gebunden bleiben.

Aufgrund der Tatsache, daß über einen noch nicht absehbar langen Zeitraum die hohe Arbeitslosigkeit bestehen bleiben wird, ist für uns Arbeitsmarktpolitik nach wie vor unverzichtbar. Deshalb vertreten wir über unsere wirtschaftspolitischen Vorstellungen hinaus konkrete Positionen zur Gestaltung aktiver Arbeitsmarktpolitik. Darunter verstehen wir:

- eine Verstetigung der Rahmenbedingungen für Arbeitsbeschaffungsmaßnahmen sowie Fortbildung und Umschulung, Ausbau und keine weitere Absenkung der Fördervoraussetzungen,
- die finanzielle und personelle Absicherung der Arbeitsförderungs-, Beschäftigungs- und Sanierungsgesellschaften und ihre Weiterentwicklung zu regionalen Beschäftigungsagenturen im Sinne einer echten Verzahnung von Wirtschafts- und Arbeitsmarktpolitik, damit diese ihrer Brükkenfunktion in Richtung des Ersten Arbeitsmarktes gerecht werden können,
- die Forcierung von Beschäftigungs- und Qualifizierungsprogrammen für Frauen und Jugendliche,
- den weiteren Ausbau der Langzeitarbeitslosenprogramme,
- die Weiterentwicklung von für den Arbeitsmarkt zukunftsorientierter Angebote bei Fortbildung und Umschulung,
- den Ausbau der Infrastrukturvorhaben durch Vergabe von ABM, wodurch den Arbeitslosen bessere Perspektiven auf dem Ersten Arbeitsmarkt eröffnet werden.

Dabei geht es uns um die Durchführung gesellschaftlich notwendiger Arbeiten, die auf normalem Wege nicht finanzierbar sind. Die so zustandekommenden Arbeitsverhältnisse müssen dem tarif-, arbeitsrechtlichen- und sozialrechtlichen Mindeststandard entsprechen. Darüber hinaus sind für die Jugendlichen ausreichend Ausbildungsplätze zu schaffen.

Dazu gehört für uns auch, daß Arbeitsmarktbrücken auf unkonventionellen Wegen gebaut werden, denn sonst besteht die Gefahr, daß Qualifikationspotentiale verlorengehen und die Langzeitarbeitslosigkeit ihre persönlichkeitszerstörenden Auswirkungen in voller Wucht entfaltet.

Uns geht es um mehr als Arbeitsmarkt- oder Wirtschaftspolitik schlechthin. Es geht um die Zukunft unseres Landes, um eine ökologisch orientierte, soziale und demokratische Industrie- und Dienstleistungsgesellschaft, die allen eine Erwerbschance eröffnet.

Bernd Dewe

Mythos Weiterbildung – Grenzen und Möglichkeiten der beruflichen Weiterbildung in den neuen Bundesländern

1. Die Ausgangslage

Zur Beurteilung der Situation und der Perspektiven der beruflichen Weiterbildung in Ostdeutschland möchte ich eingangs exemplarisch das folgende Stimmungsbild heranziehen: Eine mit Experten aus Politik, Wirtschaft, Wissenschaft und dem öffentlichen Leben ausgestattete Fachtagung des Mitteldeutschen Verbandes für Weiterbildung im Dezember 1993 wurde unter dem bezeichnenden Thema „Weiterbildung vor dem Kollaps?" durchgeführt. In einem Eingangsstatement hieß es: „Die Wirtschaft in der Bundesrepublik Deutschland durchläuft eine schwere Rezession. Vor allem ausgelöst durch reduzierte Mittel der Bundesanstalt für Arbeit ist der Bildungsmarkt in den neuen Bundesländern verändert, seine Situation z. T. dramatisch beeinflußt worden. Viele Bildungsträger suchen nach neuen Konzepten, ringen um die den Auftraggebern gerecht werdende Qualität. Doch was heißt Weiterbildung unter diesen veränderten wirtschaftlichen Rahmenbedingungen? Und: Signalisiert die Wirtschaft selbst Bildungsbedarf, erschließen sich hier neue Quellen auch für die Bildungsträger?" Die erwähnte Tagung war in der Tat von resignativen Tönen und eher dunklen Prognosen gekennzeichnet.

Als allerdings im Herbst 1989 in der DDR die politische Wende eingeleitet wurde und vor allem basisdemokratische Bürgerbewegungen, die Hauptinitiatoren von Bildungsreformbestrebungen in dieser Zeit, versuchten, nicht nur Mängel des DDR-Bildungswesens zu beseitigen, sondern auch neue, eigenständige Wege und Lösungen zu suchen, war die Grundhaltung der Akteure noch recht optimistisch!

Vier Jahre nach der Wende und nach gut drei Jahren deutscher Einheit stellt sich nun die berechtigte Frage: Was ist aus diesen Erwartungen und Bestrebungen geworden?

2. Zu den Spuren des Transformationsprozesses

Im folgenden soll versucht werden, Momente einer Zwischenbilanz zu skizzieren. In einem historisch nahezu einmaligen Prozeß wurde das komplette DDR-Bildungswesen demontiert (vgl. Klemm u.a. 1992, Siebert 1993). Die für Bildung, Ausbildung, Weiterbildung und wissenschaftliche Forschung und Lehre relevanten Gesetze, institutionellen Strukturen und finanziellen und personellen Ressourcen wurden einem Transformationsprozeß unterworfen. Kindergärten und Horte wurden aufgegeben, fast 6000 polytechnische und erweiterte Oberschulen geschlossen und in Schulen des gegliederten Systems mit gänzlich anderen strukturellen, inhaltlichen und personellen Bedingungen überführt, fast alle Forschungsinstitute und Institute für Lehrerbildung abgewickelt, die Hochschullandschaft radikal umgestaltet und von den 1.259 Betriebsakademien und Abteilungen für Aus- und Weiterbildung der Betriebe mit in der Regel 3 – 4 Lehrkräften pro Einrichtung (den sog. Qualifizierungsbeauftragten) wurden mehr als ein Drittel sofort aufgelöst, während ein weiteres knappes Drittel mehr schlecht als recht in den Betrieben überdauern konnte. Ein weiteres Drittel hat sich unter zum Teil fragwürdigen Bedingungen verselbständigt (vgl. BMBW 1991).

In ebenso rasantem Tempo wurde der Ab- und Umbau des weiteren Bildungssystems in den neuen Ländern begonnen. Die ersten Schritte auf dem Weg des ‚Neuaufbaus' waren durch politische und rechtliche Vorgaben relativ klar: Das Hamburger Abkommen und Beschlüsse der Kultusministerkonferenz waren Grundlage für alle Entscheidungen; die westdeutschen Schulgesetze und in gewissem Maße auch die Weiterbildungsgesetze, ebenso das Hochschulrahmengesetz, sollten übernommen werden. Zunächst schien es sogar, als könne eine „gesamtdeutsche Bildungsunion" geschaffen werden, von der damals viel die Rede war. Es blieb jedoch eine Illusion, daß sich die beiden deutschen Bildungssysteme ergänzen könnten, etwa indem als „positiv" bewertete Elemente des DDR-Bildungswesens und Reformansätze der „Wendezeit" übernommen werden könnten. Das war zunächst so unberechtigt nicht. Hatte doch die Bildungs- und Schulkritik in den „alten" Ländern in den 80er Jahren eine Reihe anstehender Probleme thematisiert und nach Lösungen dringend verlangt. Nun boten sich durchaus welche in Form von international anerkannten, vom ideologischen Ballast befreiten Regelungen im DDR-Bildungswesen an. Konkreter Ausdruck dafür war die Entwicklung in Berlin. Versuche, im Rahmen eines Gesamtberliner Schulgesetzes vorteilhafte Elemente des einen wie des anderen Systems zusammenzuführen, wurden bald wieder abgebrochen und das bestehende Westberliner Schulgesetz auf den Ostteil der Stadt ausgedehnt (vgl. DLZ 1993). Doch ebenso folgenreich war die unüberlegte Beseitigung der Weiterbildungsstrukturen der DDR. Die Zerschlagung der betrieblichen Bildungseinrichtungen verwundert umsomehr, da sowohl die westdeutsche Wirtschaft als auch die bildungspolitischen Akteure den Erhalt dieser Einrichtungen für einen gelingenden, weniger reibungsvollen Transformationsprozeß als unverzichtbar angesehen haben.

Über 1300 Weiterbildungsinstitutionen der bisherigen DDR (Berufsschulen, Betriebsakademien, kommunale Einrichtungen) beteiligten sich im letzten Jahr an einer Umfrage der Bundesvereinigung der Deutschen Arbeitgeberverbände, um mehr über die Probleme und Chancen im Bereich der betrieblichen Weiterbildung zu erfahren. Dabei stimmten 98% der Befragten dem Grundsatz zu, daß die Qualifizierung der Erwerbstätigen in Ostdeutschland eine überaus wichtige Voraussetzung für eine Verwirklichung der Sozialen Marktwirtschaft darstellt. Drei Viertel vertraten interessanterweise die Ansicht, daß es in Ostdeutschland allemal geeignete Institutionen zur Weiterbildung gäbe. Als wichtigste Bildungsinhalte wurden Betriebswirtschaftslehre, Konzepte sozialer Marktwirtschaft, Rechtskenntnisse, Kosten- und Leistungsrechnung, Marketing, neue Technologien, EDV-Anwendungswissen und Personalführung genannt. 99,8% der Befragten halten jedoch eine Unterstützung durch bundesdeutsche Institutionen für erforderlich, wobei als besondere Hemmnisse bei der Realisierung der beruflichen Weiterbildung die qualitative Ausstattung der Lehrräume, fehlende moderne Lehrmaterialien, Finanz- und Personalprobleme genannt werden. Unsicherheiten und Ängste bei Teilnehmern und Dozenten, Probleme mit „Entscheidungsträgern" werden zudem deutlich herausgestellt. Die Bundesvereinigung der Deutschen Arbeitgeberverbände stellt abschließend zur erwähnten Untersuchung fest, daß die Betriebsleitungen vor einem weiteren übereilten Abbau der betrieblichen Weiterbildungseinrichtungen dringend gewarnt werden müssen. Außerdem müsse der Qualifizierung Vorrang vor subventionierter Beschäftigung eingeräumt werden. Die „mit öffentlichen Mitteln geförderte Nicht-Beschäftigung in Form von Kurzarbeit oder Arbeitslosigkeit muß", so die Bundesvereinigung der Deutschen Arbeitgeberverbände weiter, „gegenüber der Qualifizierung zurückstehen" (GdWZ 1993). Doch die reale Entwicklung nahm und nimmt immer noch eine andere Entwicklung.

Aufgrund des atemberaubenden Tempos des Transformationsprozesses können die Ausführungen zur Weiterbildung in den fünf neuen Bundesländern hier lediglich den Status einer Momentaufnahme beanspruchen. Die derzeit in weiten Teilen noch ausstehenden ordnungspolitischen Regelungen des Weiterbildungsbereiches, ebenso wie die mit großen Unwägbarkeiten behafteten Einschätzungen der ökonomischen Rahmenbedingungen machen zum gegenwärtigen Zeitpunkt zudem eine seriöse Trendeinschätzung der Entwicklung der Weiterbildung in den neuen Ländern unmöglich (Klemm u.a. 1992, vgl. auch Meier 1993). Beim derzeitigen Kenntnisstand kann dieser Beitrag folglich nicht mehr sein als eine Problemskizze.

3. Zur Multifunktionalität der beruflichen Weiterbildung

In den fünf neuen Ländern wird die berufliche Weiterbildung – verpflichtet auf die offizielle, wohlfahrtstaatliche Arbeitsmarkt- und Sozialpolitik – innerhalb der Strukturen klassischer sozialstaatlicher Interventionsprogramme, vor allen Dingen der Bundesanstalt für Arbeit, – über eine weitgehende Institutionalisierung zu einem bedeutenden integrativen gesellschaftlichen Faktor, der gegenwärtige Strukturkonflikte und soziale Probleme eher bemäntelt denn aufdeckt. Auf diesem Wege – so lautet die Ausgangsthese – droht ihr letztlich die Gefahr, daß die sich zur Zeit verstärkende arbeitsmarktpolitische Krise des Wohlfahrtsstaates zur Legitimationskrise der Erwachsenenbildung selbst wird.

Denn: „Einerseits ist Weiterbildung als unverzichtbare Qualifizierungshilfe für die berufliche Integration innerhalb des sich etablierenden Milieurahmens von der Marktwirtschaft unumgänglich, andererseits konfrontiert man den quartären Bildungsbereich" – also den Weiterbildungssektor des Bildungssystems – „mit dem Problem, Antworten dafür zu finden, wie die entstandene und immer noch größer werdende" – verharmlosend formuliert – „Beschäftigungslücke" kompensiert werden kann (Brödel 1993, S. 161).

Zurück zur Situation in der beruflichen Weiterbildung nach dem Umbruch. Im Verlauf des sozioökonomischen Transformationsprozesses kam es – u.a. hervorgerufen durch einen drastischen Strukturwandel, der sich in Aspekten wie Kapitalmangel, nicht-marktfähigen Produkten und wegbrechenden traditionellen Absatzmärkten äußert – zu einem erheblichen Abbau von Arbeitsplätzen. Besonders betroffen sind die Landwirtschaft (Rückgang von 1990 zu 1992 auf 49,1%), das Verarbeitende Gewerbe (Rückgang auf 63,1%) sowie in etwas geringerem Umfang Handel, Verkehr, Nachrichten, Staat/Organisation ohne Erwerbszweck. Demgegenüber konnte die Bauwirtschaft ihr Arbeitsplatzangebot auf 128,5% steigern, und im Bereich der Dienstleistungen wurden (ausgehend von einem niedrigen Niveau) sogar 170,7% erreicht. Hinsichtlich der Konzentration von Arbeitslosen nach Berufsgruppen dominieren Organisations-, Verwaltungs- und Büroberufe, Warenkaufleute, Pflanzenbauer, Tierzüchter, Ernährungs- und Reinigungsberufe sowie Schlosser, Mechaniker und ähnliche Berufe. Folge der wirtschaftlichen Umstrukturierung war eine Halbierung der Industriedichte sowie ein deutliches Absinken der durchschnittlichen Betriebsgröße. Besonders intensiv verlief der Arbeitsplatzabbau in der Metall-Elektroindustrie. Im Bundesland Sachsen-Anhalt wurden im Zeitraum April 1990 bis November 1992 etwa zwei Drittel der Arbeitsplätze abgebaut (RTW 1993, S. 21). Der beruflichen Weiterbildung wird nun ganz offenkundig im Prozeß der sogenannten „Requalifizierung", der Eindämmung der Arbeitslosigkeit, bei der Entstehung funktionsfähiger (inner- und außerbetrieblicher) Arbeitsmärkte, ja bei der Umstrukturierung der ostdeutschen Wirtschaft grundsätzlich ein hoher Stellenwert zugewiesen! Nach den Ergebnissen des Arbeitsmarkt-Monitors Ausgabe

Herbst 1992 nahmen kurz nach der Wende fast die Hälfte aller Personen im erwerbsfähigen Alter in den neuen Ländern an beruflichen Weiterbildungsmaßnahmen teil (Husemann/Dobischat 1993; vgl. auch den Tabellen-Anhang).

Der damalige Bundesminister Ortleb stellte Ende 1992 fest, daß man vor einer „in der Geschichte bisher quantitativ wie qualitativ nicht dagewesenen Qualifizierungsaufgabe" stehe.

Zwar sei das Qualifikationsniveau der Bevölkerung in den neuen Bundesländern nahezu ebenso hoch wie in den alten, aber die Planwirtschaft und der technische Rückstand in der ehemaligen DDR bedingten andere Qualifizierungskonzepte als in Westdeutschland. Über die Hälfte aller Arbeitsplätze in den neuen Ländern erforderten zusätzliche Qualifikationen (vgl. GdWZ 1992). Die berufliche Weiterbildung erscheint gleichsam multifunktional und zugleich als zwingende Voraussetzung für einen erfolgreichen sozialstrukturellen Wandel. Mit dem Anstieg und der längeren Dauer der Arbeitslosigkeit hat sich die Zahl der Nichterwerbstätigen an den Weiterbildungsteilnehmern zwischen 1990 und 1991 von 11 auf 38% erhöht, wobei zwei Drittel der nichterwerbstätigen Teilnehmer durch AFG-Mittel (Unterhaltsgeld) gefördert wurden (ebenda S. 43).

Wie ist die Sonderrolle der beruflichen Weiterbildung in Ostdeutschland zu erklären? Mit dem Beitritt in der Form des Anschlusses und dem damit verbundenen Zusammenbruch der ökonomischen Basis und dem Ingangsetzen einer Abwärtsspirale am Arbeitsmarkt in der Ex-DDR fand eine beispiellose und mit der Situation in Westdeutschland nicht vergleichbare (relativ und absolut) starke Mobilisierung aktiver Arbeitsmarktpolitik statt (vgl. Schmachtenberger 1991). Begründet ist dies u.a. durch die angenommene Kluft zwischen dem Abbau alter und dem Entstehen neuer Arbeitsplätze und dem in diesem Prozeß entstehenden Bedarf an neuen Qualifikationen, die mit den vorhandenen Berufs- und Qualifikationsprofilen der Erwerbstätigen in der ehemaligen DDR nicht oder nur unzureichend kompatibel seien (vgl. ebenda, siehe auch Maier 1993, S. 183ff.).

Neben den Instrumenten zur Förderung der beruflichen Weiterbildung (FuU) nehmen Arbeitsbeschaffungsmaßnahmen (ABM) und Kurzarbeitergeld (KuG) eine ‚Brückenfunktion' wahr. Mit der Brückenfunktion ist programmatisch eine investive Komponente beabsichtigt, da nicht nur eine zeitliche Entlastungsdimension am Arbeitsmarkt greift, sondern der wirtschaftliche Umstrukturierungsprozeß ‚aktiv' begleitet und Beschäftigungsförderung in Angriff genommen werden soll bzw. wird (a.a.O.).

Hinzu treten gewissermaßen begleitend und stützend neue Beratungsgremien. „Quem" (Qualifikations-Entwicklungs-Management) lautet die Abkürzung für ein neues Beratungsgremium des Bundesbildungsministers, das „handlungsorientierte Vorschläge für die berufliche Weiterbildung erarbeiten" und die Qualität der Angebote steigern soll, die sich in den neuen Ländern nach Ortlebs Worten „immer häufiger als ungeeignet" erwiesen hätten (vgl. GdWZ 1993). Was aus der Sicht eines arbeitsmarkt- und sozialpolitischen Optimismusses als sich allemal gesellschaftlich lohnender investiver Charakter der beruflichen Weiterbildung (Stichwort: Investitionen in Humankapital) ausnimmt, wobei Bildungsinvestitionen und mögliche Effekte ihrer Umsetzung, also sich damit verbindende wirtschaftliche Erträge, recht voreilig zusammen gedacht werden im Sinn von „Innovation durch Qualifikation“, wird aus eher skeptischer bis kritischer Perspektive als „Ideologisierung“ und Überschätzung der Rolle der Weiterbildung im Transformationsprozeß interpretiert, wobei ausdrücklich gewarnt wird vor einem funktionalistischen Verständnis der Bezugsgrößen (berufliche Weiterbildung und Arbeitsmarkt sowie Arbeitsplätze). „Hier reduziert man die Weiterbildungsmaßnahmen gerne auf eine groß angelegte Entsorgungsstrategie“ (Siebert 1989).

Diesen beiden Auffassungen ist allerdings gemeinsam, daß sie ein eklatantes Modernisierungsdefizit in Ostdeutschland unterstellen. Dritterdings warnen bildungstheoretisch bis bildungsphilanthropisch orientierte wissenschaftliche Fachvertreter der Erwachsenenbildung an den Universitäten, aber auch so mancher Kulturpolitiker vor der „Zweckentfremdung“, der „Lückenbüßerfunktion“ und der „unreflektierten Indienstnahme“ der beruflichen Weiterbildung für bildungsfremde Absichten!

Also: Wie ist die Situation? Weiterbildung und Qualifizierung am Scheideweg? Viel Anlässe zur „Mythenbildung“ ob der Möglichkeiten und Unmöglichkeiten in Sachen beruflicher Weiterbildung! Darüber hinaus – für Wissenschaftler ernster zu nehmen, als vorher genanntes – ist ein dramatischer Mangel an empirischer Forschung hinsichtlich der genannten Zusammenhänge und Herausforderungen zu beklagen.

Hier in Sachsen-Anhalt sind das Zentrum für Weiterbildung in Magdeburg, das Regionale Forschungs- und Transferzentrum für berufliche Weiterbildung in Halle oder etwa Bemühungen um eine sogenannte Weiterbildungs-Datenbank und -Beratung (Fachgruppe Kommunale Weiterbildungsberatung 1994) mit ihren Forschungsbemühungen löbliche Ausnahmen, sie kommen aber doch dem berühmten Tropfen auf den heißen Stein gleich. Deshalb sollte zuförderst eine nüchterne Betrachtung der gesellschaftlichen Entwicklung aus der Perspektive der disziplinären Erwachsenenbildung das Gebot der Stunde sein. Denn: Der Verlust relativer Autonomie und die Gefahr einer folgenreichen Instrumentalisierung, „die Bildung paralysiert“, wie Theodor W. Adorno es in seinem berühmten Aufsatz zur Erwachsenenbildung mit dem Titel „Aufklärung ohne Phrasen“ schon vor fast 40 Jahren formulierte, drohen der Erwachsenenbildung im laufenden Transformationsprozeß allemal!

4. Zur Lage der beruflichen Weiterbildung zwischen Qualifikation und Sozialisation

Das Verhältnis von Erwachsenenbildung/Gesellschaftspolitik und Arbeitsmarkt erschien bis Anfang der siebziger Jahre, als z.B. die Gesetzgebung der Weiterbildung in Ost- wie in Westdeutschland – bei Differenzen, auf die ich noch zu sprechen komme – einen zentralen Platz einräumte, politisch überwiegend optimistisch und pädagogisch vermeintlich unproblematisch. Unter dieser Perspektive sah man Erwachsenenbildung vornehmlich als eine Instanz, die Qualifizierungsangebote bereithält, die ihren Teilnehmern Chancen beruflichen Aufstiegs und eine Absicherung gegenüber Risiken des Arbeitsmarktes durch Mobilitätsfähigkeit verspricht. Aus der Sicht wohlfahrtsstaatlicher Politik kam Erwachsenenbildung so in den Rang eines planerischen Instruments, um die Flexibilität und die selbstregulativen Kräfte des Arbeitsmarkts zu stärken. Zudem verband sich im öffentlichen Bewußtsein besonders mit der beruflichen Erwachsenenbildung die Vorstellung, sie trage als eine „zweite Bildungschance" zum Abbau sozialer Ungleichheit bei. Angesichts einer Wirtschaftspolitik, die an stetigen Wachstumsraten und an einem dauerhaften, durch Umweltbedingungen nicht begrenzten technologischen Fortschritt orientiert war, erschien diese Perspektive politisch gesehen wie ein „Selbstläufer", der sich in einer sachzwangartigen Dynamik durchsetzt und dabei auf die Zustimmung nahezu aller gesellschaftlicher Gruppen stößt (vgl. etwa Schmitz 1979). Andragogisch gesehen blieb diese berufliche Weiterbildung weitgehend unproblematisch, so lange es plausibel erschien, daß hier in erster Linie Lernprozesse eingerichtet werden, die ein vermeintlich neutrales Leistungswissen vermitteln, das der Qualifizierung des Arbeitsvermögens der Teilnehmer dient, deren Identität aber kaum berührt.

Die Identifikation der Lernenden mit Inhalten und Zielen des Lernens, ihre Bereitschaft und Motivation blieben Randprobleme, so lange die Vernünftigkeit des Lernens zugleich mit seiner äußeren, beruflichen Nützlichkeit gegeben erschien. Vor diesem Hintergrund sind Konzeptionen wie das Baukastensystem entstanden und vor diesem Hintergrund erschien es auch vertretbar, schulische und für das Jugendalter konzipierte Modelle vom Lernen in die Erwachsenenwelt zu übertragen: Die Oberstufe des Gymnasiums diente in den alten Bundesländern damals sogar als Vorbild des zweiten Bildungswegs, die betriebliche Lehrlingsausbildung diente allgemein als Modell der Umschulung Erwachsener oder die herkömmliche Fachschule als organisatorischer und didaktischer Kontext der Fortbildung.

Was ist aus diesen Erwartungen geworden? Wie sieht die Realität von Erwachsenenbildung und Arbeitsmarkt heute aus? Eine solche Bilanz hätte zunächst einmal die ernüchternde sozialstatistische Einsicht zu registrieren, daß berufliche Erwachsenenbildung sich keinesfalls als ein politischer „Selbstläufer" erwiesen hat. Auf Seiten der Unternehmen äußert sich nach wie vor nur ein relativ uneindeutiger Bedarf an einer öffentlichen beruflichen Erwachsenenbildung und dieser Bedarf betrifft immer noch viel zu häufig die ohnehin schon privilegierten Gruppen unter den Beschäftigten.

Festzuhalten ist ferner die Einsicht, daß mit der strukturellen Krise des Arbeitsmarktes berufliche Weiterbildung zum Teil gar nicht mehr unter ihrem ursprünglichen Ziel des Qualifizierens auftritt, sondern instrumentalisiert wird, um einen größer werdenden Teil der Arbeitslosen – besonders in Ostdeutschland – institutionell zu verwalten, ohne daß immer schon klar ist, ob das ihnen angebotene Lernangebot in irgendeiner Weise ihre Beschäftigungschancen verbessern könnte. Dies ist seit einigen Jahren unter der Kustodial- und Absorptionsfunktion von Erwachsenenbildung verbucht worden (vgl. etwa Dewe 1988).

Neben dieser an makrostrukturellen Daten (siehe Tabellenanhang) ablesbaren Ernüchterung gibt es jedoch auch in der mikrostrukturellen Dimension der Erwachsenenbildung Erfahrungen und Veränderungen, die die ursprünglich von einem bildungsökonomischen und technischen Optimismus geprägten Vorstellungen als fiktiv erscheinen lassen und insbesondere in der Praxis laufender beruflicher Weiterbildung neue, kompliziertere Probleme aufwerfen. Kurz gesagt, handelt es sich um Erfahrungen, die deutlich machen, daß das, was zumeist als berufliche Erwachsenenbildung verstanden wird, nicht ausschließlich eine Qualifizierung mit sich bringt, sondern zugleich auch mehr oder weniger deutlich ausgeprägte Charakteristika von Sozialisationsprozessen bzw. sogar Resozialisationsprozessen Erwachsener trägt.

Oder um es anders zu sagen, die in der erziehungswissenschaftlichen Diskussion vorgenommene analytische Differenzierung zwischen einem Qualifikationslernen und einem Identitätslernen als eine praktische Trennung trifft nicht zu. Tatsächlich wirken sich Qualifizierungsprozesse zumeist auf das Selbstverständnis der Teilnehmer erkennbar aus und nötigen sie teilweise zu drastischen Umorientierungen gegenüber ihrer sozialen Umwelt und zu neuen Entwürfen der Selbsteinschätzung, was die Betroffenen in zum Teil krisenhaften Prozessen eines Identitätswandels durchleben (vgl. Brödel 1993). Dies wird unter anderem deshalb verständlich, weil Prozesse einer beruflichen Erwachsenenbildung häufig verbunden sind mit nicht unerheblichen Verschiebungen im Lebensmilieu und im sozialen Status der Teilnehmer (Berufswechsel, sozialer Abstieg, Erlebnis von Arbeitslosigkeit usw.), wobei die jeweilige Erwachsenenbildung – neben den eigentlichen lebenspraktischen Umbrüchen – nur eine Dimension im Bild einer solchen Statuspassage darstellt (vgl. Steffen 1993; Plum/Horak 1993). Empirisch betrachtet ist jedoch wichtiger, daß die beispielhaft genannten Prozesse beruflicher Erwachsenenbildung zumeist unter dem zunächst weniger problematischen leistungsbezogenen Motiv des Qualifikationslernens Statuspassagen auslösen, die sich in der Realität und namentlich für die Betroffenen oft unvorhersehbar als ein Sozialisationsprozeß im Sinne eines dramatischen Identitätslernens herausstellen. Diese nicht selten krisenhaften Prozesse einer Umorientierung, in denen Erwachsene über das jeweilige fachspezifische Verhaltensrepertoire hinaus oder immer häufiger anstelle fachlicher Inhalte und Orientierungen Deutungsmuster ihrer Rollen innerhalb neuer Bezugsgruppen erwerben müssen, werden zwar in rigiden Kontexten von Erwachsenenbildung manchmal leichthin als bloß private Folgeprobleme abgetan und mit ausschließlich psychologischem Vorzeichen versehen, das heißt, sie werden als nicht zur Sache gehörig ausgeklammert.

Nicht zu übersehen sind jedoch jene Fälle, in denen dieses Ausklammern nicht gelingt und in denen die sozialisatorischen Nebenfolgen von Re-Qualifizierungsprozessen in den pädagogisch-wissensvermittelnden Verlauf von Erwachsenenbildung unmittelbar hinüberschlagen und hier als Problem der sozialen Interaktion in den Lerngruppen manifest werden – wie auch immer erfolgreich diese Nebenfolgen dann pädagogisch aufgearbeitet werden können oder nicht (vgl. Dewe 1994).

Solche nicht-intendierten sozialisatorischen Folgen von Qualifikationslernen, wie man sie zum Beispiel in der beruflichen Umschulung beobachtet (Schmidt 1992), sind abzusetzen von jenen Prozessen beruflicher Weiterbildung, die neuerdings häufiger ausdrücklich darauf abstellen, in sozialtherapeutischer Weise den von der Krise des Arbeitsmarktes betroffenen sozialen Randgruppen besonders in den neuen Bundesländern Fähigkeiten und Interpretationen an die Hand zu geben, mit denen sie ihre prekäre soziale Situation bewältigen und sich selbst wieder in den Arbeitsmarkt integrieren sollen. Solche Programme, die sich unter anderem an langfristig Arbeitslose, an Jugendliche oder an Frauen, die nach langer Berufsunterbrechung wieder einen Arbeitsplatz suchen, wenden, haben somit die Rangfolge verkehrt und das Identitätslernen bereits vor das Qualifikationslernen gestellt (vgl. Meier 1993).

Ungeachtet der Frage, ob diese Sozialisationsprozesse bewußt ausgelöst werden, oder ob sie als nicht-intendierte Folgen auftreten, wird in diesen Fällen einer berufsbezogenen Erwachsenenbildung den Bedürfnissen der Teilnehmer nach Wissensaneignung und sozialer Handlungsfähigkeit nur ungenügend entsprochen. Verantwortlich ist hierfür unter anderem eine Grundeigenschaft zahlreicher Träger und Organisationen von Erwachsenenbildung: Sie stellen wegen ihrer primär betonten Qualifizierungsfunktion und fachlichen Spezialisierung auf eine effiziente Wissensvermittlung ab (vgl. Döring/Schäfer 1993). Dies ist aber nicht immer auch der geeignete soziale Rahmen, innerhalb dessen Interaktionsprobleme oder Aspekte der Persönlichkeitsstrukturen der Teilnehmer verarbeitet werden können.

Unter dem Vorrang einer eher administrativen Effizienz geraten andragogische Anforderungen – in allerdings sehr unterschiedlicher Weise – ins Hintertreffen: Es kann beispielsweise dazu kommen, daß Prozesse eines Identitätslernens durch die vorgegebenen Kriterien vermeintlich effizienten Wissenserwerbs und durch die entsprechenden sozialen Erwartungen in der Lernsituation administrativ abgeblockt werden (Dewe 1994). Sie lassen sich so als Privatprobleme aus dem pädagogischen Prozeß formal heraushalten. Mangelnde soziale Anpassung und psychische Fehlreaktionen werden teilweise sogar unter das Vorzeichen pathologischen Verhaltens gestellt und derart zum Tabu gemacht.

Auf der anderen Seite sind Beispiele von Erwachsenenbildung zu beobachten, wo das Lehrpersonal in einseitig psychologisierender Sicht auf Orientierungsschwierigkeiten von Teilnehmern eingeht und dabei die Gefahr heraufbeschwört, Erwachsene zu infantilisieren (vgl. Axmacher 1989). Diese Beispiele können andeutungsweise erkennbar machen, was die praktische Relevanz und aber auch die theoretischen Schwierigkeiten von Untersuchungen ausmacht, die sich die sozialisatorischen Interaktionen Erwachsener in den durch berufliche Erwachsenenbildung vorgegebenen administrativen Bedingungen zum Thema machen (vgl. Klarhöfer u.a. 1993, siehe aber auch schon Schmidt 1985).

Angesichts der sich abzeichnenden Tatsache, daß die Massenarbeitslosigkeit kein vorübergehendes Phänomen ist, aber auch vor dem Hintergrund einer weiteren Entfremdung von Individuen, die in komplexen Organisationen in anonymisierte und sinnentleerte Rollen hineingedrängt und damit als soziale Existenz wiederum extrem vereinzelt werden, ist anzunehmen, daß berufliche Weiterbildungsprozesse mit einem Schwergewicht auf den Aspekt des Identitätslernens besonders in Ostdeutschland noch zunehmen werden.

Andererseits sind die hier erwähnten Phänomene bislang nur ansatzweise empirisch untersucht worden. Die wenigen Arbeiten stecken noch im Anfangsstadium, insbesondere weil sie ersatzweise zunächst sozialisationstheoretische und erziehungswissenschaftliche Kategorien verwenden, die sie analog zur primären und schulischen Sozialisation gewinnen. Die Spezifika von Erwachsenenbildung (vgl. Dewe et. al. 1987, Meeler 1993) als einer Erwachsenensozialisation werden auf diese Weise bisher nur bruchstückhaft erkennbar.

5. *Zur Kritik der sozialpolitischen Funktionalisierung der beruflichen Weiterbildung*

Die pädagogische Reflexion hat daher – wie Rainer Brödel zu Recht betont – die Stichhaltigkeit von Deutungen zu prüfen, die trotz andersartiger historischer Konstellationen bereits in der erwachsenenbildnerischen Debatte der 70er und 80er Jahre in Westdeutschland unter dem Label einer „sozialpolitischen Funktionalisierung“ kritisch vorgebracht wurden.

Obschon die Erwachsenenbildung bereits in den 20er Jahren, aber auch in den 50er Jahren gewisse Affinitäten zu sozialpolitischen Themen hatte und spätestens seit der „realistischen Wende“ der Bildungsarbeit in Westdeutschland sich in dem Spannungsverhältnis von Arbeitsmarkt und Gesellschaftspolitik befindet, geraten aktuell – im Transformationsprozeß anders als in der Vergangenheit – Bildungsprogramme und Maßnahmen der Erwachsenenbildung massiv unter Druck von sozialpolitisch gemessenen Erfolgskriterien (vgl. Husemann/Dobischat 1993, siehe schon Bungenstab 1981).

Indes: diese Entwicklung ist nicht neu, wird momentan lediglich auf die Spitze getrieben! Die DDR kannte ebenfalls derartige „realistische“ Wendungen (vgl. Schäfer 1990; Schneider 1988). Die bereits im Strukturplan des Bildungswesens (Deutscher Bildungsrat 1970) zum Ausdruck kommenden Wissens- und (weiter-) qualifizierungsorientierte Auffassung von Erwachsenenbildung in Westdeutschland, welche die mit ‚zweckfreier Bildung‘ und Teilhabe an kulturellen Objektivationen verbundenen bildungsbürgerlichen, bis dahin aber mehr oder weniger stark gültigen Vorstellungen von Erwachsenenbildung deutlich relativiert, indem nach operationalisierter Auslegung des Bildungsbegriffs ‚Bildung‘ mit ‚Ausbildung‘ identifiziert wurde, legte schon latent ein sozialpolitisches Verständnis von Bildungspolitik im quartären Sektor nahe: „War die Bezugsebene der traditionellen Erwachsenenbildung die Kulturpolitik, so ist jetzt von der Hypothese auszugehen, daß die Bezugsebene ... in erster Linie die Sozialpolitik, darüber hinaus ... die Arbeitsmarktpolitik ist“ (Bungenstab 1981, S. 17). Denn „Weiterbildungspolitik ist, da es immer weniger um die Vermittlung von Bildungsgütern als vielmehr von beruflichen Fähigkeiten und Fertigkeiten zur Bewältigung der beruflichen und sozialen Umwelt ging, und zwar unter dem Ziel der Verwirklichung von Chancengleichheit, spätestens seit den 60er Jahren in Ost und West in erster Linie Sozialpolitik“ (a.a.O.). Selbst wenn man eine derartige These für überzogen hält – und gemessen am Bildungsanspruch der Erwachsenenbildung – als sozialtechnologisch qualifizieren möchte, gibt sie doch einen Entwicklungstrend an. Die Zielperspektive dieses sozialpolitischen Verständnisses von Erwachsenenbildung ist aber durch die seit einigen Jahren anhaltende krisenhafte Entwicklung sowohl im ökonomischen Sektor wie in sozialen und kulturellen Bereichen des gesellschaftlichen Lebens (Stichworte: Massenarbeitslosigkeit, sogenannte „neue soziale Frage“) ad absurdum geführt worden: Die traditionellen Handhabungen der Sozialpolitik haben sich als fragwürdig erwiesen; der Anspruch auf Verwirklichung von „sozialer Gerechtigkeit und Chancengleichheit“ in der Perspektive der Wiedererreichung von „Vollbeschäftigung“ verkommt zusehend zur bloßen Ideologie. Es wird deutlich, daß wohlfahrtsstaatliche Politik, die unter dem Anspruch steht, durch sozialpolitische Maßnahmen die sich im Reproduktionsbereich zuspitzenden „sozialen Probleme“ lösen zu können, diesen Anspruch nicht mehr erfüllen kann!

Dennoch: Mit dem Beitritt und der damit verbundenen Transformation des wirtschaftlichen, sozialen, kulturellen Lebens in der Ex-DDR dringen ‚soziale Probleme‘ auf breiter Front in die Erwachsenenbildung, vor allen Dingen in die berufliche Weiterbildung ein und manifestieren sich fortwährend. Dies gilt ganz entschieden für Kurse mit psycho-sozialen Themenstellungen. Verallgemeinert läßt sich feststellen, daß die qualitative Veränderung hier die ist, daß Erwachsenenbildung, die in der Ex-DDR vorwiegend arbeitsplatzorientiert wissensvermittelnde und bisweilen eine qualifizierend-kulturell-animatorische Funktion erfüllte, zunehmend dezidiert sozialpolitische Funktionen wahrnimmt und damit für die administrative Bearbeitung sozialer Probleme explizit eingesetzt wird wie etwa in der Zielgruppenarbeit, den Versuchen der Integration ausländischer Arbeitnehmer, der Arbeitslosenversorgung sowie der berufsbezogenen Jugendarbeit u.a.

Besonders anschaulich läßt sich die Bedeutung von Erwachsenenbildung für die offizielle Arbeitsmarkt- und Sozialpolitik belegen am Falle der sogenannten „Motivationsseminare“ der Arbeitsverwaltungen für längerfristig Arbeitslose. Bildungsmaßnahmen nach § 41 des Arbeitsförderungsgesetzes lassen diese sozialpolitische Indienstnahme der Weiterbildung besonders deutlich werden: Hier sind im Rahmen der arbeitsmarktorientierten Weiterbildungspolitik u.a. Orientierungsseminare für Arbeitslose initiiert worden. Sie richten sich an jene Bevölkerungsgruppen, die für den Arbeitsmarkt reaktiviert werden sollen oder wollen, daran vermeintlicherweise durch qualifikatorische Defizite gehindert werden. Es läßt sich sagen, daß die Qualifizierungsfunktion der Weiterbildung gegenüber sozialpolitischen Funktionen, wie z.B. der sozialen Integration, der Rehabilitation oder der Resozialisierung in den Hintergrund tritt. Auch bei den Arbeitslosen liegt die Hauptaufgabe der Weiterbildung häufig in der Auseinandersetzung mit den psycho-sozialen Folgen der Arbeitslosigkeit und damit – wie weiter oben bereits angesprochen – bei der beruflichen Sozialisation dieser Adressaten (vgl. Kieselbach/Voigt 1992). Zum erwachsenenpädagogischen Problem wird nun, wie in Fällen einer sozialpolitisch initiierten Erwachsenenbildung die Marginalisierung dieser Teilnehmergruppen aufgefangen wird bzw. verhindert werden soll.

Tatsache ist, daß im Umbruch und der verschärften Arbeitsmarktlage die berufliche Weiterbildung keineswegs nur Zubringerfunktion verwertbarer Qualifikationen für den Markt erfüllt, sondern zunehmend als soziales Auffangbecken wichtig wird!

Die Diskussion um die jetzt wiederentdeckte Zielgruppenentwicklung bekommt – so gesehen – ein Doppelgesicht: „Gedacht war sie emanzipatorisch und kompensatorisch für benachteiligte Lerner, die sich selbst nicht als Teilnehmer von Erwachsenenbildungsmaßnahmen definieren“ (Mader 1984, S. 10). Aktuell wird daraus vor allen Dingen hier in Ostdeutschland eine Sorge für brenzlige, konfliktträchtige Gruppen, um die man sich kümmern muß, da sie letztlich als potentielle Loyalitätsverweigerer viel mehr Schwierigkeiten bringen als ein ‚einfacher‘ Arbeitsloser, der nur Geld kostet (a.a.O.). Hierzulande wird zukünftig für die berufliche Weiterbildung von großer Bedeutung sein, daß sie nicht zu einer staatlich verordneten Pflichtübung für die gesellschaftlich Marginalisierten verkommt.

6. *Statistischer Teil*

Schaubild 1: Der deutsche Arbeitsmarkt 1993

	Ost	West
Arbeitslose (in Mio.)	1,17	2,51
Arbeitslosenquote (in%)	15,4	8,1
Arbeitslosenquote (abh. zivile erw. Personen)		
insgesamt		
Männer	16,2	9,1
Frauen	11,2	9,0
	21,5	9,1
Beschäftigte in ABM	240.774	51.634
Veränderungen gegenüber Vorjahresmonat	–113.943	–15.874
Teilnehmer an beruflicher Weiterbildung	295.756	331.753
Veränderungen gegenüber Vorjahresmonat	–183.844	–65.287
Veränderungen in%	–38,3	–16,4

Schaubild 2: Offene und verdeckte Arbeitslosigkeit in Deutschland

	Westdeutschland Dezember 1993	Ostdeutschland Dezember 1993
Arbeitslose	2 513 711	1 175 211
Kurzarbeiter	556 193	125 449
Berufliche Weiterbildung	331 753	295 756
Beschäftigte in ABM	51 634	240 774
Bezieher von Altersübergangsgeld	2 739	606 123

Schaubild 3: Strukturwandel der Arbeitswelt in Deutschland
Anteile der Erwerbstätigen in%

	1973	*1982*	*2000*[1)]	*2010*[1)]
Produktionsorientierte Tätigkeiten Fertigung, Montage, Reparatur, Steuerung, Bedienung, Wartung von Maschinen	41	35	31	28
Primäre Dienstleistungen Einkauf, Verkauf, Kasse, Büroarbeit, Lager, Versand, Transport, Reinigung, Bewirtung, Bewachung	42	44	38	37
Sekundäre Dienstleistungen Disposition, Management, Forschung und Entwicklung, Pflege, Heilbehandlung, Beratung, Erziehung, Unterricht, Publizistik	17	21	31	35

1) Schätzungen

Quelle: iwd

Schaubild 4: Anteile der Langzeitarbeitslosigkeit nach BA-Statistik und Selbstauskunft (in%)

	BA-Statistik 1988	Mikrozensus 1988	Infratest 1989
> 1 Jahr arbeitslos	32,6	42,3	43
> 2 Jahre arbeitslos	16,5	27,3	26
> 3 Jahre arbeitslos	9,9	..	18
> 4 Jahre arbeitslos	6,3	..	13

Klassische Instrumente des AFG:

Fortbildung und Umschulung (FuU):
→ durch Bildung Chancen erhöhen

Lohnkostenzuschüsse:
→ durch Subventionen produktive Defizite ausgleichen; zusätzliche Arbeitsplätze schaffen

ABM
→ zusätzliche Arbeitsplätze schaffen

Schaubild 5: Teilnehmer an beruflicher Weiterbildung nach Laufzeit der Maßnahme im Jahr 1990 (in%)

Struktur des jeweiligen Personenkreises nach ...	Teilnehmer an derzeit laufenden Maßnahmen (Nov. 1990)	Teilnehmer an abgeschlossenen Maßnahmen in den letzten 12 Monaten	Erwerbstätige Nov. 1990 gesamt
Geschlecht			
Männer	47	60	54
Frauen	53	40	46
Qualifikationsanforderung der ausgeübten Tätigkeit[1]			
Un-/angelernt[2]	8	12	19
Facharbeiterqualifikation	34	42	47
Meister/Techniker	5	7	5
Fachschulausbildung	27	21	17
Hochschulstudium	24	16	10
Wirtschaftszweig			
Landwirtschaft	3	6	9
Bergbau/Energie	2	6	5
Bauwirtschaft	6	9	9
Verarbeit. Gewerbe	27	32	31
Verkehr	7	9	8
Handel	8	10	11
Banken/Versicherungen	8	2	1
Sonstige Dienstleistungen	38	25	25
Zurechnung zum „Öffentlichen Dienst“	49	35	39

Erwartete Beschäftigungsentwicklung des Betriebes

steigend, gleichbleibend stark	35	26	21
abnehmend, schließen	30	37	38
übrige	35	38	41

1) Basis: Erwerbstätige
2) Einschließlich Teilfacharbeiterqualifikationen

Quelle: Infratest Sozialforschung 1991

Schaubild 6

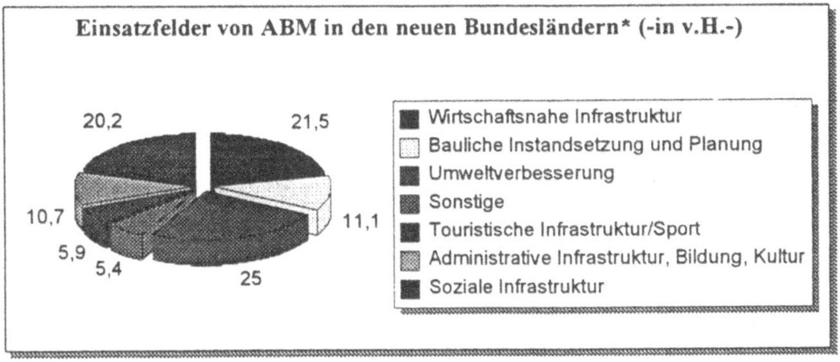

*) Anteile an den insgesamt geförderten Personen
Quelle: Buttler, F.: Wie weit reicht die Brückenfunktion

Schaubild 7

Maßnahmeart	Ostdeutschland		Westdeutschland	
Aktiv:	8,32	18,61	17,39	16,56
ABM	3,08	7,32	3,05	2,76
Fortbildung und Umschulung	4,74	8,67	6,69	6,98
Rehabilitation	0,11	0,79	3,46	3,56
Berufliche Ausbildung	0,35	1,68	0,96	1,00
Aussiedlerintegration	0,04	0,15	3,23	2,26
in% der Gesamtausgaben	27,80	43,30	41,40	39,20
Passiv:	20,49	21,26	16,69	17,91
Arbeitslosengeld	7,81	12,60	15,94	16,55
Kurzarbeitergeld	10,01	5,23	0,48	1,17
Vorruhestands-, Alters-	2,67	3,43	0,27	0,19
in% der Gesamtausgaben	68,60	49,40	39,70	42,40
Nicht eindeutig zuzuordnen:	1,07	3,14	7,97	7,74
davon:				
Gesamt:	29,88	43,01	42,05	42,21

1991: vorläufig; 1992: Haushaltsplan; ABM: Zuschüsse + Darlehen; hinzu kommen 4,88 Milliarden DM Verpflichtungsermächtigungen im Haushalt
Quelle: Institut der deutschen Wirtschaft: „IW-Trends“, Heft 3 (1992), S. 75

Elke Hartmann

Technische und wirtschaftliche Bildung in den neuen Bundesländern

1. Gesellschaftlicher Umbruch und Allgemeinbildung

Als am 9. November 1989 die Mauer von Ost- nach West-Berlin und wenige Stunden danach auch die Grenzübergänge an der „grünen“ Grenze geöffnet wurden, konnte noch niemand die Ausmaße der bevorstehenden gesellschaftlichen Veränderungen ermessen. Die Bürgerbewegung „Neues Forum“ in Halle initiierte jedoch schon Wochen zuvor das Nachdenken über eine neue Gesellschaft. In thematisch geordneten „Geheimbünden“ fanden sich Mitglieder und Sympathisanten zusammen, die Bilder einer neuen Menschengemeinschaft entwarfen. So wurden in nächtelangen Diskussionen neue Konzepte zu allgemein-wirtschaftlichen, energiewirtschaftlichen, kommunalen oder auch bildungspolitischen Problemkreisen erstritten und erarbeitet. Die Autorin gehörte dem letztgenannten Arbeitskreis an. Hier wurde nach Antworten gesucht auf Fragen wie: „Welche Anforderungen muß man an eine Lehrerpersönlichkeit stellen?“ oder „Wie kann die Schule den unterschiedlichen intellektuellen Voraussetzungen von Schülern sowie einer differenzierten Interesssenlage bei Schülern gerecht werden?“ oder aber „Wie muß die Lehrerausbildung an den Universitäten gestaltet werden?“.

Mit großer Euphorie, viel Idealismus und Engagement entstanden Konzepte zum Bereich Allgemeinbildung und Lehrerbildung an Universitäten, die unter dem Blickwinkel von heute so manchen blauen Traum enthielten.

In dem guten Glauben, daß man erhört wurde, gingen die umfangreichen Papiere nach Berlin an das inzwischen personell neu besetzte Bildungsministerium (es gab zumindest einen neuen Bildungsminister, Herrn Prof. Meyer). Ein Dankschreiben des Ministers war jedoch die Arbeit wert, bevor der „Vereinigungsrummel“ begann.

Mit der Gründung der fünf neuen Bundesländer zog auch die vielgepriesene Bildungshoheit ins Land. Es strömten „Berater“ aus den alten Bundesländern in die Ministerien, die in der Mehrzahl der Fälle die Bildungspolitik und damit die Gestaltung der Schullandschaft fest in ihrer Hand hatten. Sie versuchten ein kritikloses Abbild der Schule ihres Herkunftslandes zu formen.

Die Vorstellungen der Bürgerbewegung von einer Ablösung der Einheitsschule durch ein differenziertes Schulsystem oder die Zulassung freier Träger und der Kirche als Träger für Schulen haben sich wohl verwirklicht. Aber kann man dies auch aus der Sicht von Ziel- und Inhaltsbestimmung heutiger Schule konstatieren?

Jedenfalls ereilte die fünf neuen Länder das dreigliedrige Schulsystem.

Obwohl die Hauptschule in den letzten Jahren bei Eltern, Schülern und Bildungswissenschaftlern sehr an Akzeptanz verloren hatte, bis hin zur Infragestellung dieser Schulform, wurde sie bis auf das Land Brandenburg übernommen, in manch einem Bundesland getarnt unter einem neuen Namen.

Und so sieht das allgemeinbildende Schulwesen dieser Länder aus:

Brandenburg:	- Grundschule Kl. 1-4 - Realschule Kl. 5-10 - Gymnasium Kl. 5-13
Sachsen:	- Grundschule Kl. 1-4 - Mittelschule mit Profilbildung und Hauptschulbildungsgang Kl. 5-9/10 - Gymnasium Kl. 5-12
Thüringen:	- Grundschule Kl. 1-4 - Regelschule mit Haupt- und Realschulbildungsgang Kl. 5-9/10 - Gymnasium Kl. 5-12
Sachsen-Anhalt:	- Grundschule Kl. 1-4 - Sekundarschule mit Haupt- und Realschulbildungsgang Kl. 5 - 9/10 - Gymnasium Kl. 5-12
Mecklenburg-Vorpommern:	- Grundschule Kl. 1-4 - Hauptschule Kl. 5-9/10 - Realschule Kl. 5/10 - Gymnasium Kl. 5/12

Mit dem Wandel der Schullandschaft ging natürlich auch ein inhaltlicher Wandel einher. Neue Fächer wie Religion oder Ethik, Wirtschaftslehre, Sozialkunde, eine Vielfalt neuer und alter Sprachen oder die Hauswirtschaftslehre hielten Einzug in die Schule. Es veränderten sich gravierend die Relationen zwischen musisch- geisteswissenschaftlichen und mathematisch-naturwissenschaftlichen Fächern zu Gunsten der erstgenannten. Auch konzeptionelle Änderungen in einzelnen Schulfächern trugen zu einer neuen Inhaltsbestimmung bei, so im Geographieunterricht mit einer deutlichen Profilbildung als sozialwissenschaftliches Fach. Die Spezifik in den drei Schulformen und in ihrem jeweiligen Absolventenbild läßt sich grob wie folgt skizzieren:

- Das Gymnasium ist durch Wissenschaftlichkeit des Unterrichts gekennzeichnet und zielt auf die Studierfähigkeit der Schüler ab.

- Die Realschule zeigt nur in Ansätzen ein wissenschaftliches Konzept der Unterrichtsfächer und orientiert auf Berufsfähigkeit.
- Die Hauptschule wird durch ein kurs- und projektorientiertes Unterrichtskonzept getragen und ist ausgerichtet auf Alltagsfähigkeit und Berufsfindung.

Alle drei genannten Schularten erheben jedoch den Anspruch, ihre Schüler auf das Leben vorbereiten zu wollen in aller Differenziertheit, je nach gewählter Schulart, den Neigungen und Fähigkeiten des Schülers Rechnung tragend.

Wird die allgemeinbildende Schule wirklich diesem Anspruch gerecht und welches Verständnis von Allgemeinbildung sollte ihr zugrunde liegen?

Allgemeinbildung soll das Wissen um die Elemente, Strukturen und Zusammenhänge der Bereiche der Wirklichkeit umfassen.

Abb. 1

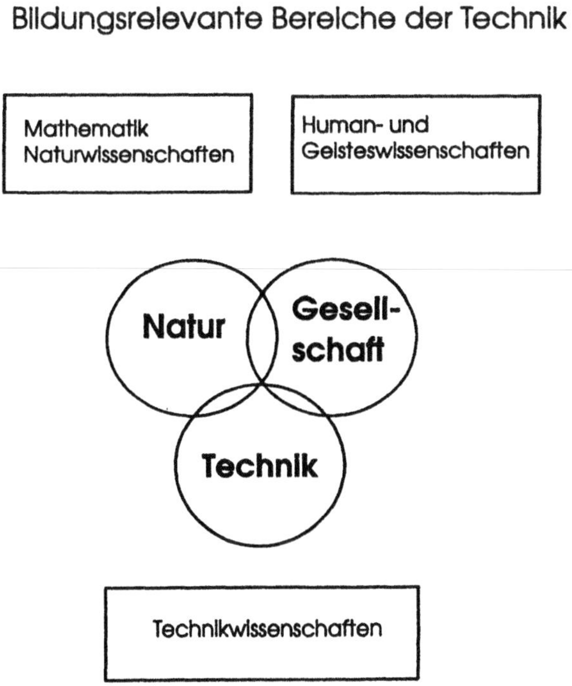

In Abb. 1 werden die bildungsrelevanten Bereiche der Wirklichkeit und die ihr zugeordneten Wissenschaften benannt. Das für den Bereich der Allgemeinbildung jeweils relevante Wissen ist ein Auszug des momentanen Kenntnisstandes der Wissenschaften. Es kann nur exemplarisch und modellhaft, auf das Wesentliche reduziert, vermittelt werden. Darüber hinaus müssen die Fähigkeiten und Fertigkeiten entwickelt werden, das Wissen anzuwenden, und es jederzeit erweitern zu können, also eine lebenslange Lernfähigkeit zu erwerben. Allgemeinbildung muß dem Entwicklungsstand der Gesellschaft folgen. Wie bewältigt man aber die rasante Zunahme des Wissens in den Wissenschaften? Soll es ein „Zurück zum Naturkundeunterricht" geben? Sollte man also die Fächerstrukturen aufheben und das wissenschaftliche Konzept wieder verlassen? Die Autorin ist der Auffassung, daß eine Kompromißlösung aus der Wissenschaft verpflichtetem Fächerunterricht und einem interdisziplinär angelegtem Projektunterricht in angemessenen Relationen anzustreben ist. An dieser Stelle soll jedoch keine hinreichende Diskussion darüber geführt werden.

2. *Allgemeine technische und wirtschaftliche Bildung im Wandel*

Zu dem Bereich der Allgemeinbildung, der sich in dem neuen Schulsystem in starkem Maße gewandelt hat, gehört die technische und wirtschaftliche Bildung, in der DDR-Einheitsschule Polytechnische Bildung genannt. Sie zeigte sich in den Schulfächern ESP (Einführung in die sozialistische Produktion), TZ (Technisches Zeichnen) und UTP (Unterrichtstag in der Produktion).

Einzug in die Schule hielt der polytechnische Unterricht Ende der fünfziger Jahre. Er sollte ein neues Lernfeld eröffnen – die Produktion. Schüler sollten in der Produktion als einem Lernort neben der Schule der Arbeiterklasse näher gebracht werden, von ihr lernen, also lernen von der staatstragenden Klasse im Arbeiter- und Bauernstaat. Eine zweifelsfrei ideologische Funktion, die dieses Fach übernehmen sollte. Anfangs nur als praktische Arbeit in einem Industriebetrieb oder einem landwirtschaftlichen Betrieb durchgeführter Unterricht mit dem Arbeiter, Traktoristen oder Genossenschaftsbauern als Lehrenden und Unterweisenden, entwickelte sich mehr und mehr ein theoretisch-systematischer Unterricht, der dann ab Mitte der 60er Jahre zu gleichen Teilen Theorie und Praxis vorsah.

Dem theoretischen Unterricht lag eine technokratisch-ingenieurwissenschaftliche Konzeption zu Grunde, die nur und ausschließlich an der Technik aus Industrie und/bzw. Landwirtschaft orientiert war mit wenigen Abweichungen, so z.B. im Fach Werken der Klassen 1 bis 4. Weder der Bezug zur natürlichen Umwelt, noch zum Menschen selbst (wenn man vom Arbeitsschutz absieht) oder zu gesellschaftlichen Fragestellungen wurde in diesem Fach thematisiert. Eine Ausnahme machte ein Vierteljahres-Kurs in der 9. Klasse zum Thema Effektivität der Produktion in Industrie, Bauwesen und Landwirtschaft.

Die materielle Basis dieses Polytechnischen Unterrichts bildeten von den Betrieben zur Verfügung gestellte Immobilien, die auch aufgrund staatlicher Anweisung von ihnen gut ausgestattet wurden. In diesen „Polytechnischen

Zentren" verantworteten an Hochschulen ausgebildete Diplomlehrer für Polytechnik den theoretischen Unterricht in ESP und TZ.

Den praktischen Teil (UTP) übernahm pädagogisch geschultes Personal mit Fachschulqualifikation, so z.B. Lehrmeister. In einem Zentrum wurden Schüler verschiedener Schulen unterrichtet.

Der Umbruch in der Wirtschaft führte auch zum Wegbrechen der materiellen Basis dieses Unterrichtsfaches. Die Betriebe forderten ihre Immobilien und Ausrüstungen zurück. Land und Kommune waren nicht in der Lage, dies durch Bereitstellung finanzieller Mittel abzufangen. Es gelang nur punktuell, so in Sachsen-Anhalt, einige dieser Zentren durch Kauf den Schulen zu erhalten. Die Folge davon war, daß dieser Unterricht in die Schulen verlagert werden mußte. Damit verbunden war ein aufwendiges Einrichten von Schulwerkstätten, die weit hinter dem Standard der Zentren zurückblieben. Fehlende Schulwerkstätten und die Tatsache, daß der Ein-Fach-Lehrer für Polytechnik nicht für den Unterricht am Gymnasium zugelassen wurde (die Ein-Fach-Ausbildung entspricht nicht der KMK-Richtlinie zur Lehramtsausbildung), führten neben anderen Gründen zum Wegfall dieses Unterrichts an vielen Gymnasien.

Mit den unterrichtsorganisatorischen Veränderungen haben sich auch die Inhalte dieses Faches gewandelt. Die eingangs kritisierte technizistische Fachkonzeption wurde ersetzt durch eine mehrperspektivische, die Zusammenhänge zwischen Gesellschaft, Natur und Technik widerspiegelnde Betrachtungsweise.

Bevor auf dieses Konzept näher eingegangen wird, sollte ganz kurz die Situation der technischen und wirtschaftlichen Allgemeinbildung in Deutschland skizziert werden.

3. Konzepte technischer und wirtschaftlicher Bildung

In den alten Bundesländern hält das Ringen um die Einführung und Etablierung eines solchen Bildungsbereiches schon fast 25 Jahre an. Es haben sich im wesentlichen zwei Auffassungen zum Konzept dieses Lernfeldes herauskristallisiert.

Die eine Gruppe von Wissenschaftlern vertritt das integrative Fachkonzept, als Schulfach Arbeitslehre bekannt. Die Arbeitslehre ist ein Fach mit den Gegenstandsbereichen Technik, Wirtschaft (auch Hauswirtschaft) und Arbeit (Erwerbs- und Eigenarbeit) und ihre durch Überlagerung entstehenden Schnittmengen wie Beruf und Umwelt. Sie betrachtet die Gegenstände im wesentlichen unter soziologischen Aspekten. Als verbindendes Element wird die Arbeit angesehen (Siehe Abb. 2). Das Fach leidet deshalb unter einer fehlenden Systematik und unklaren Begriffsbestimmungen; ist somit wissenschaftlich gesehen fragwürdig. Als „Blaujackenfach" abgestempelt, hat es bisher vor den Gymnasien haltgemacht. Als Studienfach im Lehramtsstudiengang ist es schwer studierbar, weil, vorausgesetzt man will fachkompetente Lehrer ausbilden, diese die Bezugswissenschaften studieren müßten. Dies ist wiederum unmöglich bei einer vorgeschriebenen Zwei-Fach-Ausbildung für einen Lehramtsstudiengang.

Abb.2: Gegenstandsbereiche der Arbeitslehre (vgl. Meier 1993, S.23)

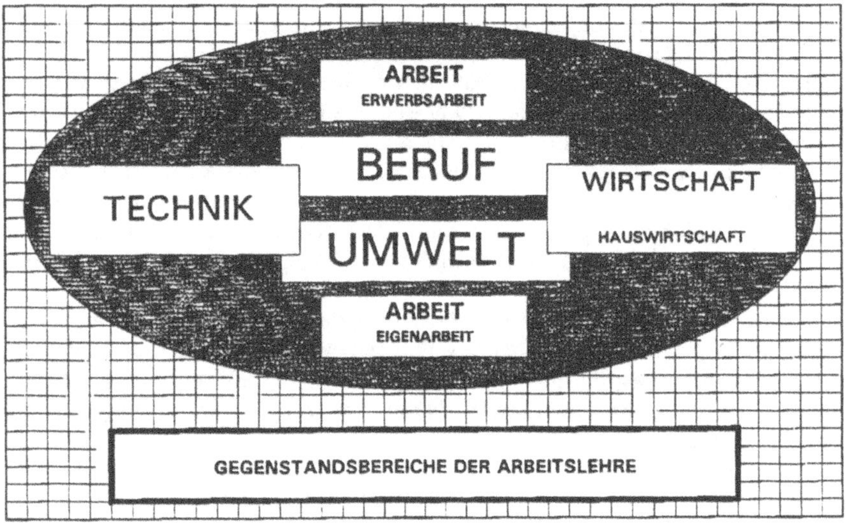

Das andere „Lager" verficht ein kooperatives Schulfachkonzept mit den für sich stehenden Fächern Technik, Hauswirtschaft und Arbeit/Wirtschaft. Ihre Korrespondenz untereinander macht man deutlich durch die Verklammerung zum Fächerverbund Arbeit-Wirtschaft-Technik (AWT). Jedem der drei Schulfächer wird ein Gegenstandsbereich zugeordnet, dem Wissenschaftsdisziplinen hinterlegt sind.

Dem Fach Technik liegt die Allgemeine Technologie als eine systemtheoretische Betrachtungsweise der Vielfalt von Technik zugrunde. Sie abstrahiert dahingehend, daß die drei Wesenheiten der Materie, nämlich Stoff, Energie und Information, prinzipiell in ihrer Form, in ihrer Struktur und in ihrer örtlichen Lage verändert werden können. (Siehe Abb. 3). Die Vorgänge, also Stoff-, Energie- und Informationsumsatz (-änderung) werden begleitet von techniktypischen Denk- und Handlungsmethoden (Siehe Abb. 4), die auch die Inhaltsbestimmung für den Technikunterricht prägen. Die Repräsentanten für die didaktische Strukturierung gewinnt man aus den Technikanwendungsfeldern (Siehe Abb. 5) und den drei Ebenen gesellschaftlicher Prozesse privat, beruflich und öffentlich. Der Aspekt der Sinnhaftigkeit von

Technik ergänzt die didaktische Strukturierung durch die komplexe Betrachtung von Technik im Beziehungsgefüge von Mensch, Gesellschaft und Umwelt (Siehe Abb. 6).

Fügt man die genannten Elemente zur Inhaltsbestimmung der technischen Bildung in eine Matrix (Siehe Abb. 7), so wird der eingangs benannte mehrperspektivische Ansatz deutlich.

Abb. 3: Sacherschließung von Technik (vgl. Schulte 1991, S. 14)

A. Systeme und Elemente der Technik

- Technische Systeme (Werkzeuge, Geräte, Maschinen)
- Stoffe als Arbeitsgegenstände (Werkstoffe, Rohstoffe, Produkte, Abprodukte, -Abfallstoffe, Altstoffe)
- Energien als Arbeitsgegenstand und Arbeitsmittel (Primärenergie, Gebrauchsenergie, Nutzenergie, Alternativenergie)
- Informationen als Arbeitsgegenstand (Signale, Daten) und Arbeitsmittel (Programme)

B. Grundfunktionen technischer Systeme

Bearbeitungsvorgang, technologischer Prozeß

Stoffumsatz:	Stofformung, Stoffwandlung, Stofftransport und -speicherung (z.B. Fertigungstechnik, Verfahrenstechnik, Bautechnik, Transporttechnik)
Energieumsatz:	Energieumformung, Energiewandlung, Energietransport und -speicherung, Gebrauchsenergieerzeugung, Energienutzung (z.B. Energietechnik, Elektrotechnik, Maschinentechnik)
Informationsumsatz:	Informationsumformung, Informationswandlung, Informationstransport und -speicherung (z.B. Automatisierungstechnik, Datenverarbeitungstechnik, Kommunikationstechnik, Steuerungs- und Regelungstechnik)

C. Gesetzmäßigkeiten der Technik

- Strukturen technischer Systeme
- Funktionsprinzipien technischer Systeme
- Technologische Wirkprinzipien
- Entwicklungsgesetze und -stufen der Technik

Abb. 4: Denk- und Handlungsmethoden (-muster) der Technik (vgl. Schulte 1991, S. 16)

Darstellen, Konzipieren und Optimieren von Technik

- Skizzieren, Zeichnen, Symbolisieren
- Entwerfen, Konstruieren, Gestalten
- Planen, Organisieren
- Experimentieren

Herstellen und Verwenden von Technik

- Bearbeiten von Werkstoffen, Montieren
- Bedienen, Handhaben, Steuern
- Warten, Pflegen, Fehlersuche, Reparieren
- Entsorgen

Bewerten von Technik

- Anwenden technischer, wirtschaftlicher, ökologischer, allgemeingesellschaftlicher Bewertungskriterien
- Variantenauswahl, Produktvergleich

Abb. 5: Handlungs- und Erfahrungsfelder der Technik (vgl. Schulte 1991, S.18-19)

Arbeit und Produktion

- Be- und Verarbeiten von unterschiedlichen Werkstoffen in Einzelfertigung, Serienfertigung und Fließfertigung
- Werkzeuge und Werkzeugmaschinen
- Antriebstechnik (Kraftmaschinen und Getriebe)
- Steuern und Regeln von Maschinen, Automatisierung

Versorgung und Entsorgung

- Energieversorgung/Alternative Energien
- Wasser/Abwasser
- Entsorgung/Recycling

Bauen und Wohnen

- Bauplanung
- Baustoffe und Bauverfahren
- Baunutzung, Bautenerhaltung

Transport und Verkehr

- Fördertechnik und innerbetrieblicher Transport
- Verkehrsmittel, Verkehrsplanung und -steuerung
- Verkehrswege

Information und Kommunikation

- Schalten, Steuern, Regeln von Prozessen und Anlagen
- Übertragung, Verknüpfung und Speicherung von Informationen
- Prozeßdatenverarbeitung durch Rechner

Abb. 6: Technik im Beziehungsgefüge Mensch-Gesellschaft-Umwelt
Sinndimension der Technik (vgl. Schulte 1991, S. 17)

Technikimmanente Kriterien

- Zweck-/Funktionsentsprechung, Werkstoffentsprechung
- Fertigungsgerechtheit
- Funktionssicherheit, Effektivität/Wirkungsgrad, Normentsprechung
- Sicherheitsstandard

Wirtschaftliche Kriterien

- Wirtschaftlichkeit, Handhabbarkeit
- Wartungs-/Reparaturfreundlichkeit

Ökologische Kriterien

- Umweltverträglichkeit
- Recyclinggerechtheit, Energie- und Materialintensität
- Lärmpegel, Schadstoffausstoß
- Alternative Lösungen

Allgemeingesellschaftliche Kriterien

- Kriterien des Technikfortschritts
- Mittlerfunktion der Technik zur Lösung von technischen Alltagsproblemen und - persönlicher Lebensgestaltung
- Beherrschbakeit und Grenzen technischer Entwicklung
- Technik als Ausdruck menschlichen Schöpfertums

Abb.7: Didaktisches Konzept zur Inhaltsbestimmung von Technikunterricht (vgl. Schulte 1991)

Inhaltsbestimmung allgemeiner technischer Bildung

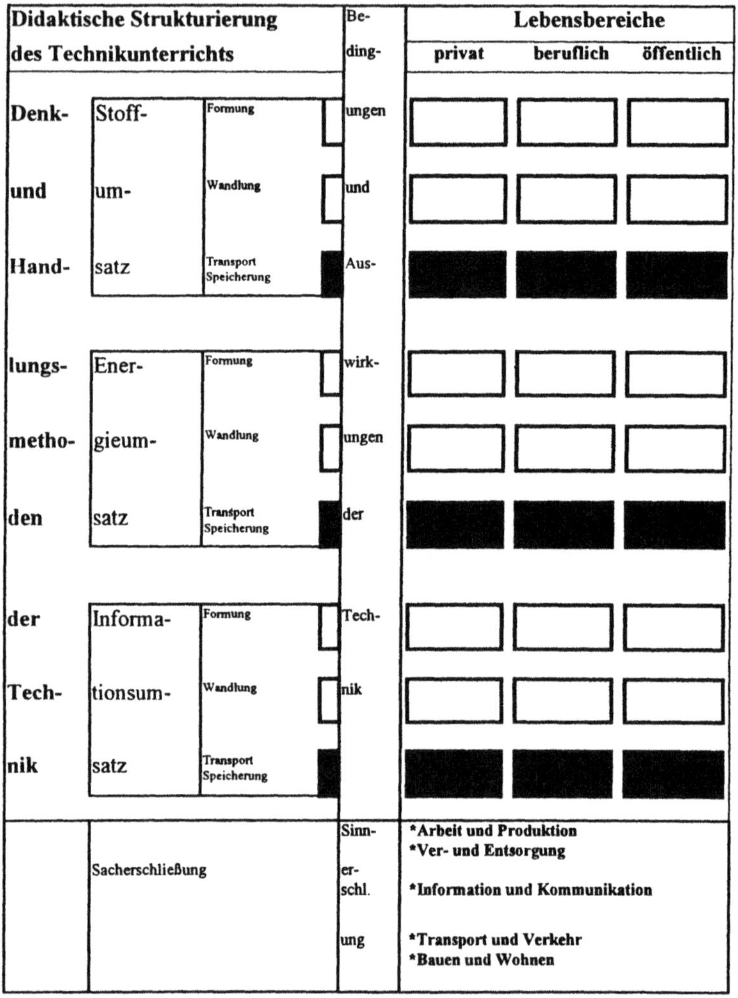

Der Gegenstand im Fach Arbeit/Wirtschaft des Fächerverbundes AWT ist die Wirtschaft

1. zum einen als Erkenntnis- und Erfahrungsobjekt, und
2. zum anderen als handlungsorientiertes System.

Die Wirtschaft als Erkenntnis- und Erfahrungsobjekt hat folgende drei Dimensionen:

- eine ordnungstheoretische Dimension, die sich z.B. im Markt-Preis-Mechanismus oder in den Aspekten der Wirtschaftsverfassung ausdrückt,
- eine gesamtwirtschaftliche Dimension, unter der das Wachstumskonzept, der Strukturwandel oder die Austauschprozesse zu verstehen sind,
- eine einzelwirtschaftliche und individuelle Dimension, so z.B. die Kosten-Nutzen-Relation oder die konkreten wirtschaftlichen Handlungen.

Die Wirtschaft als handlungsorientiertes System kann man interpretieren als Leistungsströme, die an die Flüsse Güter, Geld, Information gebunden sind.

Die didaktische Struktur des Faches Wirtschaft ergibt sich aus der Sicht des Schülers und künftigen Wirtschaftsbürgers durch das in verschiedenen Ebenen zu erlebende Wirtschaften (siehe Abb. 8).

Auf das dritte Fach im Fächerverbund AWT, Hauswirtschaft, möchte die Autorin nicht näher eingehen. Hier nur soviel, daß die Haushaltswissenschaft als integratives Zusammenwirken einer Vielzahl soziologischer, naturwissenschaftlicher und gesellschaftswissenschaftlicher Disziplinen den fachwissenschaftlichen Hintergrund liefert.

Abb. 8: System der Situationsfelder in der allgemeinen Wirtschaftslehre Vgl. J. Algermissen 1993)

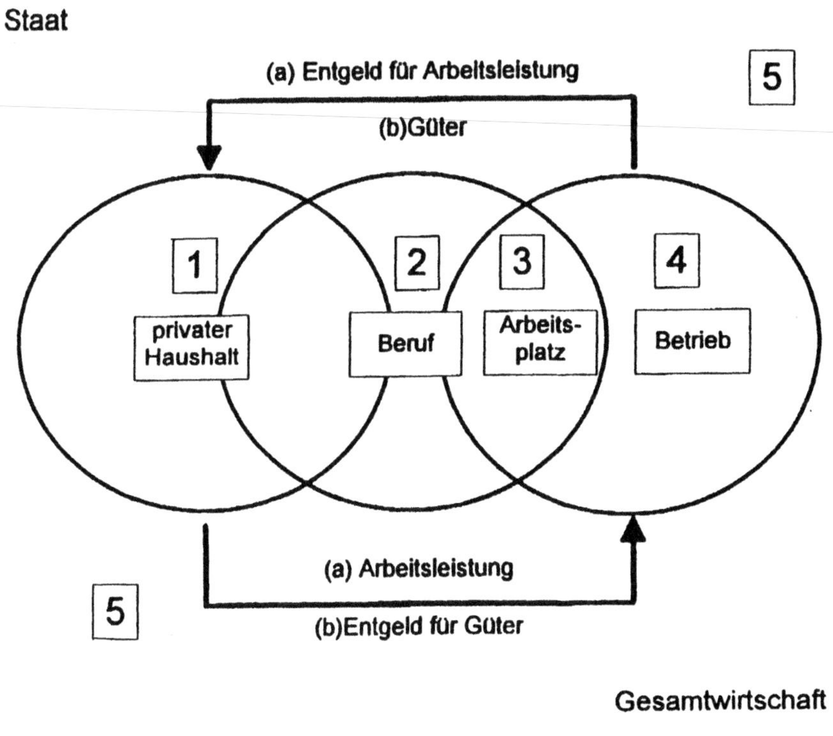

4. Relevanz technischer und wirtschaftlicher Bildung für die berufliche Bildung

„Die Technik ist, unbeschadet ihrer Bezüge zu den gesellschaftlichen, ökonomischen und naturwissenschaftlichen Disziplinen, ein Bereich eigenständiger Theorie und Praxis. Sie läßt sich nicht als Ableitung oder Anwendung der o.g. Disziplinen verstehen. Die Technik ist kein Randphänomen im Leben des Menschen. Ihre Wirksamkeit und Bedeutung läßt sich nicht auf den beruflichen Lebensbereich beschränken.“ (B. Sachs, in: Meyer 1993, S. 70).

Wenn man aber dennoch den Blick auf die Relevanz allgemeiner technischer Bildung für die berufliche Bildung lenken, so ist es erstaunlich, daß von den Ausbildungsberufen im Qualifikationsniveau eines Facharbeiters immerhin durchschnittlich 44,6 % der abgeschlossenen Ausbildungsverträge in solchen Berufen getätigt wurden, die sich entweder mit dem Anfertigen technischer Gegenstände oder mit dem Service an ihnen beschäftigen. In der Übersicht 1 ist die Entwicklung von neu abgeschlossenen Ausbildungsverträgen in einer solchen systematisierenden Ordnung der Berufsgruppen aufgezeigt, die sie nach der Art und Weise im Umgang mit Technik charakterisieren.

Zu beachten ist auch, daß obwohl die Anzahl der Ausbildungsverträge insgesamt von 1989 bis 1992 zurückgegangen ist, der Anteil von Verträgen in technikschaffenden Berufen geringfügig zunahm (44,8 %). Die Statistik erlaubt allerdings keine qualitativen Aussagen. Die aus der Statistik abzuleitende Erkenntnis kann lediglich darauf beschränkt werden, daß ein recht großer Teil der Schulabgänger aus Haupt-, Realschule oder auch Gymnasium (über die Schulart wird hier nichts ausgesagt) eine Ausbildung in technisch geprägten Berufen aufnimmt und somit der technische Unterricht für eine große Schülerzahl wichtige berufsvorbereitende Funktion übernimmt.

Ordnet man die Berufsbilder auf Facharbeiterniveau unter dem Aspekt der Nutzung wirtschaftlicher Kenntnisse sowie Ausüben wirtschaftlicher Handlungen, so macht dieser Anteil von abgeschlossenen Ausbildungsverträgen durchschnittlich 27-36 % aus mit sinkenden Anteilen von 1989 bis 1992 (Siehe Übersicht 2).

Auch hier kann die Aussage der Statistik nicht auf qualitative und eingeschränkt auf quantitative Erkenntnisse interpretiert werden.

Interessant wäre auch hier zu ermitteln, wie sich die Anteile von Schulabgängern aus den drei Schularten rekrutieren, um Aussagen über die Relevanz wirtschaftlicher Bildung z.B. auch für das Gymnasium abzuleiten.

Diese Erhebungen sowohl der technisch als auch der wirtschaftlich geprägten Berufsbilder sind nur sehr grob und haben orientierenden Charakter.

Übersicht 1: Neu abgeschlossene Ausbildungsverträge nach Ausbildungsberufen im alten Bundesgebiet 1989-92

	1989	1990	1991	1992
Technik (schaffend, Service)	258.050	245.005	238.869	224.081
Technik	43.179	37.884	39.580	33.720
Technik	277.821	255.836	256.765	238.055
Gesamtzahl	583.736	545.190	539.466	499.916

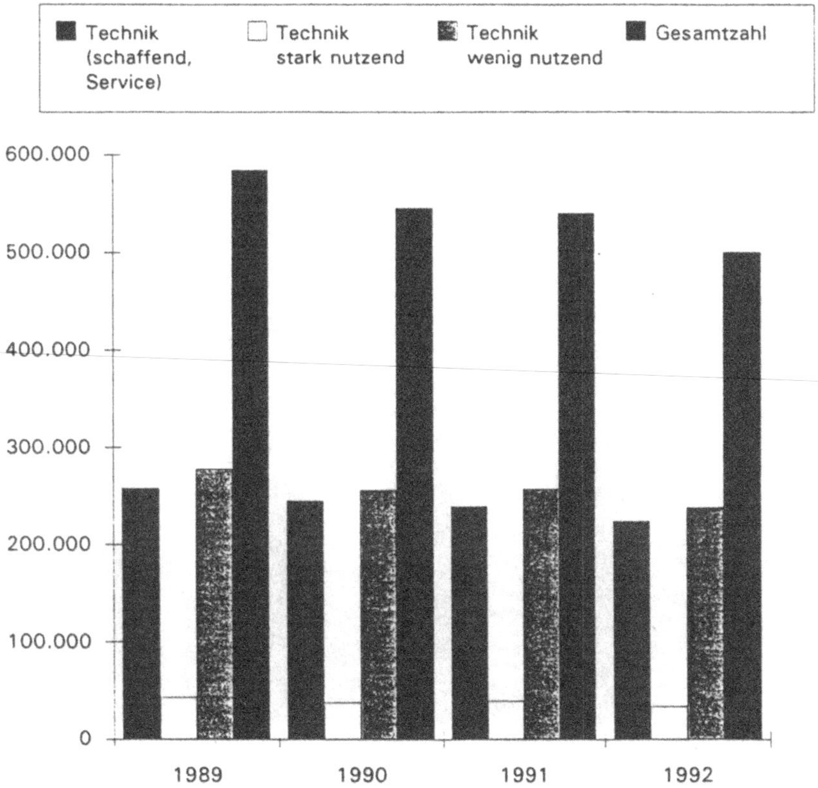

Übersicht 2: Neu abgeschlossene Ausbildungsverträge nach Ausbildungsberufen im alten Bundesgebiet 1989-92

	1989	1990	1991	1992
Wirtschaftsberufe	210.654	195.234	171.759	136.225
Wi.wiss.	86.053	76.473	76.366	69.953
Wi.wiss.	266.686	257.182	249.652	233.437
Gesamtzahl	583.736	545.190	539.466	499.916

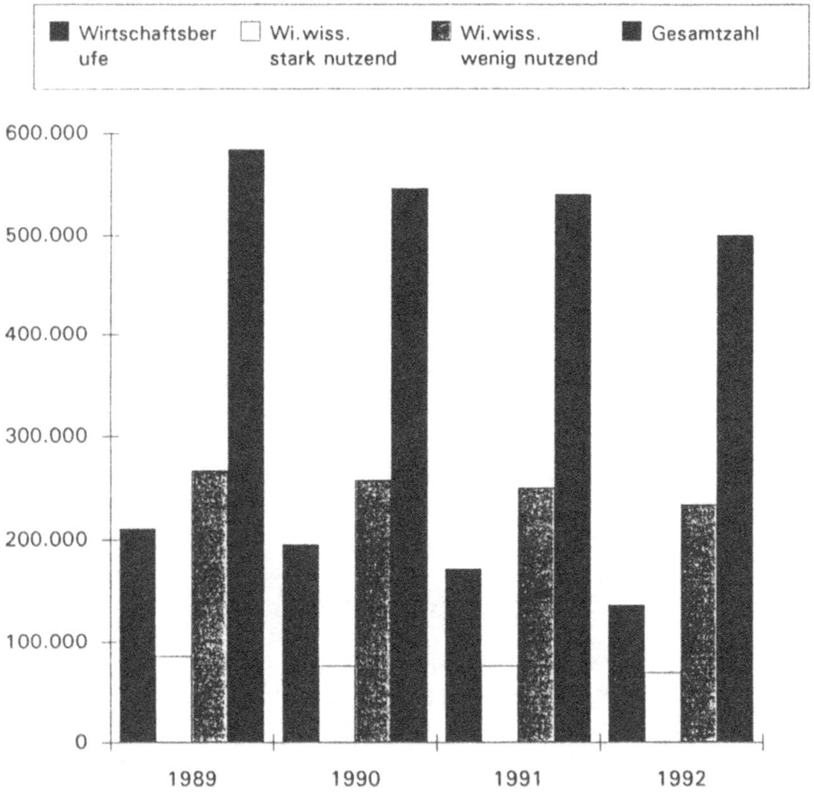

5. Stand technischer und wirtschaftlicher Bildung in den neuen Bundesländern

Nachdem die beiden grundlegenden Fachkonzepte vorgestellt wurden, läßt sich nun sehr kurz der Überblick über die Schulsituation hinsichtlich dieses Bildungsbereiches geben.

Es kann festgestellt werden, daß in allen fünf Bundesländern dieser Bildungsbereich vertreten ist, aber mit sehr unterschiedlichem Stellenwert. Außer in Thüringen weisen die Schularten der vier übrigen Länder im Gymnasium entweder beide Bereiche, zumindest einen Bereich auf. In den Haupt- und Realschulen aller fünf Bundesländer bis auf Thüringen finden sich beide Bildungsbereiche wieder. In Thüringen wird nur in der Hauptschule Technikunterricht, wie in Sachsen-Anhalt gekoppelt an Wirtschaft, gegeben. Erfreulicherweise findet sich das Fach Werken in allen Grundschulen der neuen Länder, in Brandenburg sowie Thüringen mit dem Sachunterricht verbunden.

Für die Förderstufe in Haupt- und Realschule enthält die Stundentafel aller fünf Bundesländer den Technikunterricht, jedoch im Gymnasium gibt es dieses Fach nur in Sachsen.

Analysiert man die Rahmenrichtlinien und die Studienordnungen für die Schulfächer Technik und Wirtschaft, kann man feststellen, daß bis auf Brandenburg alle neuen Bundesländer das kooperative Fachkonzept des AWT-Fächerverbundes aufgegriffen haben. In Brandenburg bestimmt das Arbeitslehrekonzept diesen Bildungsbereich in der Schule. Jedoch weisen die Rahmenrichtlinien für die gymnasiale Oberstufe einen Bruch im Konzept auf. In der 11.-13. Klasse hat sich deutlich das kooperative Konzept AWT durchgesetzt (Siehe Übersicht 3).

Bleibt nun in einer kurzen Schlußbetrachtung noch offen zu sagen, daß der Stand der technischen und wirtschaftlichen Bildung in den fünf neuen Bundesländern trotz des Vorsprungs aus der DDR-Schulentwicklung heute im Real- und Hauptschulbildungsgang keinen signifikanten Unterschied zu den alten Bundesländern aufweist. Deutlich günstiger fällt der Vergleich in den Gymnasien seitens der neuen Länder aus. Während Nordrhein-Westfalen das einzige alte Bundesland mit Technik im Gymnasium ist, ist dieses Fach in den neuen Ländern bis auf Thüringen in der Stundentafel enthalten.

Übersicht 3: Technische und wirtschaftliche Bildung in den neuen Bundesländern

Bundesland	*Konzept*	GS Kl. 1-4	Fö.st. Kl. 5-6	HS Kl. 7-9	RS Kl.7-10	Gym Kl. 5-12 (13)
Mecklenburg-Vorpommern	AWT (Kurssystem)	Werken	Werken	*Technik (Pf) *Technik und Wirtschaft (WP) *kein Unterricht in der Gesamtschule		*Technik und Naturwiss. (WP, Kl. 9)
Brandenburg	Arbeitslehre Gym Kl.12/13 AT-Konzept	Sachkunde	Technik	*Arbeitslehre (Pf) *Arbeitslehre (WP,Kl.9,10)		*Arbeitslehre (Pf) (Kl. 7-10) *Te., Inf., Wi.(Pf) (Kl. 11-13)
Sachsen-Anhalt	AWT	Werken	Werken	*Wirtschaft/ Technik (Pf) *Hauswirtschaft *beide Fächer als WP-Kurs		*Wirtschaft/ Technik/ Informatik (PF) (Kl. 8,9)
Thüringen	AWT	Sachunterricht	Werken	HS: *Wi/Te (Pf) RS: *Wi/Recht (Pf) *Wi/Umwelt /Europa (WP)		
Sachsen	AWT	Werken	Werken	Profilbildung (WP) *Sozialhauswirtschaftl. * technisches * wirtschaftliches		*Werken (Kl. 5,6) *Gemeinschaftskunde (Kl. 9) *Wirtschaft (Kl.12)

Legende:

WP	=	Wahlpflicht
Pf	=	Pflicht
GS	=	Grundschule
Fö.st.	=	Förderstufe
HS	=	Hauptschule
RS	=	Realschule
Gym	=	Gymnasium
AWT	=	Arbeit/Wirtschaft/Technik

In Sachsen-Anhalt deutet sich eine Entwicklung an, die weg vom Gymnasium führt.

Für eine angemessene Berücksichtigung von Technik und Wirtschaft als Bestandteil von Allgemeinbildung bedarf es wohl auf der bildungspolitischen Ebene noch längerer Zeiträume. In den neuen Ländern fehlt eine starke Lobby, was nicht zuletzt auf das Fehlen einer intakten Wirtschaft zurückzuführen ist.

Hoffen wir auf Erkenntnisse bei den verantwortlichen Bildungspolitikern in den Bildungsministerien, denn es ist offenbar, daß „Technik uns alle angeht; ihre gegenwärtige Ausprägung und ihre zukünftige Entwicklung markieren ein zentrales gesellschaftliches Schlüsselproblem." (Sachs, in: Meier 1993, S. 70)

Jan H. Olbertz

Universalisierung versus Spezialisierung – Akademische Bildung im Konflikt zwischen Berufsvorbereitung und allgemeiner Handlungskompetenz

1. Warum beschäftigt uns das Problem?

Wer heute über neue Konzepte von Bildung und Allgemeinbildung nachdenkt, wird auf der einen Seite zunächst auf den Zustand der Welt, die globale Situation am Ende unseres Jahrtausends (Massenarmut, Hunger, Kriege, Umwelt- und Klimakatastrophen, das Bevölkerungswachstum usw.), hinweisen und auf der anderen Seite den ungeheuren, offensichtlich aber in bezug auf solche Probleme eher irrelevanten Zuwachs an Wissen benennen, den wissenschaftlich-technischen Fortschritt, dessen Beherrschung anscheinend selbst zu einem Problem geworden ist. Zukunftsszenarien rechnen uns vor, wie lange die Erdölvorräte noch reichen, wieviele Menschen diese Erde noch ernähren kann, verweisen auf irreversible Schädigungen der Umwelt, auf die Gefahren nicht mehr beherrschbarer Hochtechnologien. Seltener wird versucht, das Potential im Innern des Menschen auszuloten und zu fragen, ob verlorengegangene Gewißheit nicht auch dort zu suchen und zu finden ist: In der Fähigkeit des Menschen zu lernen, sich vorausschauend auf künftige Gegebenheiten seiner Existenz einzustellen, in einem adäquaten Begriff von menschlicher Bildung. Die Paradoxie, auf die zerstörerischen Folgen des Wissenschafts- und Technikfortschritts nur noch mit dem Ruf nach noch mehr Wissenschaft und noch mehr Technik antworten zu können, hat uns Ulrich Beck in seinen Büchern (vgl. u.a. 1986, 1988, 1993) wiederholt vor Augen geführt. Längst ist es Gegenstand ganzer Wissenschaftszweige, sich allein mit den Folgen der Umsetzung anderer Wissenschaften auseinanderzusetzen. Wissenschaftliche Potentiale werden entfaltet, um offensichtlich fehlgeleitete Ressourcen derselben Art wieder unter Kontrolle zu bringen. Soll es uns unberührt lassen, wenn wir heute bereits Dinge praktizieren können und es im übrigen tun, für die wir noch gar keine annähernd sicheren Deutungs- und Wertungsmuster haben? Der Fortschritt unseres Werte- und Orientierungssystems bleibt hinter dem Fortschritt des Wissenschaftssystem zurück – eine Phasenverschiebung, die Kopfzerbrechen bereitet. Die Frage lautet also: Lernen wir eigentlich adäquat, den Risiken angemessen, auf die wir uns längst eingelassen haben? Verfügen wir über einen adäquaten Begriff von Bildung, der uns einerseits in die Lage versetzt, die Situation am Ausgang des Jahrtausends richtig zu beurteilen und andererseits sachkundigen (das heißt auch phantasievollen) Prognosen entsprechend zu handeln?

Und noch etwas kommt hinzu: Über Jahrtausende hinweg hat der Mensch aus seinen Erfahrungen gelernt, sie systematisch geordnet und dann Wissenschaft dazu gesagt. Er hat sich daran gewöhnt, aus der Vergangenheit zu lernen. Plötzlich aber gilt es nicht nur, Erfahrungen zu machen, sondern sie auch zu verhindern – zu lernen, wie man eine Erfahrung nicht macht, zumindest die letzte. Und das war bzw. ist nach diesem alten Lernmuster eben nicht zu lernen (vgl. Olbertz 1994).

Kurzum, es ist zu lernen, wie man aus der Zukunft lernt. Schon vor zwölf Jahren war dies ein Thema des 6. Berichts an den Club of Rome (vgl. Botkin u.a. 1979/81), der ein schönes, wenn auch simples Beispiel dafür bereithielt, wie tradierte und auf konstante Bedingungen bezogene Lernmuster in Grenzsituationen versagen können: Wenn wir Auto fahren, wissen wir, was wir tun müssen, wenn die Ampel an einer Kreuzung, die wir täglich passieren, auf rot oder grün umschaltet. Dieses Lernmuster versagt jedoch, wenn die Ampeln eines Tages aufgrund eines Stromausfalls nicht mehr funktionieren. Mit Sicherheit kann man in einer solchen Situation nicht einfach weiterfahren. Man kann aber auch nicht abwarten, bis der geschilderte Fall eintritt, eine Krise innovatives, zukunftsgeleitetes Lernen stimuliert.

Allerdings ist in der Geschichte auch unabhängig von solchen grundsätzlichen Wandlungen in den Bedingungen und Perspektiven menschlichen Lernens über das Problem der Allgemeinbildung immer wieder nachgedacht worden, denn es geht dabei ja nicht nur um die Lösung jeweils akuter Probleme, sondern um die menschliche Identität, das Menschenbild und immer wieder um die Vision eines glücklichen, sinnerfüllten menschlichen Daseins in der Gemeinschaft, wie als Individuum.

2. *Reminiszenz: Seit wann beschäftigt uns das Problem?*

Die Vorstellung einer allgemeinen Menschenbildung hin zur geistigen und körperlichen Vollkommenheit als abseits von unmittelbaren Zwecken stehende Zielvorstellung, hat mit dem Ideal der Kalokagathia, dem Ideal der „Schöngutheit", ihre Wurzeln bereits in der griechischen Antike. In Sparta und Athen natürlich den Freien vorbehalten und damit in seiner sozialen Geltung eingeschränkt, erlebte der antike Humanismus im Fortlauf der Geschichte mehrfache „Wiedergeburten".

Unmittelbar greift das Zeitalter der Renaissance auf die antike Vorstellung vom universell gebildeten Menschen zurück, der nun begann, die Welt zu beobachten, rational zu erkennen und sich nutzbar zu machen. Die Kategorie des Wissens rückte in den Vordergrund menschlicher Kultur, die Schranken des alten orbis terrarum wurden durchbrochen, das geozentrische Weltbild des Ptolemäus mußte den Beobachtungen eines Kopernikus, eines

Kepler, eines Galilei weichen, der Gedanke von Vernunft und geordneter Erkenntnis brach sich Bahn, ging eine lebensfrohe Liaison mit der Kunst und den alten Sprachen (der „Humaniora") ein und hinterließ das Ideal des universell gebildeten Menschen: Erasmus von Rotterdam, Albrecht Dürer, Michelangelo, Giordano Bruno sind die klangvollen Namen der Zeit. Es war aber auch die Zeit, die zumindest im Keim den Gedanken der Verwertbarkeit von Bildung aufwarf, die im Übergang vom Handwerk zum Manufakturwesen einen ersten Begriff von Ausbildung hinterließ und künftig jedes allgemein formulierte Bildungsideal auf produktive Weise irritieren sollte. Es war gleichsam der Übergang von der „reinen" Wissenschaft zu ihrer „angewandten" Dimension in Gestalt der Technik, die plötzlich Fertigkeiten verlangte, die über bloße geistige Spekulation hinausreichten. Technik zum Nutzen und zur weiteren Vervollkommnung des Menschen schlug sich in den sozialen Utopien von Campanella und Morus nieder, und in Francis Bacons „Nova Atlantis" haben wir das erste utopische Forschungslaboratorium, das Wissenschaft im großen Umfange betrieb und auch gleich in nützliche Anwendungszusammenhänge versetzte.

Im 17. Jahrhundert war diese Entwicklung so weit fortgeschritten, daß sich neue Fragen an die Bildung richteten und vor allem von Wolfgang Ratke und Jan Amos Komenski aufgegriffen wurden. Die soziale Dimension und der Gedanke der Demokratisierung gesellten sich zu dem der Allgemeinbildung, kein Wunder angesichts der zunehmenden Zerrüttung der Lebensumstände immer größer werdender Teile der Bevölkerung. Ratke und Komenski engagierten sich für eine universelle Menschenbildung, weil sie sie für möglich, vor allem aber für notwendig hielten, um die Probleme der Zeit einer menschenwürdigen Lösung zuzuführen. Die Diskrepanz zwischen dem Entwicklungsstand des deutschen Schulwesens und den öffentlichen Erwartungen, die an es geknüpft wurden, war ihnen Anlaß zu weitreichenden Reformversuchen. Die Zeit hinterließ historisch das Moment der Institutionalisierung und damit der Ausweitung von Bildung auf breite Schichten des Volkes, auf alle Stände. Allseitigkeit hieß nun erstmals Bildung für alle, zugleich durch das „All" der Dinge (vgl. Ahrbeck 1979).

Doch sollten diese Grundvorstellungen erst im revolutionären Frankreich auch gesellschaftliche Geltung erfahren, durch Jean-Jacques Rousseau, den Gedanken der „Freiheit" und Gleichheit, ohne die sittliches Handeln des Individuums unvorstellbar erscheint. Freiheit heißt Wissen um Alternativen, Erkennen von Notwendigem, und die Möglichkeit, nach dem so Erkannten auch zu handeln. Dieser Gedanke geht schon auf den niederländischen Philosophen Baruch Spinoza zurück, ehe ihn Hegel in seiner Dialektik aufgriff und fortentwickelte, und der schließlich von Marx mit der Vorstellung „objektiver gesellschaftlicher Gesetzmäßigkeiten" verknüpft und durch die Verbindung mit dem politischen Kampf von „Klassen" in Schwierigkeiten gestürzt wurde.

In Deutschland wurden die Gedanken der Französischen Revolution mit Vehemenz aufgegriffen, vor allem im Philantrophismus Ernst Christian

Trapps (1745-1818), Joachim Heinrich Campes (1746-1818) und Christian Gotthilf Salzmanns (1744-1811). Ihnen ging es um die Entwicklung des Menschen in der natürlichen Entfaltung aller ihm innewohnender Wesenskräfte und Anlagen, geistiger, körperlicher und schließlich sittlicher Vervollkommnung. Praktische Tatkraft rückte in den Mittelpunkt der Betrachtung, zugleich geraten Vollkommenheit und Brauchbarkeit, die die deutschen Philantrophen im Gegensatz zu Rousseau noch für vereinbar hielten, auch theoretisch in ein Spannungsverhältnis, das uns bis heute beschäftigt.

Ihren Höhepunkt erlebte diese Entwicklung in der literarischen und philosophischen Klassik und im Neuhumanismus Herders, Goethes, Schillers, Kants und Fichtes. Haben die Philantrophen diese Entwicklung noch im Sinne nützlicher Tatkraft (des aufstrebenden Unternehmertums) gesehen, eröffneten die Neuhumanisten die Perspektive des gelehrten Bürgertums, des Intellektuellen in der Gesellschaft. Nicht zuletzt ihr Status als Gelehrte, Staatsbeamte und Künstler ermöglichte ihnen einen nur auf die Wahrheit gerichteten Blick, der jeglicher Nutzanwendung von Bildung eine klare Absage erteilte. Nicht ohne Grund ist die leidenschaftliche Polemik Friedrich Schillers gegen den „Brodgelehrten" überliefert, der uns knapp hundert Jahre später im Gewand des Unternehmerprofessors, der gegen Honorar Industrieforschung betreibt, wiederbegegnet und noch heute eine äußerst aktuelle „Zielperson" im Schnittpunkt der Auseinandersetzung zwischen Allgemeinbildung und Spezialisierung verkörpert.

3. *Humboldts Konzept: Eine dreifache Illusion?*

Wilhelm von Humboldt hat uns mit seiner Universitätsidee drei Stützpfeiler eines Bildungsideals überliefert, an dem die deutsche Universität bis heute unverdrossen festhält, obwohl sich seine Gegenwart mehr und mehr auf feierliche Zusammenhänge zurückzuziehen scheint. Der Anspruch ruhte auf den Stützpfeilern der unbedingten akademischen Lehr-, Lern- und Forschungsfreiheit, der Einheit von Forschung und Lehre und vor allem der Bildung durch Wissenschaft, die keinem anderen Zweck als der Vervollkommnung der menschlichen Persönlichkeit und ihrem Wirken für die Gesellschaft verpflichtet ist. Schaut man sich die von diesem traditionellen Gedankengut geprägte Universität der Gegenwart an, so finden sich vor allem Anlässe zu der Frage: War das womöglich eine gleich dreifache Illusion?

Entscheidend ist für Humboldt und seine Zeitgenossen die Idee zweckfreier Wissenschaft gewesen, die um ihrer selbst willen und um der Bildung willen voranzutreiben war. Es ist dies das merkwürdig antiquierte und trotzdem Zustimmung erheischende Leitbild einer Wissenschaft, die nichts anderem als der Wahrheit verpflichtet ist und sich jedem Verwertungsgedanken, jeder Vorstellung von Nützlichkeit, entzieht. Humboldt ging es um universelle, Fächergrenzen überwindende Geistes- und Charakterbildung im Dienste der Gesellschaft, obgleich, wie wir sehen werden, die aus dieser Idee heraus entwickelten Strukturen selbst genau das weitgehend verhinderten. In bezug auf die älteren Wurzeln des Humboldtschen Ansatzes trat dieser merkwürdige Effekt eher ein, in bezug auf die jüngeren später.

Erstens die akademische Freiheit: Schon in der Geschichte dieses alten Prinzips ist der Beweis immer wieder angetreten worden, daß die akademische Freiheit stets nur so weit gewährt wurde, wie sie nicht ernsthaft die Interessen der jeweiligen geldgebenden Instanzen gefährdete oder sich überhaupt mit politischen Ansprüchen verband. Ausgerechnet am Ort der Wiege dieses alten akademischen Leitprinzips, in Halle, mußte Christian Wolff (1679-1754), der glühende Verfechter der Integra llibertas philosophandi, der völligen Freiheit des philosophischen Denkens, auf Geheiß Friedrich Wilhelm I. binnen 48 Stunden Universität und Stadt verlassen, weil man durch seine Lehren die Wehrkraft des Preußischen Heeres gefährdet sah. Nicht minder ist die Folgezeit, denken wir nur an die berühmten sieben Göttinger Professoren, die sich 1837 gegen die Außerkraftsetzung der bürgerlichen Verfassung des Hannoverschen Königreiches zu Wehr gesetzt hatten und allesamt entlassen wurden, bis in unsere Tage hinein nicht arm an Belegen dafür, daß die Illusion von Freiheit immer auch Bestandteil des Funktionierens vorfindlicher Herrschaftsstrukturen gewesen ist und deshalb eher in Festreden als in der Wirklichkeit anzutreffen war bzw. ist. Bezüge auf die jüngere Vergangenheit und auf die Gegenwart bitte ich Sie, mir zu ersparen.

Zweitens die Einheit von Forschung und Lehre: Mit dem neuen Bildungsverständnis ging auch ein Wandel im Wissenschaftsbegriff einher und hinterließ eine weitere Paradoxie. Wissenschaft war nicht mehr das kanonische Lehrgebäude des Mittelalters und auch nicht mehr die Summe des enzyklopädischen Wissens des 18. Jahrhunderts, sondern sie war zur Methode des Erkenntnisgewinns geworden, die Lehrende und Lernende im tätigen Miteinander einte, die funktionale Differenz zwischen ihnen – jedenfalls theoretisch – aufhob. Das Programm hieß Forschung, und für die Pädagogik, die im 18. Jahrhundert (man denke an die Hodegetik) noch ganz selbstverständlich die Universitäten in ihren Gegenstand einschloß, hatte das zur Folge, daß Lehrende und Lernende nicht mehr jeweils füreinander, sondern, so Humboldt, beide für die Wissenschaft da waren – die pädagogische Konstellation erlosch.

Praktisch wurde die funktionale (und im übrigen ja auch soziale) Differenz zwischen Lehrenden und Lernenden natürlich nie überwunden, aber deren pädagogische Betrachtung und gestaltende Optimierung geriet in den Hintergrund und führte zu einer allmählichen, bis heute anhaltenden Verwahrlosung der Lehrkultur. Um aktuelle Beispiele für die Folgen dieses Teils II der Illusion muß wohl niemand verlegen sein.

Drittens Bildung durch Wissenschaft: Zu den Folgen des Forschungsimperativs gehört auch die bis heute ungebrochene Spezialisierung der Wissenschaft, und ein denkbares universitäres Vermittlungsglied zwischen den Disziplinen, z.B. in Gestalt fächerübergreifender Bildungsansätze, scheint brachzuliegen. Die einmal zum Leben erweckte Lehr- und Forschungsfreiheit ließ sich nicht an eine allgemeine Idee fesseln, sie bestimmte ihre Entwicklungsrichtung selbst: Ihr Ziel hieß Spezialisierung und Spezialbildung, nicht Verallgemeinerung und Allgemeinbildung. Wissenschaft aus sich selbst heraus (und abseits jeglicher pädagogischer Implikationen) kann allgemeiner Bildung aber nicht zu ihrem Recht verhelfen.

Trotz ihres illusionären Gehalts und ihrer praktischen Irrelevanz war die Humboldtsche Universitätsidee keinesfalls wirkungslos. Sie hinterließ immerhin – zumindest als progressiven Anspruch – das Autonomiepostulat (Wissenschaft als Methode verträgt keine Direktive) und den Forschungsimperativ, gleichzeitig jedoch: das Lehrdefizit. Daß der Forschungsimperativ, so sehr man ihn begrüßen kann und muß, auch fatale Konsequenzen trug, läßt sich heute noch nachvollziehen, wenn man auf exzellentes Lehrgeschick und entsprechendes Engagement keine akademische Karriere gründen kann, Einsatz für die Lehre als Abschied von der Forschung interpretiert wird, Professoren sich – jenseits der ursprünglichen Traditionen ihres Berufsbildes – als Forscher und nicht als Lehrer verstehen und profilieren (vgl. Schmitthals 1990, S. 7ff.).

Neben diesen zunächst „nur" logischen Anachronismen im Humboldtschen Universitätskonzept traten beizeiten empirische hinzu. Mit dem industriellen Aufschwung des 19. und erst recht des 20. Jahrhunderts wurde das humanistische Bildungsideal zunehmend mit einer Wirklichkeit konfrontiert, auf die es nicht eingerichtet war. Immer deutlicher artikulierte Verwertungsinteressen an akademischer Bildung brachen sich Bahn und erforderten eine Anpassung akademischer Strukturen, die auf immer deutlicher konturierte Berufsbilder und analoge Qualifikationsmerkmale hinarbeiten sollten.

4. *„Verwertbarkeit" von Bildung – Erwartungen der Wirtschaft*

Seitdem ist er entbrannt, der Streit: Universalisierung versus Spezialisierung, Bildung versus Ausbildung – jeweils mit allen denkbaren Konsequenzen für die inhaltlichen und organisatorischen Strukturen akademischer Bildung bis hinein in einzelne Studiengänge. Selbst durch die letzten beiden Jahrzehnte zieht sich die Kontroverse – mit periodisch wechselnden Fronten – je nach Defizitlage in den „Abnehmerinstanzen" universitärer Bildung. Wurde noch in den 70er und frühen 80er Jahren der kritische und ungeduldige Ruf der Wirtschaft an die Universitäten laut, die Absolventen verfügten über kein anwendungsbereites Wissen und Können, sie seien unzureichend spezialisiert, es mangele an Praxisrelevanz und unmittelbarer Handlungskompetenz, so hat sich gerade dieses Blatt seit dem Ende der 80-er Jahre gründlich gewendet (in demselben Tempo übrigens, in dem der Glaube an die Allmacht hochspezialisierten Wissens allein geschwunden ist).

Hinter dieser Umorientierung steckt die Erfahrung insbesondere der Wirtschaft, aber auch öffentlicher Arbeitgeber, daß eine hohe Spezialbildung zur Bewältigung der Komplexität heutiger Arbeitszusammenhänge nicht mehr ausreicht (keine Garantie für wirtschaftliche Effizienz ist), daß ein hohes Maß an Verfügungswissen allenfalls unter konstanten Bedingungen hinreichen mag, ebendiese aber nirgends mehr gegeben sind. Vor allem aber bedeuten sie nicht automatisch Kreativität, Tatkraft, Teamfähigkeit und Phantasie.

Seitdem wird wieder nach dem kreativen Generalisten gerufen, der imstande ist, in Zusammenhängen zu denken und über die Grenzen seines Faches hinauszuschauen, sein Tun kritisch zu reflektieren, mit Vertretern anderer Fächer zu kommunizieren, Verantwortung zu übernehmen. Die Ausprägung solcher Schlüsselqualifikationen wird von der Universität erwartet.

Aber noch eine andere Tendenz ist in den letzten Jahren deutlich hervorgetreten. Es gibt heute kaum mehr ein Berufsbild, schon gar nicht ein akademisches, das die Möglichkeit eröffnet, sich vorab mit Kompetenzen zu versehen, die für ein ganzes Berufsleben ausreichen. Die Dynamik der modernen Wissenschaftsentwicklung und die ihr folgende Ausdifferenzierung wechselnder beruflicher Tätigkeitsmerkmale verlangen ein Maß an Flexibilität und Disponibilität, das mit herkömmlichen Begriffen von Berufsvorbereitung nicht mehr erfaßbar ist. Anstelle des Erwerbs addierbarer Wissens- und Könnensqualitäten ist methodische Kompetenz getreten, d.h. die Fähigkeit zum selbständigen Weiterlernen, das Sich-einstellen-Können auf neue Anforderungen, die Bereitschaft und Fähigkeit zum lebenslangen Lernen. Diese Entwicklung geht einher mit einem gravierenden Wandel der Berufsbilder schlechthin, mit der die Entwicklung traditioneller Qualifikationsmerkmale nicht schritthält.

Allerdings können bildungskonzeptionelle Innovationen nicht den wechselnden Erwartungs- bzw. Bedarfskonjunkturen in den Abnehmerinstanzen akademischer Bildung folgen. Auch Bidungsforschung braucht Bildungsvorlauf. Und so ist es an der Zeit, über wichtige Ziele wissenschaftlicher Bildung – neben der unstrittig notwendigen Spezialisierung – auch unabhängig von einander ablösenden Nachfragesituationen – zu thematisieren. Hierzu ein paar Gedanken:

5. *Nachdenklichkeit als Merkmal wissenschaftlicher Bildung*

Mit den Mitteln moderner Wissenschaft und Technik ist heute Verschiedenes möglich oder für die nahe Zukunft denkbar geworden, was sich sicheren Wertungen – zumindest nach konventionellen Maßstäben – immer häufiger entzieht. Für viele, längst gekonnte und praktizierte Verfahren der Umsetzung bzw. Verwertung von Wissenschaft fehlen akzeptable ethische Erklärungs- bzw. Begründungsmuster, die für einen verantwortlichen Umgang mit der Wissenschaft unerläßlich sind. Es gibt heute kaum mehr eine wissenschaftliche Entdeckung oder Lösung, die nicht der philosophischen bzw.

ethischen Reflexion bedarf. Diese notwendige, kritische Begleitreflexion duldet im Grunde keine Arbeitsteilung, sondern ist, wenn es um verantwortliches Entscheiden und Handeln geht, wesentlich vom sachkompetenten Wissenschaftler selbst zu leisten. Eine solche Reflexion kann auch nicht erst „im Anschluß“ an die wissenschaftliche Arbeit einsetzen oder als notwendiges „Beiwerk“ von Forschung und Lehre eingeklagt werden, sondern ist als deren integrativer Bestandteil zu begreifen, zu propagieren und zu leisten. Diese Nachdenklichkeit, ein theoretisch näher zu betrachtendes, übergreifendes Gebot einer zeitgemäßen Wissenschaftskultur (mit hoher individueller Relevanz), erhebt den Zweifel zur moralischen Norm, zielt auf ein Innehalten im besinnungslosen „Vorwärts“, von dem niemand die Richtung weiß. Nicht kleinmütiges Zaudern ist damit gemeint, das letztlich der Wissenschaft den belebenden Atem nähme, sondern in der Tendenz eher das, was Peter Kafka mit dem Begriffspaar „Vielfalt und Gemächlichkeit“ umschreibt (Kafka 1989, S. 52ff.). Nachdenkliche „Gemächlichkeit“, die Raum läßt für kritische Selbstreflexion und Besonnenheit im Strom der ausufernden Machbarkeiten, die den Antworten noch Fragen voranstellt, ein irgendwie freundlicher Gedanke, scheint eine der wesentlichen Voraussetzungen dafür zu sein, daß uns die Sinnfragen nicht aus dem Blick geraten, die schon immer schwieriger zu beantworten (und zu stellen) waren als die Sachfragen der Wissenschaft.

Es liegt auf der Hand, daß solche Intentionen nicht schlechthin nur der Verantwortungsreflexion, Gefahrenabschätzung, Risikoabwägung usw. dienen, sondern auch in berufsvorbereitender Hinsicht wesentliche „sachliche“ Qualifikationserfordernisse beinhalten. Dazu gehören die Fähigkeit zur „Selbstaufklärung“, zu dialektischem Denken und kritischer Rationalität, kommunikative Kompetenz und Aufgeschlossenheit, Kooperations- und Teamfähigkeit und nicht zuletzt die Bereitschaft und Fähigkeit zum Dialog, dessen heuristisches Potential für die Wissenschaft unstrittig ist. Aber auch diese „Sacheffekte“ kritischer Nachdenklichkeit im wissenschaftlichen Arbeits- (Lehr- und Studien-) Prozeß führen immer wieder zurück zum Problem der *Verantwortung*, deren neuartige Dimension im wissenschaftlich-technischen Zeitalter, als Verantwortung nicht nur für Getanes, sondern für Zu-Tuendes, uns Hans Jonas (1984) anschaulich vor Augen geführt hat. Verantwortung des wissenschaftlich Tätigen erwächst in erster Linie aus dem Spannungsverhältnis von wissenschaftlich-technisch *Möglichem* und gesellschaftlich (sozial, ökologisch) *Notwendigem*, *Sinnvollem*, wobei das Mögliche allem Anschein nach z.Z. viel leichter zu beschreiben ist als das Notwendige. Es geht aber auch um *Verantwortungsbewußtsein*, also um ein Ergebnis der kritischen Selbstreflexion des wissenschaftlich Tätigen über seine persönliche, unmittelbare Betroffenheit und Zuständigkeit im Bezug auf das gesellschaftlich Notwendige, das auf adäquates Handeln und Verhalten Anspruch erhebt (vgl. Olbertz 1990, S. 185ff.).

6. Bildung im Dreiviertel(stunden)takt – das Separierungsproblem der Fächer

Auf die Anforderungslage einer solchen kritischen Nachdenklichkeit indessen bereitet die Hochschule, geschweige denn das Gymnasium, ihre Absolventen im gegenwärtigen Bildungs- bzw. Studiengangssystem nicht oder nur unzureichend vor. Schon die Kultur disziplinärer Zuweisungen für die Forschung wie für die Lehre (Probleme werden Disziplinen zugeordnet, anstatt Disziplinen um ein Problem zu gruppieren) und die Separierung wissenschaftlicher Einzelprobleme durch Super-Spezialisierung läßt den Blick für den Gesamtzusammenhang der Wissenschaften, für ihre übergreifende humanistische Sinngebung, verlorengehen. Wer z.B. an einem Schultag im Gymnasium den *Unterrichtsablauf eines Tage im 6-8-fachen Wechsel des Betrachtungsobjekts, der gedanklichen Operationen, der Methoden und der Fragestellungen, absolvieren muß, von dem können kausale Denkweisen und übergreifende Problemsichten nicht mehr erwartet werden.* Die Tendenz der „Entklammerung" der Wissenschaften setzt dabei häufig noch selbst die Kräfte zu ihrer Beschleunigung frei. Es dürfte unstrittig sein, daß sich diese Tendenz auch für die soziale Qualität von Wissenschaft als problematisch erweist, indem Kommunikationszusammenhänge auseinandergeraten, übergreifende Problemsichten versperrt werden.

Während sich die Strukturen und Arbeitsweisen der modernen Wissenschaften fortwährend entwickelt haben und entwickeln, interdisziplinäre Kommunikations- und Kooperationszusammenhänge längst zum originären Wesen wissenschaftlichen Arbeitens geworden sind, lehren wir noch wie vor einigen hundert Jahren. Die Entwicklung auf dem Gebiet der Wissenschaft als originäre Instanz der Produktion von Wissen und damit Inhalten der Lehre verläuft auf merkwürdige Weise jenseits analoger Entwicklungsschübe hinsichtlich der Lehrformen und -methoden.

Während es in den modernen Wissenschaften (und der ihre Arbeitsweisen reflektierenden Wissenschaftstheorien) beispielsweise längst gang und gäbe ist, Probleme nicht einfach einer „zuständigen" Disziplin zuzuordnen, sondern um zu lösende Probleme herum kompetente Fächer zu gruppieren (und jene problemzentrierten Disziplinverbünde mit wechselnden wissenschaftlichen Gegenständen immer wieder umzugruppieren), feiert in der Lehre nach wie vor das überholte Prinzip Furore, sich Probleme nur aus dem Blickwinkel des für zuständig erklärten, singulären Faches vorstellen zu können und eine entsprechend einseitige Problempräsentation – mit entsprechender Wirkung auf findbare Lösungsansätze – zu praktizieren. Der Blick für die Komplexität der Wirklichkeit, für die Entfaltung wissenschaftlicher Diskurse über künstlich gesetzte Fächergrenzen geht damit notwendig verloren und die Ausbildung wird im erschreckenden Umfang irrelevant und wirklichkeitsfern, methodenarm und phantasielos.

Längst ist es doch unbestritten, daß die entscheidenden wissenschaftlichen Entdeckungen der letzten Jahrzehnte nicht aus dem jeweiligen Mittelpunkt eines Faches erwachsen sind, sondern aus seinen Randzonen, aus den Übergängen zu anderen Fächern. An den Schnittstellen unterschiedlicher Wissenschaften sind die entscheidenden Erruptionen zu erwarten. Diesen neuen Tatsachen müssen sich (über-)fällige Ansätze einer Unterrichts- und Studienreform an den Universitäten schnellstmöglich öffnen.

Um dies zusammenzufassen: Als eines der heutigen Grundprobleme höherer Bildung erachte ich, daß von Anfang an zu wenig Augenmerk auf generalisierte Wissens- und Könnensqualitäten gelegt wird. Die Überakzentuierung von fachbezogenem Spezialwissen vernachlässigt *fachübergreifende* Kompetenzen, z.B. das Denken in Zusammenhängen, komplexes Problembewußtsein, philosophische Reflexionskompetenz, soziale Qualitäten, Phantasie, Kreativität, ästhetisches Empfinden usw. usf. Fachübergreifend orientierende Angebote eröffnen nicht zuletzt auch Perspektiven im Hinblick auf das eigene Fach, indem sie dortige Zugriffe auf die wissenschaftliche Wahrheit im produktivem Sinne relativieren und vor jedem Endgültigkeitsglauben wissenschaftlicher Aussagen schützen. Insofern müssen wir uns einer Renaissance des Begriffs „Bildung“ im eigentlichen Sinne des Wortes zuwenden, dessen Akzente etwas anders beschaffen sind, als gemeinhin unter „Ausbildung“ verstanden wird.

Dennoch: das Separierungsproblem der Fächer steht dem gegenüber. Auf der einen Seite verlangt die Ausdifferenzierung und Komplexität heutigen Wissens und die Arbeitsteilung im Rahmen seiner Verwertung ein angemessenes Ordnungssystem, auf der anderen Seite steht dieses Ordnungssystem, daß die Wirklichkeit notgedrungen segmentieren muß, dem Denken in Zusammenhängen, übergreifenden Bildungsmerkmalen logisch entgegen. Wie soll man aus diesem Dilemma ausbrechen, ohne das ordnende System der Fächer zu zerstören und seine Begrenztheit dennoch zu überwinden? Dieser Frage haben sich moderne Wissenschaftstheorien seit längerem zugewandt. *Z.B. die Klassifikationsansätze hart/weich, rein/angewandt usw. zielen auf qualifiziertes Unterscheiden auch der sozialen Räume, in denen Wissenschaft betrieben wird und Fachkulturen hinterläßt, die sich in den habituellen Besonderheiten ihrer jeweiligen Vertreter niederschlagen usw.* (vgl. Becker 1987, S. 261ff.). Zweck solcher Unterscheidungsversuche ist nicht, Fächergrenzen und differenzierte Fachkulturen zu nivellieren, sondern so zu profilieren, daß sie als Ausdruck konstruktiver Vielfalt produktiv miteinander kommunizieren können (vgl. Huber 1990, S. 68ff.)

Auch von seiten der Schulpädagogik wird immer wieder versucht, das Problem der durch Fächer separierten und reduzierten Wirklichkeit aufzubrechen (*Stichwörter: Reformpädagogik, Integrationsansätze, Epochen- und Projektunterricht. H.v.Hentigs „entfächerte Realität“ in der Bielefelder Laborschule bzw. im Oberstufenkolleg)* usw. usf.

Die Bewältigung dieses Problems muß in der Tat schon in der Schule beginnen, und nicht ohne Grund bezeichnet Ludwig Huber die Wissenschaftspropädeutik als „unerledigte Hausaufgabe der Allgemeinen Didaktik“. Was ist in bezug auf das Gymnasium als studienvorbereitende Einrichtung damit gemeint?

7. Schlußfolgerungen an der Nahtstelle zwischen Gymnasium und Universität

Über die Konsequenzen des wissenschaftlich-technischen Fortschritts für ein zeitgemäßes Konzept wissenschaftlicher Bildung ist in Ost und West in den letzten Jahren allenthalben nachgedacht worden. Vielfach beschworen wurde und wird die sprunghafte Entwicklung von Wissenschaft und Technik, die rasch zunehmende innere Differenzierung und Spezialisierung der Wissenschaften, ja, das Entstehen gänzlich neuer Disziplinen, die sich meistens wesentlich schneller etablieren, als man etwa neue Schulfächer, Studiengänge oder auch nur einzelne Lehrgebiete danach konzipieren könnte. Längst ist die Summe des vorhandenen Wissens – selbst auf relativ eng begrenzten Spezialgebieten – nicht mehr lehrbar, und seit langem besteht auch Klarheit darüber, daß sich in den höheren Jahrgängen der Schule und erst recht an der Universität nicht primär „fertiges" Wissen vermitteln läßt, sondern exemplarisch schon das *Werden* von Wissen zu lehren ist, Wege bzw. Methoden des selbständigen Kenntniserwerbs aufzuzeigen sind, die dann vom Absolventen je nach Anforderungslage eigenständig aufgefunden und beschritten werden können. Zudem herrscht noch immer die Neigung vor, nur das (oft genug vermeintlich) Gesicherte für lehrbar zu halten. Die Behandlung nur der Ergebnisse der Forschung im Lehrgeschehen vernachlässigt immer wieder den Prozeß ihres Entstehens, die ihnen vorausgegangene Fragestellung. Die Folge sind eine Betonung dogmatischer Sätze, der (wenn auch unausgesprochene) Anspruch auf (End-)gültigkeit wissenschaftlicher Aussagen und unübersehbare Defizite hinsichtlich zu vermittelnder Methodenkompetenz, ohne die jeglicher Sachkenntnis Grenzen gesetzt sind.

Der Übergang von der primär informativen zur prononciert methodologischen bzw. methodischen Ausbildung im Übergang vom Gymnasium an die Hochschule ist eine zwingende Konsequenz aus der zunehmenden Irrelevanz didaktischer und curricularer Setzungen bzw. Traditionen der Lehre (z.B. in Form „klassischer" Lehr- und Lernformen bzw. ihren Kopplungen). Mit wachsender Deutlichkeit gerät gerade den Hochschullehrkräften vor Augen, daß wir die Studierenden auf berufliche und allgemeine Anforderungen vorzubereiten haben, die wir selbst noch gar nicht kennen oder bestenfalls in vagen Zügen ahnen. Dieses Problem indessen hat schon der Stammvater der modernen Hochschulpädagogik, Hans Schmidkunz, vor über 80 Jahren in seiner „Einleitung in die akademische Pädagogik" auf den Punkt gebracht, indem er schrieb: „Die Berufsansprüche des künftigen Mannes von Wissenschaft und Kunst stellen ihn häufig vor Situationen, deren volle Vorbereitung weder in der Studienzeit noch in der Praxiszeit möglich war. An solche Fälle ihn schon in jener Zeit zu gewöhnen, seine Findigkeit gegenüber Unvorbereitetem, seine Intention gegenüber dem diskursiv nicht Erreichbaren auszubilden; kurz die *‚Erziehung zum Neuen':* Dies ist eine Aufgabe und Meisterschaft akademischer Didaktik" (1907, S. 62).

7.1. Allgemeine Wissenschaftspropädeutik

Wissenschaftspropädeutik erschöpft sich trotz einer offenbar weit verbreiteten Trivialisierung des Konzepts nicht in der Vermittlung „wissenschaftlicher Arbeitstechniken" (ein Verdacht, unter den auch die akademische Fortsetzung wissenschaftspropädeutischen Bemühens in Gestalt der Hodegetik immer wieder gerät) und auch noch nicht in der (exemplarischen) Einführung in die „Grundlagen" des jeweiligen Faches (also Grundbegriffe, Grundmethoden usw.). In engem Zusammenhang mit der Wissenschaftsorientierung hat die Wissenschaftspropädeutik *die Thematisierung des wissenschaftlichen Vorgehens selbst* zum Gegenstand (vgl. Huber 1993): Die expliziten und vor allem die impliziten zu Grunde liegenden Annahmen, die Grundbegriffe, die Problemdefinitionen (und damit immer auch die Problemausblendungen), die methodischen Prämissen und die Gütekriterien innerhalb der jeweiligen Zunft, die historischen Kontexte und Bestimmungen der Konzipierung, Herstellung und Verwertung wissenschaftlichen Wissens, kurz: die Wissenschaft als soziale Konstruktion von Wirklichkeit.

Solche Thematisierungen setzen z.B. voraus, „daß innerhalb der einzelnen Fachtradition und Fachkultur nur allzu Selbstverständliches überhaupt erst einmal unselbstverständlich gemacht ... wird" (Huber, ebd.) Sie verlangen einen „fremden" Blick, aus einer anderen Perspektive, für die es keinen speziellen Unterricht gibt.

Mit einem solchen Verständnis von allgemeiner Wissenschaftspropädeutik geht es also um entschieden mehr als nur um eine Art Verstehenshilfe im Sinne der Erleichterung des Zugangs vom „unvollkommeneren" Alltags- zum „vollkommeneren" fachwissenschaftlichen Wissen (vgl. ebd.) Deshalb kommt es vor allem darauf an, das Thema der *Grenzen* und der *Grenzüberschreitung* in den Mittelpunkt wissenschaftspropädeutischen Denkens zu stellen, das Problem der *Differenz* und *Übersetzungsnotwendigkeit*. Grenzüberschreitung heißt nicht nur, das eigene Fach zu verlassen, sondern sich anderen Fächern zuzuwenden. In diesem Sinne fächerübergreifenden Unterricht zu konzipieren und ihn der dagegen in Konzeption und Unterrichtsorganisation eher abgesperrten gymnasialen Oberstufe abzuringen, ist, so Huber (Ebd.), die „unerledigte Hausaufgabe der allgemeinen Didaktik" oder eines von ihr zu stiftenden Bündnisses der Fachdidaktiken.

Daraus ergibt sich die Notwendigkeit, die fachdidaktischen Entwürfe quer zu den Fächern daraufhin zu sichten, wie weit bestimmte Themen eine Ergänzung/Konfrontation mit den Perspektiven anderer Fächer brauchen oder nahelegen bzw. umgekehrt wichtige Themen, die die Gesellschaft oder die Menschheit derzeit und künftig bewegen bzw. bewegen müssen („Schlüsselprobleme" im Sinne Klafkis) in ihnen berücksichtigt sind oder unter Einbezug dieses und jenes Faches fachübergreifend zu behandeln wären.

Es gilt also, dem fachübergreifenden Moment schon in der Schule, im Lehrplan Raum zu schaffen. Wenn allerdings an der Sekundarstufe I die Devise „fachübergreifender Unterricht statt Fachunterricht" verfochten wird (wie in radikal reformpädagogischen Konzepten), begibt man sich rasch in einen Glaubenskrieg. Aber darum kann es auf der Sekundarstufe II nicht gehen. Es darf nicht heißen fachübergreifender Unterricht statt Fachunterricht und es darf auch nicht heißen fachübergreifender Unterricht *und* Fachunterricht, sondern fachübergreifender Unterricht *durch* einen reformierten Fachunterricht.

Wenn Huber von der Funktion einer Ergänzung, Korrektur, Relativierung oder Transzendierung des fachlichen Lernens spricht, ist ihm im Grunde zu widersprechen. Fachübergreifender Unterricht ist eher eine Qualität differenzierenden Fachunterrichts, nicht aber seine Ergänzung bzw. Relativierung.

Huber entwickelt eine „Taxonomie" für fachübergreifende Unterrichtsansätze am Gymnasium und differenziert nach den Relationen, in die im fachuntergreifenden Unterricht die je beteiligten Fächer zueinander treten können. Grundsätzlich könne ihr Verhältnis für fachübergreifende Lehre ebenso wie für fachübergreifende Forschung von Bedeutung sein (vgl. ebd.):

Konzentrisch: Mehrere Sichtweisen richten sich auf einen gemeinsamen Gegenstandsbereich (z.B. Raum, Epoche) oder Problembereich (z.B. Verkehrsplanung, Gesundheitspflege, Umweltpolitik);
Komplementär: Sicht oder Erfahrung eines Faches ergänzt die eines anderen, bereichert sie um weitere Aspekte;
Kontrastiv: Eine Sicht oder Erfahrung widerspricht der anderen, relativiert sie;
Reflexiv: Mit Hilfe anderer Sichtweisen wird die eigene (philosophisch, historisch, soziologisch) reflektiert (vgl. Huber 1991).

Er unterscheidet dann im Sinne der didaktischen Begründungen, die aus diesen Relationen hervorgehen, folgende Ansätze (Begründungsimplikationen) fachübergreifenden Unterrichts:

- Es gibt gemeinsame Aufgaben in Form von Problemen, die nur durch Verbindung mehrerer Fächer und der Verbindung von Theorie und Praxis gelöst werden können, z.B. die „globalen" oder Schlüsselprobleme. Die kooperative Lösung dieser Probleme ist das Primäre.
- Es gibt gemeinsame Gegenstände, z.B. Epochen oder Räume oder Gesellschaften, die durch Zusammenbringen mehrerer Fächer umfassender, vollständiger beschrieben und verständlicher gemacht werden können (z.B. Romantik, Industrialisierung, Grenzregionen usw.). Dadurch wird zugleich die Sichtweise, werden die Daten jedes Einzelfaches eine Bereicherung, Ergänzung aber auch eventuell Korrektur des anderen.
- Es gibt gemeinsame Grundbegriffe und womöglich auch gemeinsame Grundmethoden mehrerer Fächer, die sie verbinden und deswegen eingeführt werden müssen, z.B. „Zeit", „Geschichte", „System", usw.
- Es gibt ein (das eigene) Fach, das zum Gegenstand eines anderen (bzw. mehrerer) gemacht wird, z.B. Physik durch Geschichte, Technik durch Sozialwissenschaften oder Ökonomie, Erkenntnisprozeß durch Psychologie, Literatur durch Psychoanalyse oder alle durch Philosophie, Wissenschaftstheorie etc.

7.2. Fachüberschreitendes Lehren und Studieren

1. Problem: Die Konzipierung und Ausgestaltung von Studiengängen kann der rasch zunehmenden Differenzierung und Spezialisierung der Wissenschaften und der häufig von ihnen selbst ausgelösten, neuen allgemeinen Probleme allein auf *extensivem* Wege nicht mehr gerecht werden. Es hat sich vielfach erwiesen, daß die Expansion neuer Studiengänge oder Lehrgebiete in der Regel nur auf Kosten der alten zu betreiben ist, nicht selten um den Preis ihrer Sinnentleerung bzw. inhaltlichen „Entkernung" (oft noch mit der hochschulpolitischen Parallele einer Reduktion ihrer Ausstattung). Eher also wäre zu überlegen, ob nicht bereits ein höheres Maß an Flexibilität und Dynamik *innerhalb* der etablierten Studiengänge die gewünschten Effekte von mehr Relevanz und Differenzierung in der Auswahl und Anordnung neuer Studieninhalte erbringen kann. Allerdings entbindet ein solches Konzept nicht von der Notwendigkeit, das Merkmal der Fächerdominanz für zeitgemäße Ansätze der Modellierung von Studiengängen in Frage zu stellen und disziplinorientiertes Lernen konsequenter in problemgeleitetes zu wandeln.

Immer öfter sind Studenten anzutreffen, die aus „vorgefertigten" Studiengängen sozusagen auf eigene Rechnung ausbrechen, indem sie mehrere gleichzeitig oder nacheinander belegen und auf diese Weise zu sogenannten „Bindestrich Studiengängen" gelangen, wie sie sonst nur in Lehramtsstudien anzutreffen sind: z.B. Biologie-Philosophie, Medizin-Psychologie, Physik-Geschichte und dergleichen, also häufig ganz sinnvolle Kopplungen! Doch sind solche individuellen Variationen heute noch eher die Ausnahme als die Regel.

2. Problem: Es besteht – wiederum die Lehrbarkeit übergreifender Zusammenhänge in spezialisierten Fachstudien betreffend – darin, daß allgemeine, z.B. philosophisch-ethische, historische, wissenschafts- oder kulturtheoretische etc. Reflexionen zur spezialisierten fachwissenschaftlichen Arbeit nicht ausschließlich „übergreifend" und damit letztlich abstrakt bleiben können, sondern fach- bzw. gegenstandsrelevant, zumindest aber an repräsentativen Wissenschaftsausschnitten exemplizifierbar sein müssen. Insofern sind entsprechende Themen im Lehrprozeß auch nicht allein additiv konzipierbar, sondern bedürfen gleichzeitig der Integration in die wissenschaftlichen Spezialstudien und damit der verantwortlichen Mitwirkung der dort tätigen Hochschullehrer. An der fachwissenschaftlichen Irrelevanz der Themen sind ja gerade die bis zum Ende der 70er Jahre bestehenden Ansätze eines Studiums generale in der Bundesrepublik gescheitert, indem sie auf Seiten der Studenten nicht auf die notwendige Akzeptanz stießen. Auf welche Weise man bei der Behandlung der neuen, allgemeinen „Lebensprobleme" unserer Zivilisation einen übergreifenden Aussage- und Erkenntniswert mit fachwissenschaftlicher Relevanz (und Akzeptanz) an der Hochschule verbinden kann, ist ein Hauptproblem der hier zu erörtenden Thematik.

3. Problem: Unberührt von allem bisher Gesagten ist die Frage, innerhalb welcher Lehr- bzw. Studienformen die Behandlung solcher allgemeinen Probleme der modernen Wissenschaften in den verschiedenen Studiengängen anzusiedeln und zu realisieren ist. Hier sind meines Erachtens mindestens zwei Aspekte zu durchdenken:

(a) die integrative Einbindung solcher Themen durch neue bzw. erweiterte Schwerpunktsetzungen in den herkömmlichen Lehrprogrammen,

(b) die Frage nach neuen Formen, neuartigen Lehrangeboten, wie z.B. Begleitkursen, Spezialvorlesungen, Colloquia, interdisziplinären Foren, usw. usf.. Letzten Endes plädiere ich in diesem Zusammenhang für die Wiederaufnahme bzw. Fortsetzung von Versuchen, ein Studium generale oder studium integrale neu zu durchdenken und unter Nutzung der bisherigen Erfahrungen zu solchen Formen seiner Verwirklichung zu gelangen, die Nachdenklichkeit im skizzierten Sinne befördern, ohne von vornherein zur fachlichen Irrelevanz verdammt zu sein. Für nicht minder wichtig halte ich, zumindest was die Situation im ostdeutschen Hochschulwesen anbelangt, eine wesentliche Ausweitung von Wahl-Pflicht-Angeboten in Verbindung mit dem jeweiligen Spezialstudium.

Mit einem solchen Konzept fachübergreifender Bildung kann zur Relativierung jeweils fachspezifischer Wahrheitszugriffe beigetragen werden, was im Sinne der Qualifizierung solcher Zugriffe (etwa des Verzichts auf „Endgültigkeiten“) unabdingbar ist. Zweitens haben wir es hierbei auch mit einer Voraussetzung zur „Dezentrierung“ subjektiver Sichtweisen oder Wahrnehmungsmuster und damit auch der Fähigkeit zum produktiven Dissens zwischen den Fächern und Vertretern unterschiedlicher Fachkulturen zu tun (mit der Erfahrung und Einsicht im Hintergrund, daß Vielfalt und Kontroverse die notwendigen Bewegungsformen kompetenter und zugleich demokratischer Wissenschaft sind). Drittens schließlich eröffnen sich damit Zugänge zur Motivation wissenschaftlicher Arbeit, nicht zuletzt in dem Sinne, daß sich Motivationsfragen in der modernen Wissenschaft nicht erst im Angesicht „fertiger“ Erkenntnisse (und der Überlegung, was nun damit zu tun oder zu unterlassen sei) stellen, sondern wesentlich schon den Forschungsansatz selbst begründen und qualifizieren.

II. Soziale Problemlagen

Heinz-Hermann Krüger

Kindheit im Umbruch – zur aktuellen Lebenssituation von Kindern in den neuen Bundesländern

1. Theoretische Bezugsgrößen, Fragestellungen und methodische Vorgehensweise

In diesem Beitrag will ich die Ergebnisse einer Studie vorstellen, die sich mit der Analyse der Lebenslagen und Lebensverläufe von Kindern in Ostdeutschland beschäftigt. Disziplinär ist diese Studie im Kontext einer sozialwissenschaftlich orientierten Kindheitsforschung angesiedelt, die theoretisch und methodologisch in Deutschland und Europa erst in den letzten Jahren an Konturen gewinnt (vgl. Markefka/Nauk 1993). Bis weit in die siebziger Jahre hinein war Kindheit primär ein Forschungsgegenstand der Entwicklungspsychologie. Auch heute noch tauchen Kinder als eigenständige Größe, z.B. in der amtlichen Statistik, nicht auf. Denn so kennt die Bundesrepublik zwar eine Familien-, eine Schul-, eine Kriminalitätsstatistik u.a.m., aber keine Kinderstatistik. Entweder erscheinen Kinder in solchen Statistiken oder amtlichen Berichten überhaupt nicht oder als Familien- und Haushaltsmitglieder, so daß die Bedürfnisse von Kindern weder in eine Sozialberichterstattung noch in eine Sozialpolitik für das Kind eingehen können (vgl. Nauk 1993, S. 144). Erst in den vergangenen Jahren sind in Westdeutschland einige wenige Kindersurveys (Lang 1985, DJI 1992; Nauk 1993) und qualitative Studien (Zeiher 1989; 1993) durchgeführt worden, die eine kindzentrierte Perspektive einnehmen, d.h. die Kinder selber befragen und zu Wort kommen lassen. Und in diesen Studien werden Kinder nicht als Bedingungsfaktoren von Erwachsenen oder ausschließlich als Objekte sozialpolitischer Sorge betrachtet, sondern als eigenständige Akteure, deren Lebensbedingungen unter sozialökologischen oder modernisierungstheoretischen Perspektiven analysiert werden.

Genau an diese aktuellen Forschungstrends knüpft auch unsere eigene Untersuchung an. Die hier vorgestellten Ergebnisse stehen im Zusammenhang eines größeren interkulturell orientierten Forschungsprojektes, dessen Anliegen es ist, in einer qualitativen und quantitativen Längsschnittstudie den Wandel von Kinderbiographie, familialen Generationsbeziehungen und Kinderkultur in Ostdeutschland, Westdeutschland und den Niederlanden zu untersuchen.[1]

---

1 Das Projekt „Kinderbiographie, Kinderkultur und familiale Generationsbeziehungen im interkulturellen Vergleich“, dessen Anliegen es ist, in einer qualitativen und

In unseren Forschungsüberlegungen gehen wir davon aus, daß das heutige Kinderleben durch gesellschaftliche Modernisierungsschübe sowie durch Pluralisierungs- und Individualisierungstendenzen geprägt ist, die sich soziokulturell unterschiedlich auswirken. Besonders in den neuen Bundesländern wird sich, so unsere Annahme, der durch den deutsch-deutschen Vereinigungsprozeß bedingte schlagartige ökonomische und kulturelle Modernisierungsschub, der damit einhergehende Prozeß der Auflösung historisch gewachsener Sozialformen, der Verlust des alltäglichen Handlungswissens, der Umstrukturierungsprozeß des Schulsystems etc. im Kinderleben niederschlagen und kindliche Lebenslaufmuster, familiale Generationsbeziehungen sowie schulische und außerschulische Karrieren und Chancenstrukturen gravierend beeinflussen. Bei unserer Analyse stehen drei Untersuchungsstränge im Vordergrund:

(a) Wir betrachten die Statuspassage Kindheit-Jugend und dokumentieren, wie ostdeutsche Kinder mit unterschiedlichen Ausgangsbedingungen und Zukunftsaussichten den Weg ins Jugendalter gestalten.
(b) Wir untersuchen, wie sich dabei in Anbetracht des Wandels der Familie das Generationsverhältnis im familialen Kontext gestaltet und ob sich der zivilisationstheoretisch prognostizierte Trend vom Befehlen zum Verhandeln als moderner Form der Eltern-Kind-Beziehungen auch in ostdeutschen Familien feststellen läßt.
(c) Wir analysieren kinderkulturelle Praxisformen und soziale Beziehungsnetze informeller und institutionenbezogener Art und die Bedeutung von kinderkulturellen Ressourcen für das kindliche Alltagsleben.

Aus dem Gesamtspektrum dieser Fragestellungen will ich mich in diesem Beitrag vor allem auf die Analyse des Zusammenhangs zwischen kindlichen Biographieverläufen und familialen Generationsbeziehungen in Ostdeutschland konzentrieren und mich dabei vorrangig auf die Ergebnisse der qualitativen Teilstudie beziehen. Im Rahmen dieser qualitativen Untersuchung haben wir in der Zeit vom Herbst 1991 bis Ende 1992 dreißig narrative Interviews sowie gespiegelte, halboffene Leitfadeninterviews mit in der Regel zwölfjährigen Kindern und deren Müttern (in Ausnahmefällen auch Vätern) in der Region Halle durchgeführt. Von den interviewten Kindern waren etwa je die Hälfte Jungen bzw. Mädchen, ebenfalls etwa je die Hälfte der Befragten kamen aus unteren bzw. oberen Sozialmilieus, gut die Hälfte von ihnen wohnen in der Großstadt Halle und jeweils knapp ein Viertel wohnen in Kleinstädten bzw. im ländlichen Raum des Saalkreises.

---

quantitativen Längsschnittstudie den Wandel des Kinderlebens in Ost-, Westdeutschland und den Niederlanden zu untersuchen, wird von Prof. Dr. Heinz-Hermann Krüger (Universität Halle) in Kooperation mit Prof. Dr. Peter Büchner (Universität Marburg) und Prof. Dr. Manuela du Bois-Reymond (Universität Leiden) durchgeführt.

Wir haben von allen dreißig Fällen die narrativen, also erzählenden Teile der Interviews wörtlich wiedergegeben, von den Leitfadeninterviews mit den Kindern und deren Eltern haben wir zusammenfassende Synopsen erstellt. Die meisten der Fälle haben wir inzwischen ausführlich interpretiert. Bei der Interpretation der narrativen Interviews stützen wir uns auf das von Fritz Schütze (1983) entwickelte Verfahren der Analyse biographischer Prozeßstrukturen, bei der Analyse der zusammenfassenden Synopsen auf das von Mühlfeld u.a. (1981) entwickelte Verfahren der qualitativen Inhaltsanalyse. Bei der Auswertung interessiert uns vor allem der Zusammenhang zwischen dem erreichten Grad der biographischen Verselbständigung beim Kind und der Art des Umgangs zwischen den Generationen in der Familie. Nach der Auswertung unseres Fallmaterials zeichnen sich drei besonders konturierte Fallstrukturen ab, die die Richtung für eine Typologie andeuten, mit der wir unterschiedliche biographische Verlaufsmuster von Kindern in Ostdeutschland und deren Wechselverhältnis zu differenten familialen Beziehungsmustern charakterisieren können.

Diese drei Fälle will ich im folgenden in knappen Umrissen skizzieren. In einem zweiten Schritt werde ich dann einige generelle Tendenzen zur aktuellen Situation von Kinderbiographie, familialen, schulischen und außerschulischen Lebensbedingungen darstellen, bei der ich auf die Ergebnisse der gesamten qualitativen Studie sowie auf einige Resultate aus eigenen quantitativen Studien, die wir im Frühjahr 1991 und im Sommer 1993 im Bundesland Sachsen-Anhalt durchgeführt haben[2] sowie auf die Ergebnisse anderer Untersuchungen zurückgreife.

2. *Der Weg durch die Kindheit – Drei Verlaufsmuster*

Krümel

Krümel ist 12 Jahre alt und wohnt zusammen mit seinen Eltern in einer großen Wohnung in der Altstadt von Halle (Saale). Krümels Vater, gegenwärtig 39 Jahre alt, hat nach dem Abitur Krankenpfleger gelernt und fährt momentan im Schichtdienst einen Krankenwagen für den Arbeitersamariterbund. Deshalb ist er selten zu Hause und an der Erziehung von Krümel auch nur am Rande beteiligt. Die 44-jährige Mutter hat nach dem Besuch der zehnjährigen polytechnischen Oberschule den Beruf der Friseuse erlernt. Gegenwär-

---

2 In diesen Studien wurden im Frühjahr 1991 rund 750 Heranwachsende im Alter zwischen 10 und 14 Jahren und im Sommer 1993 1189 Schüler und Schülerinnen im Alter zwischen 11 und 16 Jahren in der Region Halle, Merseburg und Saalkreis zu ihrer Familien,- Schul- und Freizeitsituation sowie zu politischen Orientierungen und Zukunftsvorstellungen befragt. Außer dem Verfasser dieses Artikels sind noch Prof. Dr. Otmar Kabat vel Job (Technische Universität Chemnitz) und Dr. Alexandra Götze sowie Catrin Kötters aus Halle an diesen Untersuchungen beteiligt.

tig ist sie arbeitslos. In Kürze wird sie als Kellnerin in der Kneipe eines Freundes eingestellt. Kulturell ist die Familie im Umfeld der Alternativkultur zu verorten. Schon vor der Wende haben Krümels Eltern im Kontext der Hausbesetzerbewegung mitgemacht und im Zusammenhang dieser Aktivitäten wurden sie von der Staatssicherheit mehrmals überprüft. An den Montagsdemonstrationen während der Wende waren die Eltern ebenso wie Krümel aktiv beteiligt.

Krümels Lebensgeschichte zeichnet sich durch einen hohen Grad an biographischer Verselbständigung und Selbstreflexion aus. Er ist bereits mit 11 Jahren Mitglied in einer Punk-Clique geworden und zweimal ohne Wissen seiner Eltern für mehrere Wochen nach Ost-Berlin und Potsdam abgehauen. Er raucht bereits Zigaretten und besucht zweimal wöchentlich zusammen mit seinen Freunden aus der Punkclique eine linke Szenekneipe, wenn auch nur bis 21.00 Uhr. Seine ‚Disco-Phase' hat Krümel nach eigener Aussage bereits hinter sich, über die Verwendung des Taschengeldes und die Auswahl der Urlaubsorte darf er alleine bestimmen. Seine negative Schulkarriere – er ist in der 6. Klasse der Realschule u.a. deshalb sitzengeblieben, weil er so oft gefehlt hat – hat er durch eigenes Verhalten mit beeinflußt. Auch ist sein Lebensentwurf bereits hochreflexiv formuliert: So ist ihm bewußt, daß er irgendwann aus der Punk-Szene aussteigen muß, „da man das nicht das ganze Leben lang durchmachen kann." Krümel lebt als Zwölfjähriger teilweise das Leben eines kleinen Erwachsenen, wenngleich er durchaus noch von der emotionalen Zuwendung der Eltern abhängig ist und sogar die Vorgabe eines für ihn angemessenen Regelsystems einklagt.

Von den Eltern, vor allem von der Mutter, die sich weitgehend alleine um den Sohn kümmert, wird Krümel wie ein gleichberechtigter Partner behandelt. Mutter und Sohn informieren sich wechselseitig, teilweise mit Zetteln darüber, wo sie am Nachmittag jeweils hingehen. In der Familie herrschen bestimmte Regeln (Essenszeiten, Bettgehzeiten, Umgangsformen), die aber nicht starr festgelegt, sondern diskursiv verhandelbar sind. Die Pflichten von Krümel beschränken sich auf ab und zu mal Kohlenhochhohlen und Einkaufen gehen. Krümels Grenzen sind sehr weit gesteckt, er kann seine Eltern oft von etwas überzeugen, was sie nicht so gut finden. Durchbricht er die Grenzen von sich aus, spricht die Mutter mit ihm darüber. Strafen wie Fernsehverbot, Stubenarrest, Geldentzug gibt es nicht. Die Mutter bestraft ihn, indem sie ein Versprechen nicht einhält oder ihn ignoriert.

Krümel und seine Eltern repräsentieren im Spektrum unserer Fälle sicherlich das avancierteste Muster, bei dem ein beschleunigter Weg von der Kindheit in die Jugendphase mit familialen Umgangsformen einhergeht, die wir als diskursiven Verhandlungshaushalt charakterisieren, der mit antipädagogischen Ambitionen durchsetzt ist, da die Mutter Krümel in einer Reihe von Punkten wie einen kleinen Erwachsenen behandelt.

Auch in politischer Hinsicht stellt der Fall Krümel im Kontext unserer Fälle eine Extrem- und Ausnahmevariante dar, da Krümel sich den Fortbestand einer erneuerten und reformierten DDR als eigenständigen Staat gewünscht hätte.

Ina

Der maximale Kontrastfall zu Krümel ist in allen uns interessierenden Dimensionen der Fall Ina. Inas Lebensgeschichte repräsentiert das Muster einer kindhaften Biographie, das durch eine Zufriedenheit mit der Kindrolle, durch kindliches Verhalten im Alltag und noch durch eine starke Familienorientierung bestimmt ist. Biographische Verselbständigungsschritte und Ablösungsprozesse von der Familie sind noch nicht zu erkennen. Ina besucht seit September 1991 das Francke-Gymnasium, das die Mutter statt des wohnortnahen Gymnasiums für die Tochter ausgesucht hat, da „für Ina das Beste" gerade richtig ist. Nach dem Anfertigen der Hausaufgaben spielt Ina nachmittags mit Freundinnen im Wohngebiet. Einmal wöchentlich besucht sie die Musikschule. Die Wochenenden werden mit der Familie verlebt, z.B. werden die Großeltern besucht. Daß Ina bei Freundinnen übernachtet, wünscht die Mutter nicht. Auch bei der Auswahl von Kleidung für Ina legt die Mutter fest, was gekauft wird.

Die familialen Umgangsformen in Inas Familie kann man als restriktiven Befehlshaushalt kennzeichnen. Die Mutter, die aufgrund der hohen beruflichen Belastung des Vaters – er hat nach der Wende eine Fenster- und Türenfirma gegründet – weitgehend alleine für die Kinder verantwortlich ist, hat eine autoritäre Erziehungshaltung. Aufgestellte Regeln werden von ihr nicht begründet. In der Familie herrrscht ein klares Regelsystem, an das sich die Kinder zu halten haben.

Ökonomisch gesehen gehört Inas Familie zu denjenigen, die nach der politischen Wende in der DDR einen sozialen Aufstieg erlebt haben, und dementsprechend eindeutig positiv ist auch die Einstellung zur politischen Entwicklung seit der Wende. Die Mutter sieht in der heutigen Zeit eine echte Chance für die Entwicklung der Kinder: „Das sind richtige Sonnenkinder."

Fanni

Der Fall Fanni repräsentiert im Spektrum dieser Pole in den verschiedenen Dimensionen ein mittleres Muster. Fannis biographische Entwicklung läßt sich als Weg in die jugendliche Normalbiographie charakterisieren. Einerseits bewegt sie sich noch in dem von der Familie vorgegebenen Rahmen (z.B. Einhalten der Ausgehzeiten, Mithilfe im Haushalt), andererseits ist sie in einigen Lebensbereichen schon sehr selbständig. Sie trifft sich mit Freunden und Freundinnen, insbesondere mit denen aus dem Wohnviertel, und setzt zunehmend durch, am Wochenende nicht mehr an Familienvorhaben teilnehmen zu müssen.

Das Erziehungsverhalten der Eltern ist durch eine Ambivalenz von Befehls- und Verhandlungshaushalt bestimmt. Die Eltern gehen bei einigen Fragen autoritär vor, bei anderen lassen sie mit sich verhandeln oder geben ihrer Tochter sogar die völlige Entscheidungsfreiheit. Unter politischen Gesichtspunkten repräsentiert dieser Fall ein drittes für die aktuelle Situation in den neuen Bundesländern exemplarisches Muster. Der Vater steht aufgrund seiner Tätigkeit im Jugendstrafvollzug wegen seiner politischen Vergangenheit unter Rechtfertigungsdruck. Gleichzeitig kritisiert er die vermeintlichen Innovationen im Bildungswesen von Sachsen-Anhalt, das für ihn zu stromlinienförmig nur an westdeutsche Vorbilder angepaßt wurde.

Mit den drei hier vorgestellten Fällen haben wir markante Eckpunkte beschrieben, in die sich das von uns herausgearbeitete Spektrum von Varianten von Kinderbiographien und familialen Generationsbeziehungen in Ostdeutschland einordnen lassen.

Welche globalen Entwicklungstendenzen zur aktuellen Lebenssituation von Kindern in den neuen Bundesländern, zeichnen sich nach Durchsicht des gesamten Interviewmaterials sowie unter Berücksichtigung unserer eigenen quantitativen Studien sowie anderer Untersuchungen noch ab?

3. *Zur aktuellen Lebenssituation von Kindern in den neuen Bundesländern*

(a) Ein zentrales Ergebnis unserer Untersuchung ist, daß ein hochmodernisierter beschleunigter Weg von der Kindheit in eine lange Jugendphase, wie er in den aktuellen Debatten um eine Zerfaserung der Statuspassage Kindheit-Jugend, um eine Destandardisierung der kindlichen Normalbiographie (Büchner 1990) oder gar um ein völliges Verschwinden der Lebensphase Kindheit (Postman 1983) als generelle Trendannahme diskutiert wird, in unserer ostdeutschen Untersuchungsgruppe eher die Ausnahme ist. Die Mehrzahl der von uns befragten Kinder sind zwar aufgrund der Berufstätigkeit von Vater und Mutter schon früh zur Selbständigkeit gezwungen (z.B. sich selber versorgen müssen). Gleichzeitig sind sie aber noch sehr kindlich und stark familienorientiert.

(b) Ein weiteres Resultat unserer Studie ist, daß der im Anschluß an modernitäts- und zivilisationstheoretische Überlegungen für Westdeutschland und Westeuropa diagnostizierte Wandel in den familialen Generationsbeziehungen von einem „Befehls-" zu einem „Verhandlungshaushalt" (du Bois-Reymond/Büchner/Krüger 1993) sich der Tendenz nach auch in unserem ostdeutschen Fallmaterial abzeichnet, und dies, obwohl das Familienleben in der DDR bis zur Wende durch völlig andere politisch-ideologische und sozioökonomische Rahmenbedingungen bestimmt war. Diese Entwicklung wird jedoch erklärbar, wenn man berücksichtigt, daß die Familie in der DDR – entgegen den Vorstellungen und dem Anspruch der SED – vor allem im vergangenen Jahrzehnt eine Gegenwelt zur „öffentlichen" Gesellschaft geworden ist: ein Synonym für Privatheit in einer „normierten Gesellschaft" (Gysi 1990, S. 107), die schon lange vor der Wende die einzigen Freiräume für die Selbstverwirklichung der Eltern und für die Förderung der Selbständigkeit der Heranwachsenden bot. Die Herausbildung einer Verhandlungskultur in den Generationenbeziehungen fand in der ehemaligen DDR somit allenfalls im privaten Raum der Familie statt, während das öffentliche Leben in Schule, Freizeit-Organisationen (Junge Pioniere, FDJ) und Politik zumindest bis zur Wende eher durch hierarchische und zentralistische Entscheidungsstrukturen gekennzeichnet war. Trendsetter für die schrittweise Durchsetzung einer Verhandlungskultur in den Familien sind in Ostdeutschland ähnlich wie in westeuropäischen Ländern die Eltern aus oberen sozialen Statusgruppen mit hohem Bildungsniveau. Dabei fällt jedoch auf, daß neben einer Erziehung an der langen Leine, die Erziehung an der kurzen Leine das zweite zentrale Interaktionsmuster in ostdeutschen Familien ist. Die Berufstätigkeit der Väter und der meisten Mütter, der dadurch bedingte Zwang den Alltag relativ straff zu organisieren sowie die durch die Folgen der deutsch-deutschen Vereinigung ausgelösten neuen Belastungen der Familien, die sich u.a. in der Tatsache dokumentieren, daß ein Teil der von uns befragten Mütter in den vergangenen zwei Jahren arbeitslos geworden ist, können sicherlich Erklärungsursachen für das Festhalten an klaren Regeln in der Erziehung sein. Ein weiteres Spezifikum ostdeutscher Familienerziehung ist zudem, daß die Großeltern aufgrund der Berufstätigkeit der Eltern eine große Bedeutung für die Kinder als ergänzende Erzieher und wichtige Bezugspersonen haben. Diese Tendenz spiegelt sich nicht nur in unserem qualitativen Interviewmaterial. Auch Nauck (1993) kommt bei seiner Analyse des repräsentativen Familiensurveys des Deutschen Jugendinstituts zu dem Befund, daß 30% aller ostdeutschen Kinder (20 % im Westen) regelmäßig von Großeltern und Verwandten mit betreut werden.

(c) In unserem Interviewmaterial spiegeln sich nicht nur die vielfältigen Transformationsprozesse der ostdeutschen Gesellschaft, die die Familie betreffen. Thematisiert werden von Kindern und Eltern in den Interviews auch die immensen Veränderungen in der Schule (neue Bücher, neue Lerninhalte, das modifizierte System der Notengebung, neu zu wählende Schulformen), die mit der Ablösung der einheitlichen Polytechnischen Oberschule durch das dreigliedrige Schulsystem im September 1991 im Bundesland Sachsen-Anhalt einhergingen. Viele der von uns befragten Kinder beschreiben den Übergang von der Grundschule ins weiterführende Schulwesen als biographischen Einschnitt und Neuanfang, der mit dem Verlust von Schulfreunden, Lehrern, der gewohnten Umgebung und längeren Anfahrtswegen einhergeht. Angesprochen wird auch die Angst vor Schulversagen sowie der gestiegene Leistungsdruck im neu eingeführten Schulsystem, dem sich jedoch die meisten anzupassen suchen, um einen optimalen Schulabschluß erreichen zu können.

Diese Tendenz dokumentiert sich auch in der von uns im Sommer 1993 durchgeführten repräsentativen Schülerbefragung in der Region Halle, wo 42,9 % der Befragten als angestrebten Schulabschluß das Abitur, 44,4% einen Realschulabschluß und nur 6,7 % einen Hauptschulabschluß nannten (vgl. ähnlich Palentien/Pollmer/Hurrelmann 1993, S. 4). Dabei gaben zudem über 90 % der befragten Schüler und Schülerinnen an, daß ihre Eltern auf gute Schulleistungen großen Wert legen.

(d) Fast alle der von uns befragten Kinder haben einige feste Freunde und sind zudem in ein loses Netz von Gleichaltrigenbeziehungen eingebunden, das in Schule und Nachbarschaft seinen soziokulturellen Ort hat. Bei der Ausstattung mit Medien hatte bereits im Jahre 1991 in ostdeutschen Kinderzimmern eine Angleichung an westdeutsches Ausstattungsniveau stattgefunden.

So verdeutlichen die Ergebnisse einer von mir im Jahre 1991 realisierten repräsentativen Befragung von 10- bis14-jährigen Heranwachsenden in Ost- und Westdeutschland (Schaubild 1), daß die ostdeutschen Kinder die westdeutschen Kinder beim Besitz von eigenen Fernsehgeräten bereits überholt hatten (46 % gegenüber 42 %), während hingegen bei der Ausrüstung mit Computern die westdeutschen Kinder noch deutliche Vorteile hatten (31 % West versus 15,7 % Ost).

Schaubild 1

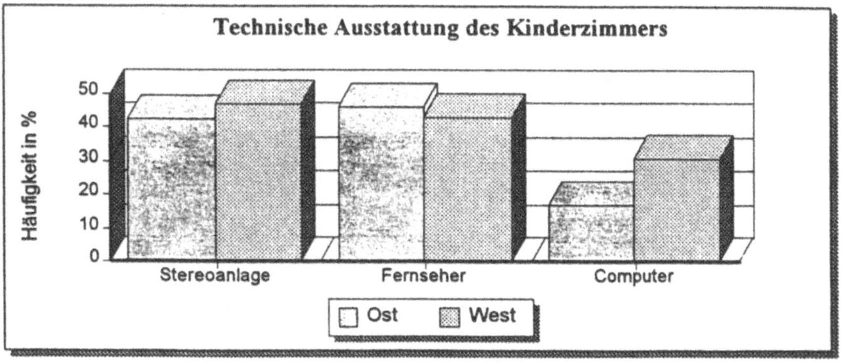

Während beim Medienbesitz und der Mediennutzung bereits eine Angleichung des Ausstattungsgrades und des Verhaltens von ost- und westdeutschen Kindern feststellbar war, existierten noch große Unterschiede bei den festen terminlichen Verpflichtungen am Nachmittag sowie bei der Mitgliedschaft in Vereinen. Wir hatten die Kinder gefragt, ob sie unter der Woche regelmäßig Termine wahrzunehmen hätten. Im Schaubild 2 wird nicht nur deutlich, daß westdeutsche Kinder an Werktagen 1 bis 2 Termine mehr hatten als ihre ostdeutschen Altersgefährten, sondern vor allem, daß etwa ein Drittel der Kinder in der Region Halle überhaupt keinen einzigen festen Termin hatte (im Westen hingegen nur rund 13 % der befragten Kinder).

Schaubild 2

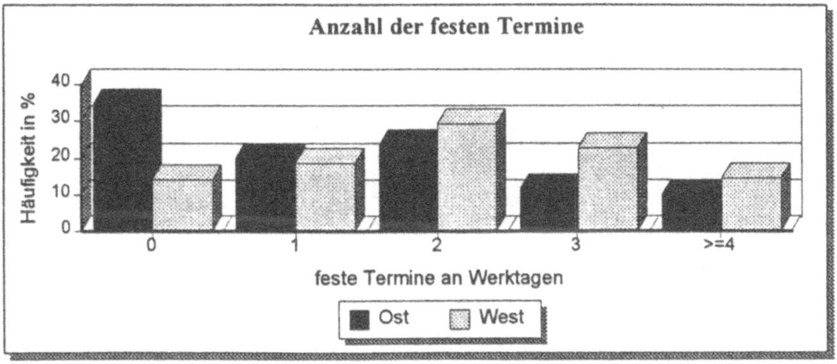

Die Ergebnisse zur Frage nach der Vereinsmitgliedschaft können weitere Aufschlüsse zu der Frage geben, warum ostdeutsche Kinder weniger terminliche Verpflichtungen am Nachmittag haben. Bestätigt wurde durch die Auswertung (vgl. Schaubild 3) unsere Vermutung, daß die Kinder aus der ostdeutschen Untersuchungsregion viel geringer im Kontext von Vereinen organisiert waren als die westdeutschen Heranwachsenden. So gaben fast die Hälfte der ostdeutschen Kindern an, in keinem Verein Mitglied zu sein (hingegen nur knapp 8 % ihrer westdeutschen Altersgefährten). Ähnlich groß ist der Abstand bei den Mehrfachmitgliedschaften. Nur 19% der ostdeutschen, aber über 40% der westdeutschen Kinder waren in zwei und mehr Vereinen. (vgl. Büchner/Fuhs/Krüger 1993, S. 35) Vergleicht man nun diese Ergebnisse zum Freizeitverhalten bei ostdeutschen Heranwachsenden aus dem Jahre 1991 mit den Resultaten unserer im Sommer 1993 durchgeführten Befragung, so ergeben sich bei den Themenbereichen feste Termine und Vereinsmitgliedschaften keine wesentlichen Tendenzverschiebungen, ja es scheint sogar, daß die Vereinsmitgliedschaften von ostdeutschen Kindern in den vergangenen zwei Jahren noch geringfügig abgenommen haben. Verstärkt hat sich hingegen ein Trend, den wir bereits 1991 festgestellt hatten, daß nämlich mit steigendem Bildungsniveau und steigender Berufsposition der Eltern die Zahl der Vereinsmitgliedschaften zunimmt. Bestätigt wird hier somit eine Tendenz, die sich auch in unseren Fallstudien abzeichnet: Ähnlich wie im Westen Deutschlands versuchen Eltern aus den alten und neuen Mittel- und Oberschichten, ihren Kindern über außerschulische Freizeitkarrieren zusätzliche Vorteile beim Erwerb von kulturellen und sozialem Kapital zu verschaffen (vgl. Krüger 1991, S. 216).

Schaubild 3

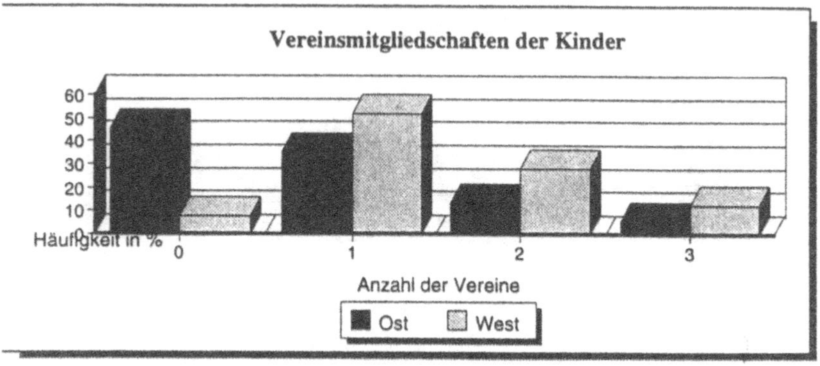

(e) Angesichts der vielfältigen Umstrukturierungsprozesse, die seit der politischen Wende im Jahre 1989 in Familie, Schule und Freizeit in der ehemaligen DDR stattgefunden haben, können die Ergebnisse unserer qualitativen und quantitativen Befragungen aus aus den Jahren 1991 bis 1993 nur als Momentaufnahmen eines dramatischen gesellschaftlichen Wandlungsprozesses gesehen werden. Sie beschreiben eine Prozeßstruktur im Umbruch, die durch eine für solch eine historische Situation typische Gleichzeitigkeit von Ungleichzeitigkeiten gekennzeichnet ist. Einerseits sind die ostdeutschen Kinder für uns noch Repräsentanten eines traditionellen Kindheitsmusters, das durch eine geringer ausgeprägte Biographisierung der kindlichen Lebensführung, durch eine stärkere Eingebundenheit von Kindheit in Familie und Nachbarschaft und durch deutlich ausgeprägte geschlechtsspezifische Rollenmuster (z.B. Mädchen müssen im Haushalt mehr mithelfen) gekennzeichnet ist. Andererseits existierte in der ehemaligen DDR (hervorgerufen durch Internationalisierungstendenzen im Freizeit-, Medien- und Konsumbereich) bereits seit den 70er Jahren eine nischenhafte alltagskulturelle Modernisierung und eine Westorientierung im Freizeitbereich, die Ursache für den gegenwärtig sich abzeichnenden raschen Angleichungsprozeß der ostdeutschen Kinder an westliche Vorbilder im Bereich der Mediennutzung und der kulturellen Orientierungen ist. Weitere von uns herausgearbeitete Trends lassen sich hingegen nicht primär im Zusammenhang mit der Vorgeschichte in der DDR, sondern nur als direkte Folgeerscheinungen der im Zuge der Vereinigung forciert einsetzenden Modernisierungs- und Transformationsprozesse der ostdeutschen Gesellschaft erklären. Das Spektrum der Phänomene reicht von der sich auch in unserer Untersuchungspopulation bereits abzeichnenden Arbeitslosigkeit der Mütter über die ausführliche Thematisierung der politischen Auswirkungen der Wende in der alltäglichen Familienkommunikation bis hin zum Verschwinden der stark verregelten Bildungslaufbahnen in der einheitlichen Polytechnischen Oberschule. An deren Stelle ist nun der Zwang zur Schulformauswahl nach der vierten Klasse getreten, der für viele Schüler mit dem

Weggang von der ortsgebundenen Nachbarschaftsschule verbunden ist. Nicht mehr existent ist auch das ideologisch einseitige Muster der Betreuung und Kontrolle von Kindheit in Gestalt der Freizeitangebote der Pionierorganisation und der FDJ. Ein alternatives breites Freizeitangebot von Vereinen und Verbänden hat sich jedoch bislang noch nicht herausgebildet.

Für die Kinder- und Jugendpolitik vor allem in Ostdeutschland ergeben sich aus unserer empirischen Analyse dringlich folgende Aufgaben: erstens die Einrichtung von wohngebietsnahen Ganztagsschulen, die in Arbeitsgemeinschaften nachmittägliche Freizeitangebote organisieren, zweitens die verstärkte (Wieder-) Einrichtung von kommunalen Freizeitinstitutionen, die insbesondere die Freizeitorientierungen und -wünsche der Altersgruppe der 10- bis 14-jährigen berücksichtigen und drittens die Förderung und Stärkung eines preisgünstigen und breit gestreuten Netzes von Freizeitangeboten durch Vereine und Verbände. Dabei sollte statt Rivalität mehr Kooperation hinsichtlich der Angebote von Schule und Jugendarbeit angestrebt werden (Brenner/Nörber 1992).

Thomas Olk

Sozialpädagogik in den neuen Bundesländern – Hilfen für „Randgruppen" und „Außenseiter"?

1. Einleitung

Sozialpädagogik erfährt in den neuen Bundesländern zur Zeit eine überraschend hohe öffentliche Aufmerksamkeit. Zum Teil ist dies Ausdruck der in den Medien breitgeführten Debatte über mögliche Antworten auf spektakuläre Ausdrucksformen und Verhaltensweisen Jugendlicher in Ostdeutschland wie gewaltförmiges Handeln, Vandalismus, Fremdenhaß etc. Der Sozialpädagogik wird offensichtlich sowohl eine Zuständigkeit als auch Kompetenz zur Bewältigung solcher Probleme zugeordnet; sie wird gewissermaßen von der Gesellschaft bzw. der Öffentlichkeit „in die Pflicht genommen".

Eine durchaus positive Wertschätzung erhält die Sozialpädagogik aber auch als neueingeführtes Studienfach. Sowohl die Fachbereiche Sozialwesen an den neugegründeten Fachhochschulen als auch die Fachbereiche für Erziehungswissenschaften an den Universitäten, die Diplomstudiengänge mit dem Studienschwerpunkt Sozialpädagogik anbieten, berichten von einer hohen Nachfrage angehender Studierender nach ihren sozialpädagogischen Studiengängen, die oft sogar die Aufnahmekapazitäten übersteigt. Ferner zeigen erste empirische Studien, daß das „public image" von Sozialpädagogik bzw. Jugendhilfe in der Bevölkerung überraschend positiv ausfällt.[1]

Angesichts dieser hohen gesellschaftlichen Signifikanz stellt sich die Frage nach dem Standort der Sozialpädagogik in den neuen Bundesländern. Was sind die fachlichen Leitkonzepte, wie stellen sich die organisatorischen und rechtlichen Rahmenbedingungen dar und welche Entwicklungen sind in den zentralen Handlungsfeldern zu beobachten? Fragen dieser Art sind von

---

1 Mit „Jugendhilfe" assoziiert die Bevölkerung in den neuen Bundesländern weniger Begriffe wie „Bevormundung", „Eingriff" und „Kontrolle", sondern vielmehr Begriffe wie „Beratung", „Unterstützung" und „Förderung". Diesen Befund hat eine Repräsentativbefragung bei Kindern, Jugendlichen und jungen Volljährigen in einer ausgewählten Region Sachsen-Anhalts (Halle, Saalkreis, Bitterfeld und Merseburg) erbracht, die im Rahmen des Forschungsvorhabens „Lebenslagen und soziale Unterstützungssysteme – Nutzungspräferenzen und Inanspruchnahmeprofile sozialer Dienste für junge Menschen und ihre Familien im Prozeß der gesellschaftlichen Transformation" (Projektleitung Thomas Olk/Hans-Uwe Otto; Bearbeiterin: Katrin Brüggemann) durchgeführt worden ist. Diese Studie wird von der Kommission zur Erforschung des sozialen und politischen Wandels in den neuen Bundesländern (KSPW) gefördert.

erheblicher Brisanz, da sich die Sozialpädagogik in Ostdeutschland in einem tiefgreifenden Umbruch befindet. Auf den ersten Blick hatte Sozialpädagogik vor der Wende in der DDR keinen direkten Vorläufer. Aber dies ist nur die halbe Wahrheit: Tatsächlich gibt es mit der Jugendhilfe durchaus ein System von rechtlich geregelten Angeboten und Hilfen, das trotz erheblicher Unterschiede als Vorgänger-Institution der heutigen Sozialpädagogik gelten kann. Die Jugendhilfe der DDR wies allerdings einen anderen inhaltlichen und institutionellen Zuschnitt als die westdeutsche Sozialpädagogik auf. Die ostdeutsche Jugendhilfe muß sich also seit der deutschen Vereinigung völlig neu formieren. Mit dem Beitritt der DDR zum Geltungsbereich des Grundgesetzes der Bundesrepublik gelten nun nach den Regelungen des Einigungsvertrages die gesetzlichen, fachlich-programmatischen und institutionellen Regelungen und Modelle der „alten" Bundesrepublik nun auch für die ostdeutsche Jugendhilfe. Die Lebenswirklichkeit von Kindern, Jugendlichen und jungen Heranwachsenden sowie ihren Eltern ist aber keineswegs mit westdeutschen Verhältnissen vergleichbar. Auch bringen die ostdeutschen Fachkräfte ihre spezifischen biographischen Vorerfahrungen und beruflichen Vorkenntnisse und Kompetenzen in diesen schwierigen Transformationsprozeß mit ein.

Im folgenden sollen einige zentrale Komponenten des Transformationsprozesses der Sozialpädagogik in den neuen Bundesländern untersucht werden. Dabei geht es weniger um die Umstrukturierungen in konkreten Einrichtungen und Diensten (wie etwa Kinderheimen, Kindertagesstätten oder Beratungsstellen), sondern vielmehr um Richtung und Verlauf des Transformationsprozesses des gesamten Systems der Jugendhilfe in den neuen Bundesländern. Zu diesem Zweck soll in einem ersten Schritt die Ausgangssituation dieses Umbruchprozesses skizziert (vgl. Abschnitt 2), sodann einige ausgewählte Komponenten dieses Transformationsprozesses seit der Wende dargestellt werden (vgl. Abschnitt 3). Abschließend wird der Versuch unternommen, erste Schlußfolgerungen und Lehren aus der bisherigen Entwicklung zu ziehen (vgl. Abschnitt 4).

2. *Zur Ausgangssituation des Transformationsprozesses: Die Jugendhilfe in der DDR*

In der Jugendhilfeverordnung der DDR von 1966 (JHVO) wird in § 1 Abs. 1 Jugendhilfe als „Gesamtgesellschaftliche Aufgabe" definiert. Staatliche Organe der Jugendhilfe sollten erst dann wirksam werden, wenn trotz der Bemühungen und Unterstützungsleistungen gesellschaftlicher und staatlicher Kollektive und Institutionen erzieherische Probleme und Nöte nicht zu bewältigen sind (vgl. Seidenstücker 1993 sowie Mannschatz 1994). Die grundlegende Vorstellung, die das System der Jugendhilfe prägte, bestand darin, daß pädagogische und soziale Störungen und Schwierigkeiten dort zu lösen seien, wo Kinder, Jugendliche und ihre Eltern leben, lernen und arbeiten, nämlich in den pädagogischen Regelinstitutionen wie Kinderkrippe, Kindergarten, Schule, Hort, Berufsausbildung und in den Arbeitskollektiven. Alle am Erziehungsprozeß beteiligten Kräfte sollten mit dazu beitragen, daß sich jedes Kind entsprechend den staatlich vorgegebenen Erziehungszielen entwickeln kann. Im Falle von auftretenden Hemmnissen und Defiziten hatten diese Kräfte eine besondere Verpflichtung, durch vermehrte Anstrengungen zu einer Normalisierung der Entwicklung beizutragen.

Aus diesen grundsätzlichen gesellschaftspolitischen Vorstellungen folgt, daß die Jugendhilfe in der DDR – im Gegensatz zur alten Bundesrepublik – ein stark reduziertes Aufgabenspektrum zugesprochen bekam. (vgl. Seidenstücker 1990 und 1993; vgl. auch Olk/Bertram 1994) Ursprünglich herrschte sogar die Auffassung vor, daß sich nach der Bewältigung der Nachkriegsprobleme der nachwachsenden Generation und dem Aufbau des sozialistischen Staates in den späten 40er und frühen 50er Jahren eine Spezialinstitution für Jugendhilfe langfristig erübrigen würde, da die eigentlich zuständigen gesellschaftlichen Institutionen und Organisationen für eine optimale Bildung und Erziehung von Kindern und Jugendlichen sorgen würden. Da diese Hoffnung trog, wurde die Jugendhilfe in den frühen 60er Jahren in eine Neuordnung des gesamten bildungs-, jugend- und kriminalpolitischen Feldes einbezogen.[2] Neben dem zweiten Jugendgesetz vom 4. Mai 1964 und dem Gesetz über das einheitliche sozialistische Bildungssystem vom 25. Februar 1965 ist hier insbesondere die „Verordnung über die Aufgaben und die Arbeitsweise der Organe der Jugendhilfe“ (JHVO) vom 3. März 1966 zu nennen, durch die der Jugendhilfe eine präzise umrissene Aufgabe und gesellschaftliche Funktion zugewiesen wurde. Danach war der Auslöser für Maßnahmen der Jugendhilfeorgane der Tatbestand der „Gefährdung“ von Minderjährigen und beschränkte den Gegenstandsbereich der Jugendhilfe auf dasjenige Aufgabenspektrum, das traditionell als Jugendfürsorge bezeichnet wird: Erziehungshilfe, Vormundschaftswesen, Rechtsschutz für nichteheliche Kinder und alleinerziehende Mütter sowie die Zusammenarbeit mit Gerichten, z.B. bei der Übertragung des elterlichen Erziehungsrechts im Ehescheidungsverfahren und bei Jugendstrafverfahren. Die einschlägigen Formulierungen in der Jugendhilfeverordnung lauten:

„Die Organe der Jugendhilfe werden tätig, wenn die Erziehung und Entwicklung oder die Gesundheit Minderjähriger gefährdet und auch bei gesellschaftlicher und staatlicher Unterstützung der Erziehungsberechtigten nicht gesichert sind ...“ (JHVO § 1 (4)).

Die Feststellung des Tatbestandes der „Gefährdung“ löste ein abgestuftes Interventionshandeln aus, das grundsätzlich zunächst an der Aktivierung der bestehenden Erziehungseinrichtungen und -personen ansetzte. Insofern bestand der erste Schritt in der Beratung von Eltern, Erziehungsinstitutionen

---

2 Auf die historischen Entwicklungslinien der Jugenhilfe in der DDR kann hier nicht ausführlich eingegangen werden. (vgl. dazu Hoffmann 1981, Mannschatz 1994, S. 26ff. sowie Olk/Bertram 1994, S. 322ff.

und sonstigen Einrichtungen bei ihren Erziehungsbemühungen. Von diesen mehr beratenden und unterstützenden Aktivitäten konnten die Interventionen bis hin zu zwangsweise durchgesetzten rechtlichen Entscheidungen (etwa die Anordnung von Heimerziehung) fortschreiten. Bei der Herausnahme aus der Familie überwog mit über 90% die Maßnahme der Heimunterbringung vor den anderen – rechtlich ebenfalls möglichen – Unterbringungsformen (etwa in einer anderen Familie etc.). Ca. 0,7% aller Kinder und Jugendlichen bis zum achtzehnten Lebensjahr waren in Heimen der unterschiedlichsten Art untergebracht (vgl. Seidenstücker 1990, S.334).

Organisatorisch betrachtet war die Jugendhilfe ein integraler Bestandteil des zentralistischen Staatsapparates der DDR und gehörte in den Zuständigkeitsbereich des Ministeriums für Volksbildung, genauer gesagt der Abteilung „Jugendhilfe und Heimerziehung" sowie des „zentralen Jugendhilfeausschusses". Als staatliche Organe der Jugendhilfe galten die Referate Jugendhilfe, die Jugendhilfekommissionen sowie die Jugendhilfeausschüsse und Vormundschaftsräte (vgl. Hoffmann 1990 sowie Münder 1990). Die Referate Jugendhilfe waren den Räten der Bezirke und Kreise als Fachorgane zugeordnet und mit hauptamtlich tätigen Jugendfürsorgern besetzt, die mit der administrativen Bearbeitung von Jugendhilfeaufgaben befaßt waren. Die Jugendhilfekommissionen, die in Gemeinden mit mehr als 1000 Einwohnern gebildet werden mußten, waren in erster Linie für vernachlässigte und erziehungsschwierige sowie straffällig gewordene minderjährige Kinder und Jugendliche zuständig. Die Jugendhilfeausschüsse der Bezirke und Kreise beschäftigten sich mit den komplizierten Erziehungshilfefällen und hatten die damit zusammenhängenden Entscheidungen zur Abwendung von Gefährdungen zu treffen. So konnten die Ausschüsse rechtsmittelfähig ausgestattete Erziehungsprogramme beschließen, die Durchführung der Heimerziehung anordnen und den betroffenen Eltern bestimmte Pflichten auferlegen. Damit nahmen sie zugleich Aufgaben der freiwilligen Gerichtsbarkeit wahr, die in der Bundesrepublik in die Zuständigkeit der Vormundschaftsgerichte gehören. Aufgabe der auf Kreisebene angesiedelten Vormundschaftsräte war es, insbesondere für elternlose und „familiengelöste" Kinder und Jugendliche zu sorgen.

Die Organe der Jugendhilfe waren den jeweiligen Räten der Bezirke, Kreise und Gemeinden unterstellt und ihnen gegenüber rechenschaftspflichtig. Die hierarchische Organisation der Jugendhilfe sollte sicherstellen, daß die jeweils übergeordneten Organe der Jugendhilfe gegenüber den nachgeordneten eine anleitende Funktion ausüben konnten und sämtliche untergeordneten Jugendhilfeorgane den Weisungen des Ministeriums für Volksbildung Folge leisten (vgl. Seidenstücker 1990, S.39f.).[3]

---

3 Dieser Sachverhalt ist Ausdruck der Tatsache, daß der Aufbau des Staatsapparates der DDR auf dem sowjetischen Modell des „demokratischen Zentralismus" beruhte. Der Staatsapparat war den Weisungen der Sozialistischen Einheitspartei Deutschlands (SED) untergeordnet und diente ihr als wichtigstes Instrument parteilichen

Im Hinblick auf die Trägerstruktur gilt, daß es in der DDR keine Zusammenarbeit öffentlicher und freier Träger im Sinne des Subsidiaritätsprinzips gab, sondern daß – unter der Maßgabe der alleinigen Verantwortung des Staates für die Erziehung – Jugendhilfeleistungen in der DDR fast ausschließlich staatlichen Organen vorbehalten waren. Lediglich die Kirchen und konfessionellen Wohlfahrtsorganisationen, wie die Diakonie und die Caritas, waren in begrenztem Maße in der Jugendhilfe tätig. Die Personalstruktur der Jugendhilfe der DDR wurde durch den hohen Anteil Ehrenamtlicher geprägt. Mit Ausnahme der Referate Jugendhilfe wurde die Arbeit der Jugendhilfeorgane ausschließlich von Ehrenamtlichen getragen. In den gesamten Referaten der Jugendhilfe belief sich die Anzahl der hauptamtlichen Mitarbeiter im Jahr 1989 auf 1536 und die der ehrenamtlichen Mitarbeiter in staatlichen Ausschüssen und Kommissionen auf 30482 Personen (vgl. Seitenstücker 1990, S. 43 f.). Die Mitarbeiter in den Referaten der Jugendhilfe verfügten überwiegend über Fach- und Hochschulabschlüsse; insbesondere der Beruf des Lehrers und der Erzieherin waren stark vertreten. Hervorzuheben sind die Mitarbeiter, die über die postgraduale Ausbildung eines Jugendfürsorgers verfügten. Diese Jugendfürsorger bilden – wie sich mittlerweile zeigt – bei Aufbau und Umgestaltung der Jugendhilfe in den neuen Bundesländern den personellen Kern für die Durchführung der klassischen Aufgabenbereiche der Jugendhilfe (vgl. Hoffmann 1991, S. 150).

Eine Ausdifferenzierung von Jugendhilfe als Sonderinstitution, die den Regelinstitutionen von Bildung und Erziehung bestimmte Aufgaben abnimmt, sollte möglichst vermieden werden. Ihre Zuständigkeit beschränkte sich daher – wie ausgeführt – auf Aufgaben der eigentlichen Jugendhilfe. Auf diese Weise wurden zwei Zuständigkeitsbereiche, die in der „alten" Bundesrepublik in das Ressort der Jugendhilfe gehörten und gehören, in der DDR anders ressortiert. Der erste, hiermit angesprochene Arbeitsbereich ist die Vorschulerziehung. Um das verfassungsrechtlich zugesicherte Recht auf Arbeit auch für die erziehenden Mütter in die Tat umsetzen zu können, wurde in der DDR eine ausreichende und flächendeckende Versorgung mit Insti-

---

Handelns. Dieses parteipolitisch instrumentelle Staatsverständnis kommt in der Strukturierung der Verwaltung nach dem Modell der Kaderverwaltung zum Ausdruck. Demnach waren wichtige Positionen im Staatsapparat mit Parteifunktionären besetzt. Die Kader waren zwar politisch geschult, verfügten aber nicht über eine umfassende Verwaltungsfachausbildung. Es waren daher parteipolitische Vorgaben, die die staatlichen Entscheidungs- und Planungsprozesse leiteten, so daß insgesamt von einer politischen Verwaltung gesprochen werden muß (vgl. Glaeßner 1993). Die dominante Stellung der SED im Staatsgefüge wurde nicht zuletzt dadurch stabilisiert, daß gegensteuernde Institutionen wie etwa eine eigenständige Verwaltung, die auf einem Berufsbeamtentum und formalen Regelungen aufbaut sowie eine Verwaltungsgerichtsbarkeit, die den Bürgern Rechtschutz gegenüber staatlichen Willkürakten bieten könnte, fehlten (vgl. dazu ausführlicher Backhaus-Maul/Olk 1993, S.301ff.). Es liegt auf der Hand, daß dieser grundlegend differente Charakter der Staatsverwaltung der DDR zu erheblichen Problemen beim Transformationsprozeß im Bereich der Jugendhilfe beiträgt.

tutionen der Kleinkindbetreuung angestrebt. Generell betrug das Mindestalter für eine Aufnahme zwanzig Wochen. Die Kinder konnten bis zur Vollendung des dritten Lebensjahres eine Kinderkrippe besuchen und wechselten danach in einen Kindergarten. Staatliche Kinderkrippen waren Einrichtungen des Gesundheitswesens. Die Kindergärten gehörten dagegen zum Ressort der Volksbildung. Getragen wurden die Vorschuleinrichtungen ausschließlich von den Räten der Stadtbezirke, der Städte oder der Gemeinden als kommunalen Trägern sowie von Kombinaten, Betrieben, Genossenschaften oder Einrichtungen als betrieblichen Trägern (Verordnung über Kindereinrichtungen der Vorschulerziehung, § 5, GBL.1 Nr. 14, S.201). Die Finanzierung der staatlichen Vorschuleinrichtungen erfolgte aus Mitteln des zentralen Staatshaushaltes und gegebenenfalls aus betrieblichen Eigenmitteln. Die betrieblichen Einrichtungen bekamen ihre Ausgaben für das pädagogische Personal sowie die Unterhaltskosten aus dem Staatshaushalt bezuschußt. Hinzu kamen Eigenleistungen der Eltern, mit denen die Kosten für die Kinderspeisung kompensiert wurden. Die Ganztagsbetreuung der Kinder setzte sich in den Schulen in Gestalt des Schulhortes fort, der den Schülern sowohl eine Hausaufgabenbetreuung als auch Möglichkeiten zum Spielen und zur Freizeitgestaltung bot.

Der zweite, gegenüber westdeutschen Gegebenheiten anders ressortierte Aufgabenbereich ist die Jugendarbeit. Sie wurde von einer Vielzahl unterschiedlicher Institutionen verwirklicht. Insbesondere ist zu berücksichtigen, daß die Schule neben dem Unterricht wichtige Aufgaben der Jugendarbeit und Freizeitbetreuung übernahm. In den Schulen wirkten die Massenorganisationen wie die „Jungpionierorganisation“, die Pionierorganisation „Ernst Thälmann“ sowie die Freie Deutsche Jugend (FDJ). Daneben gab es zahlreiche Möglichkeiten freiwilliger Freizeitbetätigungen und sportlicher Aktivitäten in zahlreichen Arbeitsgemeinschaften und Zirkeln. Im außerschulischen Bereich boten Organisationen wie der Kulturbund der DDR, die Urania sowie der Deutsche Turn- und Sportbund unterschiedliche Freizeitangebote für Kinder und Jugendliche an. Das betriebliche Engagement im Bereich der Kinder- und Jugendarbeit bezog sich ferner auf die Durchführung von Ferienlagern, in denen sich die Kinder der Betriebsangehörigen gegen ein geringes Entgelt für ein paar Wochen in der Ferienzeit erholen und soziale Erfahrungen sammeln konnten.

Daneben gab es die Jugendclubs, die Initiativen der Jugend anregen und fördern und deren Finanzierung sicherstellen sollten (vgl. Jugendclubverordnung § 2(1), GBL Teil I, Nr. 24). Die Träger der ehrenamtlichen Jugendclubs, also Kombinate, Betriebe, Genossenschaften oder Einrichtungen (beispielsweise Krankenhäuser), erfaßten die für die geplanten Aktivitäten notwendigen Aufwendungen in ihren Jugendförderungsplänen oder Jahreskulturplänen als Teil ihres betrieblichen Gesamtplanes. Die hauptamtlich arbeitenden Jugendclubs dagegen waren grundsätzlich den örtlichen Räten, Abteilung Kultur, unterstellt. Mit circa 10.000 Jugendclubs stand den Kindern und Jugendlichen in der DDR ein dichtes Netz von Kinder- und Jugendfreizeiteinrichtungen kostenlos zur Verfügung (vgl. Müller 1990, S. 73).

3. Zur Transformation der ostdeutschen Sozialpädagogik nach der deutschen Vereinigung: Zwischen Abbruch, Umbruch und Aufbruch

3. 1. Rechtliche und institutionelle Rahmenbedingungen

Vor dem Hintergrund der skizzierten Charakteristika der DDR-Jugendhilfe werden die Probleme und Schwierigkeiten der Umstrukturierung in diesem Bereich offensichtlich. Mit dem Beitritt der DDR zum Grundgesetz sind fachlich-programmatische Grundsätze, rechtliche Regelungen und organisatorische Strukturmodelle der Jugendhilfe auch für die neuen Bundesländer relevant geworden, die als Produkt von Entwicklungen und Auseinandersetzungen in Westdeutschland gelten können. Die bundesrepublikanische Jugendhilfe hatte mit dem Konzept der „Einheit der Jugendhilfe" im Gefolge des Reichsjugendwohlfahrtsgesetzes nie gebrochen. Die reformpädagogische Programmatik eines eigenständigen, tendenziell für sämtliche Kinder und Jugendlichen relevanten Systems der Jugendhilfe wurde im Zusammenhang mit den ökonomischen und sozialen Modernisierungsprozessen seit den 60er Jahren und den hierdurch ausgelösten fachpolitischen Debatten konkretisiert und ausgeweitet.

Es ist daher nicht lediglich der rein formale Aspekt der erheblichen Ausweitung des Zuständigkeitsbereiches, der für die ostdeutsche Jugendhilfe tiefgreifende Neuorientierungen erforderlich macht. Hinzu kommt, daß sich die fachpolitischen und rechtlichen Grundlagen der Jugendhilfe unter dem Eindruck westlicher Entwicklungen und Handlungsanforderungen inzwischen erheblich profiliert haben. Die Auseinandersetzungen um die Neuregelung des Kinder- und Jugendhilferechts (KJHG), die Debatte um das Konzept der lebensweltorientierten Jugendhilfe im 8. Jugendbericht, die Debatte um Jugendhilfe als Dienstleistung im 9. Jugendbericht sowie die Diskussionen um neue Träger (Initiativen, Projekte, Selbsthilfegruppen) und neue Leistungsangebote (z.B. im Bereich von Bauen, Wohnen, Ausbildung und Arbeit für Jugendliche) sind durch typisch westliche Entwicklungen geprägt. Das fachlich anspruchsvolle und gesellschaftspolitisch selbstbewußte Konzept von moderner Jugendhilfe als Bestandteil einer lokalen sozialen Infrastruktur mit den Komponenten von politischer Einmischung und einer lebensweltlich orientierten Pluralität und Individualität der Jugendhilfeangebote ist nur auf dem Hintergrund von Pluralisierungs- und Individualisierungsprozessen der westdeutschen Nachkriegsgesellschaft nachvollziehbar (vgl. zur inneren Logik dieser Reformprogrammatik Olk/Merten 1992). Die Neuformierung der Jugendhilfe in den neuen Bundesländern wirft daher nicht lediglich erhebliche technische, organisatorische und personelle Probleme, sondern auch inhaltlich-sozialpädagogische Fragen auf.

Die Kommunen und Kreise in den neuen Bundesländern waren darauf nicht vorbereitet. Es fehlte, abgesehen von der allgemeinen Finanzknappheit, an Fachpersonal, Logistik und Erfahrung, um diese neu hinzugekommenen Ziele und Aufgaben adäquat erfüllen zu können. Hinzu kommt, daß der Bedarf an Jugendhilfeleistungen, der in Erscheinungsformen wie Jugendarbeitslosigkeit, Gewaltbereitschaft und Orientierungsproblemen zum Ausdruck kommt, im Verlaufe der Transformationsphase angestiegen ist und voraussichtlich auch in Zukunft noch ansteigen wird.

Die meisten Träger der Jugendhilfe der DDR (vor allem die Massenorganisationen) fielen zunächst ersatzlos aus; die personelle Infrastruktur (insbesondere die Ehrenamtlichen) und Logistik wurden nicht weitergenutzt. Es gab keine Überführungsprogramme wie in anderen Bereichen. Lediglich Immobilien und Sachwerte wurden teilweise den Kommunen übertragen. Diese standen daher am Ende des Jahres 1990 relativ unvorbereitet vor der Aufgabe, ein leistungsfähiges System der Jugendhilfe aufzubauen, um der nun geforderten Aufgabenkomplexität gerecht werden zu können. Die Schwierigkeit dieser Aufgabe wird annähernd deutlich, wenn man sich vor Augen führt, das es in diesem Zusammenhang nicht „einfach" darum ging und geht, eine bestehende Defizit- und Mangelsituation durch quantitativen und qualitativen Aufbau zu kompensieren. Vielmehr wird diese Aufgabe dadurch verkompliziert, daß mit der Transformation des sozialpädagogischen Institutionensystems nach der Wende nicht nur neue Strukturen aufgebaut, sondern bestehende und zum Teil quantitativ sehr stark und flächendeckend aufgebaute Strukturen umgebaut oder sogar abgebaut werden müssen. Spürbaren Mängeln im Bereich institutioneller Angebote und Dienste sowie im Personalbereich stehen zum Teil exorbitante Überkapazitäten in anderen Bereichen gegenüber.

Einige quantitative Angaben über den Personal- und Institutionenbestand zu Beginn des Transformationsprozesses beleuchten die Situation. Betrachtet man den planerischen Bedarf an Fachkräften in der ostdeutschen Jugendhilfe, so ergibt sich der zunächst überraschende Befund, daß die Jugendhilfe in den neuen Bundesländern bereits jetzt – gemessen an dem vergleichbaren Personalbestand im Westen – rein quantitativ wesentlich besser ausgestattet ist als die Jugendhilfe der alten Bundesländer. Geht man von einer Bevölkerungsrelation zwischen alten und neuen Bundesländern von 4 : 1 aus, so errechnet sich für die neuen Bundesländer ein voraussichtlicher Bedarf an Jugendhilfe-Fachkräften von Rund 100.000 Personen. Die amtliche Jugendhilfestatistik weist aber für den Stichtag 31.12.1991 eine Gesamtzahl von 203.000 in der Jugendhilfe der neuen Bundesländer beschäftigten Personen aus (vgl. Galuske/Rauschenbach 1994, S. 145). Diese rein globalen Zahlen weisen also aus, daß Ende 1991 insgesamt etwa doppelt so viele Personen in der ostdeutschen Jugendhilfe beschäftigt waren als nach der Modellrechnung nach West-Maßstäben zu erwarten gewesen wären. Auch im Hinblick auf die sozialpädagogischen Institutionen sowie der personellen Ausstattung dieser Institutionen und Angebote kann nicht von einer generellen Mangelsituation gesprochen werden. „Mit über 20.800 Institutionen und gut 203.000 tätigen Personen am Jahresende 1991 zeigten sich – global gesehen – die neuen

Länder im Vergleich zum früheren Bundesgebiet recht gut versorgt. In den alten Bundesländern waren – bei mehr als vier Mal so viel Einwohnern – am Jahresende 1990 gut 2,5 Mal soviele Einrichtungen (54.120) und 1,6 Mal soviel tätige Personen gezählt worden. Im Verhältnis zur Einwohnerzahl schneiden die neuen Länder und Berlin-Ost hinsichtlich der Versorgung mit Jugendhilfeeinrichtungen und dem zugehörigen Personal daher wesentlich besser ab als die alten: Je 100.000 Einwohner gab es hier Ende 1990 85 Institutionen und 524 tätige Personen, in den neuen Ländern dagegen Ende 1991 132 Institutionen und 1.286 tätige Personen" (Deininger 1993, S. 292).

Hinsichtlich der Personalstruktur fassen Galuske und Rauschenbach (1994, S. 148f.) die Ergebnisse der Personalerhebungen dahingehend zusammen, daß in den neuen mehr noch als in den alten Bundesländern die Berufstätigkeit in der Jugendhilfe eine Angelegenheit von Frauen darstellt (West-Anteil: 83,1%, Ost-Anteil: 93,8%); daß die Berufstätigkeit in der Jugendhilfe der neuen Bundesländer im Vergleich zum Westen stärker eine existenzsichernde Vollzeitbeschäftigung darstellt (West-Anteil an Vollzeiterwerbstätigen: 72%, Ost-Anteil 84%) und daß das Jugendhilfepersonal der neuen Länder durchschnittlich älter ist als das in den alten Bundesländern. „Während der Anteil der unter 25-jährigen im Westen annähernd doppelt so hoch liegt wie im Osten, sind im Osten mit rund 39% deutlich mehr Personen im Alter über 40 Jahren beschäftigt als im Westen mit ca. 29% der Gesamtpopulation" (Galuske/Rauschenbach 1994, S.148).

Eine qualitative Analyse des Jugendhilfepersonals hinsichtlich Art und Niveau der beruflichen Ausbildung[4] weist sowohl Übereinstimmungen als auch Unterschiede im Vergleich zwischen west- und ostdeutscher Jugendhilfe aus. Im Hinblick auf die genannten Unterscheidungskriterien zeigt die Analyse, daß der Grad der Verberuflichung und Verfachlichung in West und Ost vergleichbar sind, während insbesondere hinsichtlich der Akademisierung und Professionalisierung in der ostdeutschen Jugendhilfe ein starker Nachholbedarf besteht (vgl. Galuske/Rauschenbach 1994, S. 149f.).

Nachdem bereits am 29. Juli 1990 das Jugendhilfeorganisationsgesetz als Übergangsregelung in Kraft getreten war, wurde in Anlage 1, Kapitel 10 des Einigungsvertrages festgelegt, daß mit dem Wirksamwerden des Vertrages das bundesdeutsche Kinder- und Jugendhilfegesetz (KJHG) vom 26. Juni 1990 mit seinen mehr als 20 Übergangsregelungen bereits am 3. Oktober. 1990

---

4 Galuske und Rauschenbach unterscheiden dabei zwischen Verberuflichung, Verfachlichung, Akademisierung und Professionalisierung. Der Grad der Verberuflichung mißt den Anteil an Personen, die generell über eine Ausbildung in irgendeinem anerkannten Beruf verfügen, die Verfachlichung bezieht sich auf den Anteil von Personen mit einschlägiger sozialpädagogischer Ausbildung, die Akademisierung gibt den Anteil der in der Jugendhilfe Beschäftigten an, die über einen Fachhochschul- oder Universitätsabschluß verfügen und Professionalisierung schließlich bezieht sich auf den Anteil der Beschäftigten mit einem Abschluß in Sozialpädagogik/Sozialarbeit (FH) oder Diplompädagogik an Universitäten.

und damit drei Monate früher als in den Altbundesländern – in Kraft treten sollte.

Obwohl das KJHG in den alten Bundesländern weniger als Ausdruck einer grundlegenden Reform, sondern eher als gesetzlicher Nachvollzug bereits vollzogener Entwicklungen in der Jugendhilfe verstanden wird, sind die mit diesem Gesetz fixierten Standards in den neuen Bundesländern nur schrittweise und unter großen Anstrengungen umsetzbar. Gegenwärtig sind – sieht man einmal von der institutionalisierten Kleinkinderziehung und der Heimerziehung ab – weder die personellen noch institutionellen Voraussetzungen gegeben, um das erweiterte Aufgabenverständnis verwirklichen zu können. Der Gesetzgeber hat daher den neuen Bundesländern eine längere Übergangsphase zur Anpassung an die neuen Vorgaben eingeräumt, die in zahlreichen Übergangsvorschriften zum Ausdruck kommt.

So sind eine Vielzahl von Leistungen – über die Übergangsvorschriften im Art. 10 KJHG hinausgehend – von Soll- auf Kann-Leistungen herabgestuft. Hinsichtlich der Hilfen zur Erziehung (§§ 27f.) gelten bis zum 1.1.1995 sogar noch weitergehende Einschränkungen: „Bis zu einem bedarfsgerechten Ausbau ambulanter und teil-stationärer Erziehungshilfen (Art. 1 §§ 28-33, S. 35) sind diese Hilfen vorzugsweise Kindern und Jugendlichen zu leisten, denen sonst Hilfe zur Erziehung im Heim (§ 34) gewährt werden müßte" (Lingelbach 1992, S. 39).

3.2. Der Aufbau freier und öffentlicher Träger der Jugendhilfe

(a) Die Jugendämter als öffentliche Träger der Jugendhilfe

Mit der Klärung der rechtlichen Grundlagen setzte der Aufbau kommunaler Jugendämter ein. Bei allen Übereinstimmungen der strukturellen Merkmale der neugebildeten Jugendämter im Vergleich zu denen im Westen, sind doch einige Besonderheiten und Probleme hervorzuheben (vgl. hierzu Tümmler 1993 sowie Adler u.a. 1993). Zunächst ist zu berücksichtigen, daß der Aufbau der Jugendämter in den einzelnen Städten und Landkreisen unterschiedlich rasch voranschreitet. Während in einigen Kommunen spätestens im Verlaufe des Jahres 1992 stabile Arbeits- und Kommunikationsabläufe sowie eine differenzierte Abteilungsgliederung entwickelt worden waren, lassen sich andernorts in dieser Hinsicht noch erhebliche Entwicklungsrückstände feststellen. In diesem Zusammenhang spielt nicht selten die Gebietsreform eine verzögernde Rolle. Nach einer Totalerhebung bei allen 215 Jugendämtern der neuen Bundesländer (ohne Berlin-Ost) zeigte sich, daß 82% der Jugendämter damit rechneten, durch die Gebietsreform, die erst 1994 abgeschlossen worden ist, betroffen zu sein (Lotze u.a. 1993, S. 52). Hierdurch wurde insbesondere die nach § 80 KJHG geforderte Jugendhilfeplanung erheblich erschwert. Dennoch sind nach dieser Untersuchung zum Erhebungszeitpunkt knapp ein Drittel der Jugendämter mit der Erstellung von Jugendhilfeplänen bzw. Teilplänen befaßt.

Auch hinsichtlich des Personalbestandes gibt es erhebliche Unwägbarkeiten und gegenläufige Entwicklungen. Abgesehen von dem auch gegenwärtig noch relevanten Einsatz von zeitlich befristeten ABM-Kräften (in der Untersuchung von Lotze u.a. schwankte der Anteil der ABM-Kräfte am Gesamtpersonal zwischen 14 und 42%)ist hier insbesondere auf die Gefährdung des Aufbauprozesses durch gleichzeitig erfolgende Personalabbaumaßnahmen infolge von Haushaltskürzungen zu verweisen. „Wenig bekannt ist dabei, daß sich quasi „hinter" dem offiziellen Aufbau der Jugendhilfestruktur in Ostdeutschland gleichzeitig ein Abbau vollzieht. Bei über einem Fünftel der Jugendämter wurde der Verwaltungshaushalt zwischen 1992 und 1993 sogar gekürzt. Allein im Zeitabstand unserer Totalerhebung 1992 und der Befragung ausgewählter Jugendämter 1993 ergab sich neben einem Personalzuwachs in über der Hälfte der Fälle auch ein Personalabbau in knapp einem Fünftel der Jugendämter (Lotze, u.a.1993, S. 52). Insgesamt gilt allerdings, daß sich die Personalsituation in den ostdeutschen Jugendämtern vergleichsweise günstig darstellt. „In den Jugendämtern des Westens waren Ende 1990 26.060 Personen beschäftigt, im Osten ein Jahr später 5.780. Rechnet man diese Größenordnungen auf die Zahl der Kinder und Jugendlichen unter 18 Jahren um, so ergibt sich, daß auf 100.000 Kinder und Jugendliche in den neuen Bundesländern 159 JugendamtsmitarbeiterInnen entfallen, im Westen hingegen 201 Personen (vgl. Galuske/Rauschenbach 1994, S. 163). Danach haben also die ostdeutschen Jugendämter bereits 80% ihrer Sollstärke gemessen am West-Maßstab erreicht.

Allerdings dürfen die qualitativ-fachlichen Probleme bei der Umstellung der ostdeutschen Jugendhilfe auf die neuen normativen Grundsätze und fachlichen Standards dennoch nicht unterschätzt werden. Mehr als die Hälfte des Personals im Verwaltungs- und Leistungsbereich der Jugendämter stammt aus den ehemaligen Kreis- und Stadtverwaltungen und anderen Bereichen der DDR-Administration. Diese Personalkontinuität ist vor allem aus fachlichen Gründen problematisch, weil – wie in Abschnitt 2 erwähnt – die Verwaltung der DDR in ihrer Eigenschaft als zentralistische Kaderverwaltung unter dem dominanten Einfluß der SED völlig andere Handlungsmaximen und Orientierungsmuster aufwies und reproduzierte, als sie nun in der föderalen Fachverwaltung nach westdeutschem Muster gefordert sind. Qualifizierungs- und Weiterbildungsmöglichkeiten für das weiterbeschäftigte bzw. umgesetzte Personal sind allerdings zumeist nicht ausreichend angeboten worden bzw. standen lediglich für Leitungs- und Führungskräfte zur Verfügung. Von einer umfassenden Professionalisierung des Verwaltungspersonals, die sowohl aus fachlichen Gründen als auch im Hinblick auf den Abbau eingelebter hierarchisch-autoritärer Denk- und Handlungsstrukturen notwendig wäre, kann also noch nicht gesprochen werden (vgl. Backhaus-Maul/Olk 1993, S. 304).

Desweiteren ist die Situation immer noch durch eine unzureichende materielle Ausstattung (beengte und ungeeignete Räumlichkeiten, unzureichende EDV-Ausstattung, unzureichende Möglichkeiten für methodisches Arbeiten etc.) gekennzeichnet.

(b) Die etablierten freigemeinnützigen Träger der Jugendhilfe (Jugend- und Wohlfahrtsverbände)

Ein zentrales Problem des Umbaus der ostdeutschen Jugendhilfe stellt die Dominanz der öffentlichen Säule (insbesondere in Gestalt der kommunalen Jugendämter) bei der Trägerschaft von Einrichtungen und Diensten dar. Im Gegensatz zur pluralen Trägerstruktur im Westen, die durch eine Mixtur aus öffentlichen, freigemeinnützigen. selbstorganisierten und neuerdings auch gewerblichen Trägern gekennzeichnet ist, existiert in den neuen Ländern in dieser Hinsicht immer noch eine ausgeprägte „Monostruktur".

Dies kommt auch in der amtlichen Jugendhilfe-Statistik deutlich zum Ausdruck. Während im früheren Bundesgebiet im Jahre 1990 knapp 70% der Institutionen in der Hand freier Träger, und dementsprechend lediglich 30% in der Hand öffentlicher Träger betrieben wurden, befanden sich zum Stichtag 31.12.1991 immerhin noch 94% der Institutionen in den neuen Ländern und Berlin-Ost in öffentlicher und nur knapp 6% in freier Trägerschaft (vgl. Deininger 1993, S. 299). Obwohl seit diesem Erhebungszeitraum die Übergabe von Einrichtungen und Diensten auf freie Träger vorangeschritten sein dürfte, ändert dies angesicht des geringen Ausgangsniveaus immer noch nichts Grundsätzliches an den Ost-West-Unterschieden. Die Verteilung der Trägerschaften zwischen öffentlichen und freien Trägern variiert allerdings in den einzelnen Aufgabenfeldern der Jugendhilfe beträchtlich. So fällt der Anteil der freien Träger am Leistungsangebot in Einrichtungen der Jugendhilfe im Bereich der Kindertagesstätten mit 4,5% besonders gering aus; die größte Bedeutung erlangen die freien Träger noch bei den Beratungsstellen und den Einrichtungen der Jugendarbeit mit 41,4 bzw. 24,7%" (vgl. Galuske/Rauschenbach 1994, S. 151).

Trotz der neuen fachpolitischen Maßgaben verläuft der Prozeß der Übertragung von Einrichtungen und Diensten auf freie Träger eher zögerlich. Zum Teil immer noch fehlende Landesförderrichtlinien, Unsicherheiten hinsichtlich der Bedarfsentwicklung, aber auch Vorbehalte bei den Entscheidungsträgern der öffentlichen Jugendhilfe gegenüber nichtstaatlichen Trägern spielen in diesem Zusammenhang eine Rolle. Insbesondere aber haben die freien Träger der Jugendhilfe – und dies gilt eben gerade für die Jugendverbände – erhebliche Probleme damit, sich institutionell zu konstituieren und flächendeckend präsent zu sein. Die relative Entwicklungsschwäche freier Träger in der Jugendhilfe schränkt zudem die Handlungsfähigkeit der Jugendhilfeausschüsse ein, die zur Verwirklichung ihres Auftrages auf starke und fachkompetente freie Vereinigungen und Verbände in diesem Handlungsfeld angewiesen sind.

Nachdem der Bund für diese Aufgabe bereits im Haushaltsjahr 1991 im Rahmen des Bundesjugendplans zusätzlich 48 Mio. DM bereitgestellt hatte, wurde für 1992 das „Jugendpolitische Programm des Bundes für den Aus- und Aufbau von Trägern der freien Jugendhilfe in den neuen Bundesländern „(AFT) mit den drei Programmteilen (1) Förderung örtlicher Projekte, (2)

Beratung durch 100 Kontaktstellen und (3) 50 Tutoren sowie Motivierung, Qualifizierung und Fortbildung mit einem Volumen von 50 Mio. DM aufgelegt.

Aufgrund der Erfahrungen dieses ersten Förderjahres und einer vehementen Kritik insbesondere am Programmteil AFT 1 von beteiligten Trägern und ihren Dach- und Fachverbänden (vgl. z.B. AGJ 1992 sowie Ruttke 1993), wurden die Programmteile AFT 2 und 3 in 1993 – wenn auch mit gewissen Abstrichen – mit der Aussicht auf Verlängerung bis zum Jahr 1994 fortgeführt. Mit solchen kurzfristigen aktionsorientierten Sonderprogrammen allein – zu denen auch das „Aktionsprogramm des Bundes gegen Aggression und Gewalt in den neuen Bundesländern (AgAG)" gehört – wird die langfristige Aufgabe der Entwicklung freier Träger in Ostdeutschland kaum zu bewerkstelligen sein. Bei allen positiven Effekten, die auf diese Weise erzielt werden mögen, steht daher auf der jugendpolitischen Ebene die Verstetigung der Bundeshilfen und eine stärkere Beteiligung der Länder bei der Entwicklung von Förderprogrammen auf der Tagesordnung.

Allerdings ist zu bedenken, daß die Förderung freier Träger der Jugendhilfe nicht über finanzielle Zuwendungen allein geleistet werden kann. In den Städten und Kreisen der neuen Bundesländer zeigt sich nicht selten, daß angesichts der fehlenden Tradition einer Zusammenarbeit von öffentlichen und freien Trägern Mißverständnisse auf beiden Seiten bestehen bzw. der politische Wille zur Unterstützung und Entfaltung freier Träger nicht umstandslos als gegeben vorausgesetzt werden kann (vgl. Schneider/Sengling 1993). Angesichts der restriktiven finanziellen Spielräume in den Kommunalhaushalten und der auch in den kommunalen Sozialverwaltungen sehr weit verbreiteten Skepsis gegenüber nichtstaatlichen Verbänden und Organisationen wird die Trägerfrage vornehmlich unter Wirtschaftlichkeits- und Kostenentlastungsgesichtspunkten diskutiert (vgl. Backhaus-Maul/Olk 1994). Diese „betriebswirtschaftliche" Orientierung hinsichtlich der Frage der Delegation öffentlicher Aufgaben auf nichtstaatliche Träger hat im wesentlichen zwei Konsequenzen. Zum einen wird nicht selten die Frage aufgeworfen, worin die Vorteile der Übertragung öffentlicher Aufgaben auf freie Träger der Jugendhilfe liegen, wenn die finanzielle Verantwortung beim öffentlichen Träger verbleibt. Zum anderen begünstigt diese Orientierung eine Deprivilegierung der herkömmlichen, etablierten freigemeinnützigen Wohlfahrtsverbände und – abgeschwächt – auch der Jugendverbände bei deren Heranziehung zu öffentlichen Aufgaben. Ostdeutsche Jugendämter haben, wie empirische Fallstudien in ausgewählten Untersuchungsregionen zeigen, weniger Vorbehalte als westdeutsche Kommunen bei der gleichberechtigten Zusammenarbeit mit gewerblichen Trägern, wenn Sie nur versprechen, kostengünstiger und effizienter zu arbeiten als die bewährten freien Träger der Jugend- und Wohlfahrtspflege (vgl. Backhaus-Maul/Olk 1994).

c) Selbstorganisierte Initiativen und Projekte in der ostdeutschen Jugendhilfe

Mit Selbsthilfegruppen, Initiativen und Projekten hat sich in den alten Bundesländern in den letzten Jahren eine „neue Trägersäule" etabliert, die inzwischen sogar fachpolitische und rechtliche Anerkennung erfahren hat (vgl. Kreft 1987). In diesem Sinne formulieren auch die Autoren des 8. Jugendberichtes: „Jugendhilfeleistungen wurden immer und werden zunehmend eindrucksvoller auch von Selbsthilfe- und Bürgerinitiativen erbracht, wie sie sich im Zug der sozialen Bewegungen als Initiativen Betroffener zur Selbsthilfe und als Initiativen zur Hilfe für andere entwickeln (BMJFFG 1990, S. 84). Müttergruppen, Krabbel- und Kindergruppen, Selbsthilfegruppen von Suchtkranken bzw. -gefährdeten und gesundheitsbezogene Selbsthilfegruppen haben sich neben Jugendhilfevereinen, Arbeits- und Wohnkollektiven und Wohngruppen für entwicklungsgefährdete Jugendliche zu einer bunten Szene selbstorganisierter Selbsthilfe bzw. alternativer Fremdhilfe entwickelt. Auch das Kinder und Jugendhilfegesetz (KJHG) von 1990 läßt deutlich erkennen, daß mit freien Trägern der Jugendhilfe neben den etablierten wohlfahrtsverbandlichen und jugendverbandlichen Trägern nun auch selbstorganisierte Initiativen und Projekte gemeint sind.

Im Hinblick auf Verbreitungsgrad und interne Struktur von Selbsthilfe- und Initiativgruppen in der Jugendhilfe der neuen Bundesländer kann auf erste Befunde aus lokalen Feldstudien zurückgegriffen werden (vgl. Olk/ Schiebel 1993). Danach haben sich mittlerweile auch in den neuen Bundesländern – vor allem in den größeren Städten – in den unterschiedlichsten Aufgabenfeldern selbstorganisierte Projekte und Initiativen der Jugendhilfe gebildet. Die Palette umfaßt Projekte der offenen Kinder- und Jugendarbeit, Ausbildungs- und Beschäftigungsprojekte, Stadtteilinitiativen, Mädchenarbeitsprojekte, Projekte mit straffälligen Jugendlichen, mit Strichjungen und Prostituierten sowie Projekte des alternativen Wohnens und Arbeitens. Diese Projekte und Initiativen sind überwiegend in der Phase zwischen dem letzten Drittel des Jahres 1990 bis Mitte des Jahres 1991 entstanden. Günstige Rahmenbedingungen für Selbstorganisation, also sowohl die Übertragung des Vereinsrechtes auf die neuen Bundesländer als auch die allmähliche Entwicklung überörtlicher Fördermodelle und -instrumente haben offensichtlich zu einer ersten Gründungswelle, zur Entstehung örtlicher Aktivitäten und Gruppen beigetragen. Ein erheblicher Anteil von ihnen hat sich noch nicht einem der Dachverbände der Freien Wohlfahrtpflege angeschlossen. Allerdings zeigt eine nähere Analyse, daß die Mitglieder in diesen Projekten und Initiativen zumeist noch über wenig Erfahrungen mit der Organisation und Finanzierung solcher selbstorganisierter Arbeits- und Aktivitätsformen verfügen. Zudem handelt es sich dabei überwiegend um „Beschäftigungsinitiativen", die neben anderen Motiven und Zwecksetzungen vor allem den Mitwirkenden zu einem Arbeitsplatz verhelfen sollen. Im Hinblick auf organisatorische Abläufe und Strukturen, Entscheidungsfindungsprozesse und Aufgabenteilung deutet sich aus den vorliegenden Materialien eine gewisse

„Zweiklassen-Gesellschaft“ in der Projekteszene an: Auf der einen Seite stehen solche, zumeist der örtlichen jugendkulturellen Szene zugehörigen Projekte, die in besetzten oder übernommenen Altbau-Häusern Projekte des gemeinsamen Wohnens, Lebens, Arbeitens und der kulturellen Aktivität entwickeln wollen. In diesen Projekten bestehen zumeist allenfalls gering formalisierte Regeln der Arbeitsteilung und Entscheidungsfindung und kaum verfestigte Organisationsstrukturen. Zumeist werden diese Initiativen trotz basisdemokratischer Ansätze und Strukturen von einigen wenigen Aktivisten getragen, die sich einer Mehrzahl weitgehend inaktiver bzw. nichtartikulationsfähiger „Mitstreiter“ und Nutzer gegenübersehen.

Auf der anderen Seite stehen im engeren Sinne fachbezogene Projekte, die auf der Grundlage relativ klarer Arbeitskonzepte, formalisierter Organisationsstrukturen und Arbeitsabläufe, guter Kontakte zur örtlichen und überörtlichen Sozialbürokratie sowie einigermaßen abgesicherter Finanzierungsgrundlagen konkrete Jugendhilfeaufgaben erfüllen.

Während die erstgenannte Gruppe von Projekten und Initiativen zumeist nicht als gemeinnützig anerkannt ist und eher in konflikthaften Beziehungen zu den örtlichen Jugendämtern und sonstigen Institutionen stehen, gelingt es der zweiten Gruppe von Projekten und Initiativen überwiegend, stabile Kooperationsbeziehungen aufzubauen. Ihre Leistungen und Angebote werden zumeist von kommunalen Jugendämtern in Anspruch genommen, was gelegentlich sogar zu einer Überlastung und zu nicht beabsichtigten Wachstumsimpulsen in diesen Einrichtungen und Organisationen führt.

Als Finanzierungsquellen werden in diesen Projekten und Initiativen kommunale und Landesmittel, Stiftungsmittel, Mittel aus den Bundesprogrammen (Bundesjugendplan, AFT sowie AgAG), Spenden, Mitgliedsbeiträge, Arbeitsamtsförderung (ABM) sowie Mittel aus dem europäischen Sozialfond genutzt. In diesem Zusammenhang berichten die zumeist unerfahrenen Projektmitarbeiterinnen und -mitarbeiter von massiven Problemen dabei, den unübersichtlichen Dschungel an Förderrichtlinien und -institutionen zu durchschauen. Zudem macht insbesondere die Finanzierung der Personalkosten sowie die Akquisition investiver Mittel, z.B. für kostenaufwendige Umbau- und Ausbaumaßnahmen an Gebäuden die größten Schwierigkeiten. Gerade bei baulichen Investitionen setzen die meisten Förderprogramme Eigenleistungen der Träger voraus, die gerade von kleinen und finanzschwachen Initiativen und Projekten mit geringen Eigenmitteln nicht bereitgestellt werden können.

Ein weiteres zentrales Problem stellt in diesem Zusammenhang die zeitliche Begrenzung und fehlende Abstimmung unterschiedlicher Zuwendungsarten dar. Unter dem Eindruck der Sonderprogramme des Bundes zum Aufbau freier Trägerstrukturen (AFT und AgAG) erweisen sich insbesondere Probleme der Anschlußfinanzierung nach dem Auslaufen der ersten Förderphase als existenzgefährdend. Fehlende Abstimmungen zwischen den unterschiedlichen Förderprogrammen kommen hinzu. Für die Initiativen und Projekte der Jugendhilfe stellt sich die Entwicklung dann zumeist so dar, daß sich nach einer relativ großzügigen Anfangsförderung durch den Bund erhebliche Probleme bei der Mobilisierung von Anschlußmitteln bei den Ländern und Kommunen ergeben. Insbesondere die unter Finanzdruck stehenden örtlichen Träger der Jugendhilfe (Jugendämter) verweisen in diesen Fällen auf fehlende Mittel bzw. fördern zu wesentlich schlechteren Konditionen als die Bundesprogramme. Abgesehen davon ist die Förderung freiwilliger Aufgaben (und damit die Förderung nichtstaatlicher selbstorganisierter Träger) massiv durch die Mittelknappheit in den öffentlichen Finanzhaushalten bedroht.

Insgesamt gilt für die „neue" Trägersäule selbstorganisierter Initiativen und Projekte in der Jugendhilfe, daß sie gerade in den neuen Bundesländern – verglichen mit ihrem Verbreitungsgrad im Westen – bislang noch relativ schwach entwickelt ist. Dies hängt mit fehlenden sozialstrukturellen, kulturellen und politischen Voraussetzungen sowie mit der konkreten Förderpraxis der Jugendhilfeinstitutionen zusammen. Selbstorganisierte Initiativen und Projekte in der Jugendhilfe der neuen Bundesländer entwickeln sich unter völlig andersgearteten inneren und äußeren Rahmenbedingungen als in der „alten" Bundesrepublik (vgl. zur Entwicklung der Selbsthilfe in der westlichen Jugendhilfe zusammenfassend Mielenz 1991). So hat sich in den neuen Bundesländern – sieht man einmal von einigen großen Städten wie Ostberlin, Dresden und Leipzig ab – noch keine mit westdeutschen Verhältnissen vergleichbare jugendkulturelle bzw. subkulturelle Szene entwickelt, die als sozialkulturelles Umfeld einer Initiativenkultur wirken könnte. Die Zielsetzungen und Handlungsfelder der ostdeutschen Jugendhilfe-Initiativen liegen daher weniger im Bereich alternativer, innovativer und experimenteller Angebote und Leistungen, als vielmehr im Bereich der dringend erforderlichen Ergänzung von Regelangeboten und im Bereich „klassischer" sozialer Notlagen, wie Arbeitslosigkeit, Wohnungsnot etc. Da die Ausbildungsinstitutionen für sozialpädagogische Fachkräfte (insbesondere Fachhochschulen und erziehungswissenschaftliche Studiengänge an Universitäten) erst im Aufbau begriffen sind, gibt es auch noch kein genügend großes Potential an in der Ausbildung befindlichen bzw. ausgebildeten sozialpädagogischen Fachkräften, die mit Hilfe der Gründung einer Initiative oder eines Projektes bestrebt sind, ihre alternativen fachlichen Vorstellungen zu erproben bzw. einen Erstarbeitsplatz zu schaffen. Zugleich behindert paradoxerweise der geringe quantitative und qualitative Ausbaustand der Jugendhilfe in den neuen Bundesländern die Entfaltung einer Projekt-Kultur. Die Erfahrungen aus Westdeutschland zeigen, daß sich selbstorganisierte und alternative Initiativen und Projekte am besten in den „Nischen" eines gutausgebauten und differenzierten, nach Trägern pluralisierten System von Angeboten und Diensten entwikkeln können. In einem solchen Rahmen übernehmen sie oft wichtige Teilaufgaben und -bereiche wie die Betreuung besonders gefährdeter Adressatengruppen (wie Drogenabhängige bzw. subkulturelle Jugendliche, delinquente Jugendbanden etc.) bzw. komplementäre Einrichtungen (betreute Wohngruppen, ambulante Anlauf- und Beratungsstellen sowie Kleinstheime etc.)

Im Vergleich zu westlichen Initiativen und Projekten ist die ostdeutsche Szene daher nicht lediglich quantitativ schwächer ausgeprägt, sondern hat auch einen weniger alternativ- bzw. subkulturellen Charakter und stellt sich in ihren Zielsetzungen und Arbeitsformen konventioneller dar.

Bei einer insgesamt – wie ausgeführt – eher zögerlichen und zum Teil recht unterschiedlichen Förderpraxis freier Träger der Jugendhilfe durch die örtlichen Jugendämter ist zudem eine deutliche Benachteiligung selbstorganisierter und kleiner Träger und Anbieter sozialer Dienste zu beobachten. Hinsichtlich der Kooperation mit den freien Trägern zeigt die erwähnte Jugendamtsbefragung des Deutschen Jugendinstituts, daß hinsichtlich der von den Jugendämtern angegebenen Kooperationspartner die Wohlfahrtsverbände an erster Stelle rangieren, gefolgt von den Jugendverbänden und Kirchen, während die Jugendinitiativen und Selbsthilfeorganisationen als Kooperationspartner weit abgeschlagen auf dem letzten Rang landen (vgl. Lotze u.a. 1993, S. 49). Immerhin ein Drittel der befragten Jugendämter gab an, überhaupt nicht mit diesen selbstorganisierten Trägern zusammenzuarbeiten.

Hier wird deutlich, daß die Herstellung einer Trägervielfalt eine aktive Gestaltungsaufgabe darstellt, die bestimmte gesellschaftspolitische Grundkonzeptionen und fachpolitische Maximen voraussetzt. In diesem Zusammenhang ist das an Bedeutung zunehmende Argument der Kostenersparnis nur eines von vielen anderen. Fachpolitisch viel bedeutsamer ist, daß durch den Einbezug sowohl herkömmlicher als vor allem auch neuer, selbstorganisierter freier Träger gesellschaftliche Kräfte und das Sozialengagement der Bürger in die Arbeit der Jugendhilfe einbezogen werden können, daß durch die Angebotsvielfalt den Bedürfnissen und Wünschen unterschiedlicher sozialer und weltanschaulicher Milieus Rechnung getragen werden kann sowie die nötigen Innovationsspielräume für die Entwicklung neuer fachlicher Ansätze gewährleistet sind.

3.3. Die institutionalisierte Kleinkindbetreuung

Bislang sind überwiegend globale, arbeitsfeldübergreifende Aussagen zum Um- und Neuaufbauprozeß der ostdeutschen Jugendhilfe getroffen worden. Eine Analyse auf dieser Ebene reicht allerdings nicht aus, da sich die Situation in den einzelnen Arbeitsfeldern z. T. extrem unterschiedlich darstellt und daher auch die Anpassungsbedarfe und -probleme stark differieren. Im folgenden sollen daher mit der institutionalisierten Kleinkinderziehung, der Heimerziehung und der Jugendarbeit drei Bereiche exemplarisch herausgegriffen werden, um zumindest ansatzweise die bestehenden Besonderheiten verdeutlichen zu können.

Besondere politische Aufmerksamkeit hat in diesem Zusammenhang die Entwicklung in der institutionalisierten Kleinkindbetreuung hervorgerufen. Der Versorgungsgrad in diesem Bereich war in der DDR – auch im internationalen Vergleich – zumindest in quantitativer Hinsicht außerordentlich hoch. So betrug die Versorgungsquote bei den Kinderkrippen (0-3jährige) im Jahre 1989 81%, bei den Kindergartenplätzen (3-6jährige) belief sich dieser Wert auf 95% und bei den Horten auf 82%.

Die institutionalisierte Betreuung von Kleinkindern wird aufgrund der spezifischen Lebensverhältnisse und -entwürfe ostdeutscher Frauen (stark ausgeprägte Orientierung an Erwerbstätigkeit bei Frauen, hoher Anteil an Alleinerziehenden) auch in Zukunft breit akzeptiert und nachgefragt werden.

Diese besondere Situation im Bereich der ostdeutschen Kleinkindbetreuung wirkt sich natürlich auch auf Personalvolumen und -struktur in diesem Arbeitsfeld aus. Vergleicht man ausgewählte Arbeitsbereiche, so zeigt sich, daß im Verhältnis zur personellen Ausstattung in den alten Bundesländern innerhalb der ostdeutschen Kindertageseinrichtungen ein deutlicher Personalüberhang besteht. Dieser bezieht sich insbesondere auf den Arbeitsbereich der frühkindlichen Erziehung (0-3 Jahre). „Im Vergleich zum Westen liegt der Personalbestand hier annähernd 30mal höher. Gerade in diesem Sektor wäre jedoch zugleich – und dies belegt wieder die Problematik eines unkritischen West-Maßstabs – die Forderung nach einem weiteren Ausbau dieses Angebotstyps öffentlicher Erziehung im Westen in Rechnung zu stellen. Weit geringer, aber dennoch deutlich über dem West-Standard, sind die Arbeitsbereiche Kindergarten (1,5fach) und Hort (4fach) personell ausgestattet. Personelle Unterversorgung besteht hingegen im Allgemeinen Sozialen Dienst (ASD), in der Jugendbildungsarbeit und der Jugendsozialarbeit“ (Galuske/Rauschenbach 1994, S. 156).

Der hohe Ausbaustand von Einrichtungen institutionalisierter Kleinkindbetreuung drückt sich auch in der amtlichen Jugendhilfe-Statistik aus. Immerhin 92% aller Jugendhilfeeinrichtungen in den neuen Bundesländern waren zum Stichtag 31.12.1991 dem Bereich institutionalisierter Kleinkindbetreuung zuzurechnen. Der Anteil der in Krippen, Kindergärten und Horten beschäftigten Personen an der Gesamtzahl der im Bereich der Jugendhilfe beschäftigten Arbeitskräfte beträgt 87% (im Vergleich dazu sind es 55,4% im Westen) (vgl. Beck 1993). Angesichts dieses Übergewichts der institutionalisierten Kleinkindbetreuung an der Gesamtzahl der Jugendhilfeeinrichtungen in den neuen Bundesländern kann nicht überraschen, daß der Erzieherinnenberuf die Personalstruktur insgesamt nachhaltig prägt; zugleich ist dies das Arbeitsfeld mit dem niedrigsten Akademisierungsgrad im Vergleich zu anderen Arbeitsfeldern (vgl. Galuske/Rauschenbach 1994, S. 158). Das Qualifikationsprofil der fachschulausgebildeten Erzieherin prägt allerdings in den neuen Bundesländern auch andere Arbeitsfelder. Erzieherinnen sind in Ost wie West zwar überwiegend im Bereich der Elementarerziehung tätig, ihr Anteil in Arbeitsfeldern wie Heimerziehung, sonderpädagogische Einrichtungen, Jugendarbeit, Jugendamt und Beratungsstellen ist allerdings im Osten beträchtlich höher als im Westen (vgl. Galuske/Rauschenbach 1994, S. 158f.) Der Berufsabschluß der Erzieherin stellt also im Osten eine qualifikatorische Ausgangsbasis für Tätigkeiten in den unterschiedlichsten Handlungsfeldern und Arbeitsbereichen dar.

Aufgrund ihrer flächendeckenden Bereitstellung verursachen allerdings gerade die Einrichtungen der institutionalisierten Kleinkindbetreuung erhebliche Kosten, die die kommunalen Gebietskörperschaften in Zukunft nicht allein werden tragen können. Zudem hat der starke Geburtenrückgang nach der Wende inzwischen zu Bedarfsreduzierungen und damit zur Unterauslastung eines Teils dieser Einrichtungen geführt. Die öffentliche Jugendhilfe sieht sich daher mit einem zweifachen Problem konfrontiert: Zum einen muß versucht werden, zumindest einen Teil dieser Krippen und Kindergärten auf freie Träger zu übertragen. Zum anderen wird schon wegen der demographischen Entwicklung die Schließung zahlreicher Einrichtungen unvermeidlich. Im Zuge des z. T. drastischen Rückbaus von Krippen und Kindergärten wird in den Kommunen eine vergleichsweise hohe Anzahl von Erzieherinnen freigesetzt, die vehement in die übrigen sozialpädagogischen Arbeitsfelder hineindrängen und auf diese Weise die Zugangswege für qualifizierte Fachkräfte mit einschlägigen Abschlüssen und Spezialqualifikationen verstopfen. Ob es gelingt, trotz solcher widriger Umstände ein bedarfsgerechtes Angebot an Einrichtungen der institutionalisierten Kleinkindbetreuung aufrechtzuerhalten, hängt daher nicht zuletzt von dem finanziellen Engagement der Länderregierungen ab. Gerade wegen der problematischen finanziellen Situation der Städte und Kreise haben die Länder hier eine besondere Verantwortung. Dabei geht es im Unterschied zu den Altbundesländern nicht darum, neue Einrichtungen zu schaffen, sondern vornehmlich darum, Einrichtungen der Tagesbetreuung für Kinder zu erhalten, sowie vor allem in qualitativer Hinsicht die fachlichen Standards der pädagogischen Arbeit deutlich zu verbessern.

In diesem Zusammenhang ist positiv zu vermerken, daß trotz der durch die Landesrechtsvorbehalte im Einigungsvertrag eingeräumten erheblichen Ausgestaltungskompetenzen der Länder bei der landesrechtlichen Umsetzung des KJHG mittlerweile alle neuen Bundesländer die Versorgung mit Kindergartenplätzen – wenn auch in unterschiedlichen Varianten – rechtlich geregelt haben (vgl. Lingelbach 1992, S. 41 sowie zu den länderspezifischen Regelungen Ahnert u.a. 1992, S. 15ff.). Es bleibt allerdings für die nahe Zukunft die Aufgabe bestehen, die vorhandenen Einrichtungen qualitativ weiterzuentwickeln und das Wahlangebot unterschiedlicher Betreuungsformen über die herkömmlichen Einrichtungsformen hinaus auch in Richtung auf Varianten der Tagespflege in Familien und der selbstorganisierten Kinderbetreuung zu erweitern.

3.4. Hilfen zur Erziehung und Heimerziehung

Im Bereich der Hilfen zur Erziehung und der Heimerziehung ergibt sich der Umstrukturierungsbedarf insbesondere aus der bisherigen nahezu alternativlosen Fixierung auf Heimerziehung. Wenn auftretende Erziehungsschwierigkeiten und entwicklungsbedingte Konflikte und Nöte von Kindern und Jugendlichen nicht im Kontext der „Normalinstitutionen“ wie Kindergarten, Schule, Ausbildungsplatz etc. bewältigt werden konnten, so blieb eigentlich nur die Einweisung in ein Heim oder bei diagnostizierter „Schwererziehbarkeit“ in einen Jugendwerkhof übrig (vgl. Krause 1992).

Eine nicht repräsentative erste Bestandsaufnahme zum Ausbaustand der Einrichtungen und Dienste im Bereich der Hilfen zur Erziehung weist aus, daß die Angebote der Heimerziehung und Vollzeitpflege, die vor 1989 den Kern der Jugendhilfe repräsentierten, flächendeckend vorhanden sind (vgl. Adler u.a. 1993, 132f.). Hinsichtlich des Personalbestandes ergibt sich für den Bereich der Heimerziehung der insgesamt höchste Grad an Übereinstimmung zwischen dem Personalbesatz in den alten und den neuen Bundesländern. „Während Ende 1990 im Westen ca. 47.500 Personen in der Heimerziehung arbeiteten, waren es in den neuen Bundesländern ein Jahr später 12.345 und damit ca. 25% im Verhältnis zur Zahl der Alt-Bundesländer. Ebenfalls hohe prozentuale Übereinstimmung besteht in punkto sozialpädagogischer Fachkräfte, also im Grad der Verfachlichung, sowie bei den unausgebildeten Personen. Dabei zeigen sich erstaunlicherweise auch relativ analoge Größenordnungen in bezug auf den „Betreuungsschlüssel“, also die Relation zwischen Personal und Plätzen (1:1,4 im Westen bzw. 1:1,5 im Osten) sowie mit Blick auf die sogenannte „Heimeinweisungsquote“. In den alten wie in den neuen Bundesländern kommt rechnisch auf rund 200 Heranwachsende bis zum Alter von 18 Jahren ein Platz in der Heimerziehung (Galuske/Rauschenbach 1994, S. 160). Die Unterschiede liegen im Heimbereich allerdings in der qualitativen Dimension. Sowohl der Anteil der beschäftigen Akademikerinnen und Akademiker bzw. der einschlägig sozialpädagogisch ausgebildeten Sozialpädagoginnen bzw. Sozialpädagogen müßte in den neuen Bundesländern um das Dreifache gesteigert werden, um den West-Standard zu erreichen. Hier deutet sich ein arbeitsfeldspezifisches Professionalisierungsdefizit an, das sich als Hemmnis gegenüber konzeptionellen Weiterentwicklungen und fachlichen Qualitätsverbesserungen in den Heimen auswirken könnte.

Auch Angebote der sozialpädagogischen Familienhilfe und Erziehungsberatung werden gegenwärtig schwerpunktmäßig aufgebaut. Probleme bestehen in diesem Zusammenhang vor allem in der regional differierenden Qualität der Einrichtungen und im fachlichen Niveau. Andere Hilfeformen sind dagegen deutlich weniger stark etabliert. Gegenwärtig wird in den Jugendämtern geprüft, ob die in Heimerziehung befindlichen Kinder und Jugendlichen eventuell in die eigene Familie bzw. in Pflegefamilien gebracht werden sollten oder aber in der Heimerziehung aus sozialpädagogischer Sicht angemessen gefördert werden können. Infolge dessen hat sich in einigen Amtszuständigkeitsbereichen die Zahl der Heimbewohner deutlich reduziert. Allerdings sind gegenwärtig auch gegenläufige Tendenzen zu beobachten: Unter dem Eindruck von Gewaltbereitschaft und Fremdenhaß bei Jugendlichen gibt es erneute fachpolitische Tendenzen zur Wiedereinführung bzw. stärkeren Nutzung von Formen der geschlossenen Heimunterbringung, die nicht zuletzt als hilflose Reaktion auf problematische Entwicklungen im Jugendverhalten interpretiert werden müssen.

Insgesamt gesehen besteht eine zentrale Aufgabe gegenwärtig darin, die Heime selbst sowohl organisatorisch als auch konzeptionell gemäß den geänderten Vorgaben umzustrukturieren. Desweiteren geht es darum, eine breite Palette von teilstationären und ambulanten Formen der Unterbringung und Betreuung wie Außenwohngruppen, halboffene Gruppen, Kleinstheime, Kinder- und Jugendnotdienste, Verbundsysteme etc. aufzubauen. Der Nachholbedarf in diesem Bereich wird auch anhand der Ergebnisse der erwähnten Jugendamtsstudie des DJI deutlich: Danach konnten sich im Jahre 1992 erst in knapp 35% der Jugendamtsbezirke betreute Wohnformen mit insgesamt ca. 100 Plätzen etablieren (vgl. Lotze u.a. 1993, S. 48). Hieran wird deutlich, daß der beabsichtigte Aufbau ambulanter und alternativer Wohn- und Betreuungsmöglichkeiten für Jugendliche und junge Erwachsene einer vordringliche Aufgabe darstellt, die noch einige Zeit in Anspruch nehmen wird. Dieser Prozeß der Differenzierung der Ausgangsstruktur wird im Bereich der Hilfen zur Erziehung flankiert, indem ein Netz von Erziehungs- und Familienberatungsstellen sowie Angebote der Sozialpädagogischen Familienhilfe aufgebaut wird, um im Vorfeld der Heimunterbringung Familien unterstützen und in Konfliktfällen beraten zu können.

3.5. Jugendarbeit

In der Jugendarbeit und -förderung wirft der Umbau besondere Probleme auf. In der DDR gab es – wie in Kapitel 2. ausgeführt – ein breites Spektrum an Angeboten, Einrichtungen und Aktivitäten in der Jugendarbeit. Dieses umfaßte im Freizeitbereich Jugendklubs, im Ferienbereich z.B. Stationen junger Touristen und Sommerlager, im Sport neben dem Leistungs- und Freizeitsport die „Kinder- und Jugendspartakiaden“, in der Jugendkultur die Staatlichen Musikschulen, in der Schule die nachmittäglichen schulischen Arbeitsgemeinschaften und im wirtschaftlichen und politischen Bereich Jugendbrigaden, Jugendforscherkollektive und Jugendobjekte (vgl. Seidenstükker 1990, S. 330 f.). Diese Formen der Jugendarbeit und -politik wurden von Schulen, Betrieben und Massenorganisationen, wie vor allem den Thälmann-Pionieren und der FDJ, im Sinne einer einheitlichen Führung und Leitung der Jugend durchgeführt.

Der überwiegende Anteil dieser Einrichtungen und Angebote konnte nach der Wende nicht aufrechterhalten werden; viele Jugendeinrichtungen mußten schließen oder wurden kommerziell (als Videotheken, Spielhallen oder Kaufhallen) ungenutzt (vgl. Spieler 1992, S. 211f.). Dies betraf in Sachsen-Anhalt zum Beispiel mindestens 40% dieser Einrichtungen (vgl. Niehues 1992, S. 105).

Dieser – regional allerdings sehr unterschiedlich verlaufende – „Kahlschlag“ in der Jugendarbeit schlägt sich auch in einer im Vergleich zum Westen völlig anders gearteten Zusammensetzung des Personals nieder. Waren zum Stichtag (31.12.1991) lediglich 2.000 Personen in der ostdeutschen Jugendarbeit beschäftigt, so müßten dies nach West-Standard fast 6.000, also 3mal so viel Personen sein (vgl. Galuske/Rauschenbach 1994, S. 165f.). Auch in qualitativer Hinsicht zeigen sich Differenzen. Der Anteil der sozialpädagogischen Fachkräfte (Professionalisierungsgrad) ist fast um die Hälfte geringer als in den alten Bundesländern und deutet auch in diesem Arbeitsbereich auf ein Professionalisierungsdefizit hin. Für den Bereich der Jugendhilfe läßt sich also hinsichtlich des Personals sowohl ein Bedarf an quantitativer Ausweitung als auch an qualitativer Niveauerhöhung arbeiten.

In der Jugendarbeit der neuen Bundesländer geht es daher vornehmlich darum, in vorhandenen Einrichtungen zeitgemäße und bedürfnisadäquate Konzeptionen und Programme zu entwickeln, sowie neue Freizeiteinrichtungen und -angebote aufzubauen. Dabei könnten Räume für selbstbestimmte Aktivitäten, außerschulische Freiräume zur Kompensation des schulischen Leistungsdrucks sowie das Angebot vertrauensvoller Beziehungen den Kindern und Jugendlichen die Bewältigung der veränderten Lebens- und Entwicklungsbedingungen erleichtern.

Bei der Entwicklung und Absicherung eines breiten Angebots an Freizeit- und politischen Bildungsangeboten spielen die Initiativen, Gruppen und Jugendverbände eine zentrale Rolle. Gerade Jugendgruppen und -verbände haben aber ganz offensichtlich besondere Probleme, sich in den neuen Bundesländern zu etablieren (vgl. Pogundke 1991). Sieht man einmal von kirchlichen Gruppen und konfessionellen Jugendverbänden ab, die bereits 1989 eine gewisse Rolle gespielt haben, so kann von einer flächendeckenden Präsenz der Jugendverbände oder von durchweg funktionierenden Kreis- und Stadtjugendringen (vgl. exemplarisch Hafemann 1992) kaum gesprochen werden. Zumeist sind die jugendverbandlichen Strukturen in den Städten wesentlich besser entwickelt als in ländlichen Gebieten. Der Aufbau institutioneller Strukturen der Jugendverbände und die Fortbildung der haupt- und ehrenamtlichen MitarbeiterInnen wird – wie erwähnt – vom Bund durch das AFT-Programm unterstützt.

Aufgrund der besonderen Anforderungen ist der Bereich der Straßensozialarbeit, also die zugehende sozialpädagogische Arbeit mit Cliquen von gefährdeten bzw. gewaltbereiten sowie rechtsextremistischen Jugendlichen in den neuen Bundesländern besonders stark ausgebaut. So verfügen ostdeutsche Jugendämter in der Regel über mehr Planstellen für Streetworker als vergleichbare westdeutsche Städte.

Die Arbeit mit gewaltbereiten Jugendszenen wird für die Laufzeit von 1992 bis 1994 durch das „Aktionsprogramm des Bundes gegen Aggression und Gewalt in den neuen Bundesländern" (AgAG) zusätzlich zu den sonstigen Fördermitteln finanziert. Im Rahmen dieses Programms, für das im Haushaltsjahr 1992 20 Mio. DM zur Verfügung stehen, werden in 30 Projektregionen ca. 140 Projekte unterstützt, die zu 65% von freien Trägern getragen werden (vgl. Aktionsprogramm 1993).

Ziel dieses Programms ist es, durch Organisationsberatung sowie Fort- und Weiterbildung Projekte im Bereich der Gewaltprävention und Arbeit mit gewaltbereiten Jugendlichen inhaltlich und organisatorisch zu stabilisieren, deren konzeptionelle Weiterentwicklung zu befördern und sie untereinander zu vernetzen. Insgesamt gilt auch hier, daß stabile Erfolge nicht kurzfristig zu erzielen sind. Erst langfristig kalkulierbare und verläßliche Förderstrukturen bieten einen Rahmen, innerhalb dessen sich freie Träger, Verbände und Projekte vor dem Hintergrund einer fehlenden Tradition, knapper Fördermittel und einer weit verbreiteten Organisationsmüdigkeit unter den Kindern und Jugendlichen allmählich werden entwickeln können.

Am Programm gegen Aggression und Gewalt läßt sich allerdings auch die Übertragung einer altbekannten politischen Tendenz aus den Altbundesländern ablesen: Gemeint ist die wiederholte „sozialpolitische Inpflichtnahme" der Jugendhilfe. Anstatt das Schwergewicht der jugendpolitischen Förderung auf den Aufbau flächendeckender Angebote und Leistungen für tendenziell alle Kinder und Jugendlichen zu legen, werden wieder Sonderprogramme für vermeintlich besonders gefährdete oder besonders problematische Teilgruppen der nachwachsenden Generation in den neuen Bundesländern aufgelegt. Wenn es aber zutrifft, daß Gewaltbereitschaft und andere Formen abweichenden Verhaltens nur die Spitze des Eisbergs der problematischen Bewältigung schwieriger gewordener Lebensverhältnisse darstellen, dann muß aus fachpolitischer Sicht auf einer Profilierung von Jugendhilfe als örtlicher sozialer Infrastruktur zur Unterstützung der Lebensbewältigung grundsätzlich sämtlicher Kinder und Jugendlicher bestanden werden.

3.6. Arbeitsmarkt- und Ausbildungssituation für sozialpädagogische Fachkräfte

Im folgenden sollen Anmerkungen zur Situation der sozialpädagogischen Berufe in den neuen Bundesländern gemacht werden. Aus den bisherigen Ausführungen ist deutlich geworden, daß die Situation sowohl auf dem Arbeitsmarkt als auch im Bereich der Ausbildung für sozialpädagogische Fachkräfte durch Umbrüche und Veränderungen in den Aufgaben und Institutionen sowie durch zum Teil tiefgreifende Verwerfungen gekennzeichnet ist. Erheblichen Personalüberhängen in einigen Arbeitsfeldern steht ein unzureichendes Angebot an Fachpersonal in anderen Arbeitsbereichen gegenüber. Aber damit ist lediglich die quantitative Seite der Diskrepanzen zwischen Angebot und Nachfrage benannt. Schwerwiegend sind ebenfalls die berufsstrukturellen Brüche; also die qualifikatorischen Diskrepanzen. Ganze

Berufsbilder – wie etwa diejenigen der Jugend-, Sozial- und Gesundheitsfürsorger – verschwinden; andere, neue Berufs- und Ausbildungsprofile werden etabliert. Ein zentrales Problem der qualitativen und fachlich angemessenen Entwicklung von Sozialpädagogik besteht zukünftig darin, eine genügend hohe und gut qualifizierte Anzahl von einschlägig ausgebildeten Sozialpädagoginnen und Sozialpädagogen bereitzustellen, mit deren Hilfe der stark erweiterte Aufgabenkatalog von Sozialpädagogik und Jugendhilfe bewältigt werden kann.

Die Hauptaufgabe der nahen Zukunft bleibt aber die Bereitstellung einer ausreichenden Anzahl qualifizierter Fachkräfte. Nach der Wende konnte auf dem Gebiet der neuen Bundesländer und Ost-Berlin im Bereich des Sozialwesens insgesamt lediglich auf 6.000 GesundheitsfürsorgerInnen, 652 SozialfürsorgerInnen, 1.800 JugendfürsorgerInnen sowie 900 Fürsorger, Diakone und Sozialpädagoginnen im Dienste konfessioneller Einrichtungen und Träger zurückgegriffen werden. Die Ausbildungen der Gesundheits- und SozialfürsorgerInnen – nicht aber die einjährige postgraduale Weiterbildung zum Jugendfürsorger – wurden zwar durch die Vereinbarung der KMK vom Oktober 1991 als niveaugleich mit dem Abschluß einer Fachhochschulausbildung eingestuft, als Voraussetzung für die Anerkennung der Gleichwertigkeit der Abschlüsse wegen der andersartigen und spezialisierten Ausrichtung dieser Ausbildungen wurden aber Zusatzqualifikationen gefordert. Die Abschlüsse der kirchlichen Ausbildungsstätten wurden dagegen als einem Fachhochschulstudium gleichwertig eingestuft (vgl. Bock 1992).

Da eine bundesweite Regelung von Umfang und Inhalt der Anpassungsqualifizierungen nicht realisierbar war, gelten in dieser Hinsicht länderspezifische Bestimmungen, die Ungerechtigkeiten für die Betroffenen und Unterschiede in den tatsächlichen Qualifikationen begünstigen.

Abgesehen von solchen Gleichstellungsanerkennungen von früheren beruflichen Abschlüssen und hiermit verbundenen notwendigen Nachqualifizierungen, ist inzwischen mit dem Aufbau grundständiger Ausbildungsgänge für soziale Berufe an Hoch- und Fachhochschulen begonnen worden. Entsprechend den Empfehlungen des Wissenschaftsrates vom 13. März 1991 sind insbesondere Fachbereiche für Sozialwesen an neugegründeten staatlichen Fachhochschulen in Potsdam, Cottbus, Neubrandenburg, Erfurt, Magdeburg, Merseburg, Mittweida und Zittau sowie eine evangelische Fachhochschule in Dresden und eine Katholische in Berlin-Köpenick gegründet worden (bis Oktober 1993 11 Fachhochschulstandorte). In diesen Fachbereichen Sozialwesen waren im Wintersemester 1993/94 insgesamt 3.200 Studierende immatrikuliert (vgl. zu diesen Angaben auch Galuske/Rauschenbach 1994, Kap. 4). Im Vergleich dazu gab es im Jahre 1990 in den westlichen Fachbereichen Sozialwesen der Fachhochschulen insgesamt 33.000 Studierende. Unterstellt man wiederum eine Bevölkerungsrelation von 1 : 4 zwischen östlichen und westlichen Bundesländern, dann müßten in den Fachhochschulen der östlichen Bundesländer 8000 Studierende immatrikuliert sein, um den West-Standard zu erreichen. An den Universitäten verfügten Ende 1993 in den neuen Bundesländern insgesamt 6 Hochschulen über einen genehmigten Studiengang im Hauptfach Erziehungswissenschaften (Dresden, Erfurt, Halle, Rostock, Jena und Leipzig; davon bieten 4 Hochschulstandorte die Studienrichtung Sozialpädagogik an). Im Vergleich hierzu gibt es in den westlichen Bundesländern insgesamt 45 Hochschulstandorte mit genehmigten Studiengängen „Diplom-Erziehungswissenschaften", wobei 25 von ihnen die Studienrichtung Sozialpädagogik anbieten. Um den West-Standard zu erreichen, müßten in den neuen Bundesländern 8 Hochschulstandorte den Studiengang Diplom-Erziehungswissenschaften anbieten. In diesen universitären Ausbildungsgängen waren im Sommersemester 1993 1.100 Studierende immatrikuliert; nimmt man die 600 Neueinschreibungen für das Wintersemester 1993/94 hinzu, dann sind dies also insgesamt 1.700 Studierende. Um den West-Standard zu erreichen, müßten es allerdings 7.700 Studierende sein. Mit seinen ca. 700 Studierenden stellt die Martin-Luther-Universität Halle den mit Abstand größten Anteil von Studierenden in diesem Studiengang (im Vergleich dazu studieren in Rostock 60 Personen im Diplom-Studiengang und 43 im Magisterstudiengang; Dresden weist eine Anzahl von 320 Studierenden im Erziehungswissenschaftlichen Diplomstudiengang auf).

Viele dieser Hochschulen bieten – zumeist in Kooperation mit anderen Fortbildungsträgern – Maßnahmen ergänzender Qualifizierung für in sozialen Berufen Beschäftigte nach den Rahmenbedingungen des jeweiligen Bundeslandes an. Desweiteren wird mit Qualifizierungsgängen für den Bereich der sozialen Arbeit für Hochschulabsolventen anderer Studienrichtungen sowie mit berufsbegleitenden Studiengängen mit anerkanntem Abschluß für MitarbeiterInnen im Jugend- und Sozialbereich experimentiert.

Insgesamt muß festgestellt werden, daß die Chance einer Reform der Hochschullandschaft im Fachbereich Erziehungswissenschaften und der beruflichen Abschlüsse in der Sozialpädagogik im Verlaufe des Transformationsprozesses der Sozialpädagogik in den neuen Bundesländern nicht genutzt worden ist. Denn die Hierarchisierung der Abschlüsse in die Fach-, Fachhochschul- und Universitätsebene ist ja keineswegs zwingend. Bereits im Westen seit einigen Jahren diskutierte Reformmodelle, wie z.B. die Integration von Fachhochschule und Universität in der Gesamthochschule, den Ausbau von Pädagogischen Hochschulen zu Bildungswissenschaftlichen Hochschulen oder aber die hochschulrechtliche Gleichstellung der Fachhochschulen mit den Universitäten, wurden bei der Neustrukturierung der Hochschullandschaft im Osten nicht ernstlich geprüft und verfolgt. Ob mittelfristig eine Stabilisierung und fachliche Konsolidierung der Sozialpädagogik im Rahmen der traditionellen Ausbildungs- und Wissenschaftsstruktur in den neuen Bundesländern erreicht werden kann, bleibt abzuwarten. Es ist zu befürchten, daß altbekannte Konflikte und Statusprobleme zwischen den einzelnen Hochschul- und Ausbildungsinstitutionen, wie sie bereits aus den alten Bundesländern bekannt sind, auch in den neuen Bundesländern ausbrechen werden.

Erhebliche Risiken bleiben aber insbesondere für diejenigen Beschäftigten bestehen, die aufgrund persönlicher Bedingungen und/oder fehlender schulischer Abschlüsse für Hoch- oder Fachhochschulausbildungsgänge nicht (mehr) in Frage kommen, die sich aber zum Teil mit hohem persönlichen und zeitlichen Aufwand in die neuen beruflichen Aufgaben eingearbeitet haben. Die fachliche Weiterentwicklung der Sozialpädagogik in den neuen Bundesländern hängt nicht zuletzt von der Lösung dieses Konflikts ab. Die Hochschulen und Praxisinstitutionen stehen dabei vor einem Dilemma: Sie müssen sowohl vermeiden, daß diese Aufbaugeneration der ostdeutschen Sozialpädagogik auf dem Altar formaler Anerkennungsregelungen geopfert wird, als auch verhindern, daß durch Billiglösungen ein Einstieg in die Dequalifikation und Abwertung sozialpädagogischer Berufe geprobt wird.

4. Schlußbemerkung: Perspektiven der Sozialpädagogik in den neuen Bundesländern

Der Aufbau einer modernen Sozialpädagogik und Jugendhilfe ist – wie gezeigt – in Ostdeutschland mit tiefgreifenden Ab- und Umbrüchen verbunden. Sowohl institutionelle Vorläufer als auch fachpolitische Traditionen und Konzepte werden zugunsten zum Teil äußerst gegensätzlicher neuer institutioneller Strukturen und inhaltlicher Vorstellungen aufgegeben. Die hiermit zusammenhängenden Probleme und Widerstände sind hoch zu veranschlagen und erfordern zu ihrer Überwindung erhebliche Zeiträume und Anstrengungen. Dennoch zeigt die vorstehende Analyse, daß der Transformationsprozeß von Sozialpädagogik und Jugendhilfe knapp fünf Jahre nach der Wende am Ende einer ersten und vor Beginn einer zweiten Entwicklungsphase steht. Bislang dominierten der Abbruch alter und der Aufbau neuer Strukturen insbesondere im Bereich der „harten" Rahmenbedingungen sozialpädagogischen Handelns. Der Neuaufbau von Institutionen, also von Jugendämtern und freien Trägern der Jugendhilfe, die quantitative und qualitative Sicherung der personellen Ressourcen gehören ebenso hierzu wie die Umstrukturierung der Ausbildungslandschaft durch den Aufbau der Fachhochschulen und die Einrichtung von Diplomstudiengängen im Fach Erziehungswissenschaften mit dem Schwerpunkt Sozialarbeit/Sozialpädagogik. Mit der Herstellung der rechtlichen Rahmenbedingungen, der finanziellen Grundlagen sowie der institutionellen und personellen Grundstrukturen sind die zentralen Themen der ersten Entwicklungsphase benannt.

In der zweiten, bevorstehenden Phase des Um- und Neuaufbaus wird es verstärkt darauf ankommen, die äußeren Strukturen und Rahmenbedingungen der ostdeutschen Sozialpädagogik durch eine „Offensive der Qualitätsherstellung" bzw. -sicherung weiterzuführen. Der bisherige Neuaufbau war sehr stark durch den Blick auf quantitative und äußere Faktoren und Entwicklungsgrößen, durch pragmatisches Reagieren auf schwierige Bedingungen sowie durch eine gelegentlich allzu schematische Übertragung westdeutscher Vorbilder auf die Gegebenheiten in den neuen Bundesländern geprägt.

Dabei traten qualitative Erwägungen und Konzepte oft genug in den Hintergrund. Wenn die hohen Erwartungen, die gerade in den neuen Bundesländern an die Sozialpädagogik gerichtet werden, auch nur einigermaßen erfüllt werden sollen, dann reicht dies nicht aus. Eine innovative und bedarfsangemessene Sozialpädagogik und Jugendhilfe bedarf der fachlich-qualitativen Weiterentwicklung. Moderne Fachkonzepte verstehen Sozialpädagogik nicht länger als defensive Nothilfe sondern vielmehr als Infrastruktur, die tendenziell alle Kinder und Jugendlichen sowie ihre Eltern bei der Bewältigung ihrer Entwicklungsaufgaben und Lebensprobleme unterstützen und fördern soll. Ein solches Konzept erfordert in erster Linie hochqualifizierte Fachkräfte, die in der Lage sind, solche anspruchsvollen Standards situationsangemessen zu realisieren. Um eine solche „sozialpädagogische Fachlichkeit" in Ostdeutschland aufzubauen und zu sichern, bedarf es der gut entwickelten flächendeckenden Strukturen einer sozialpädagogischen Erstausbildung an Fachschulen, Fachhochschulen und Universitäten. Die erste Generation grundständig ausgebildeter Sozialpädagoginnen und Sozialpädagogen wird entscheidend dazu beitragen, welchen Weg die Sozialpädagogik in den neuen Bundesländern gehen wird. Daher ist es erforderlich, daß diese Generation besonders gründlich auf den Sachverhalt vorbereitet wird, daß der überwiegende Teil von ihnen einen „Erstarbeitsplatz" besetzen wird, für den es weder routinisierte Abläufe und Konzepte noch gefestigte instutionelle Rahmenbedingungen geben wird. Neben interaktionsbezogenen Kompetenzen (Beratungstechniken etc.) müssen diese Absolventinnen und Absolventen also über Fähigkeiten und Fertigkeiten der Konzept- und Organisationsentwicklung, der strategischen Planung und Organisation verfügen.

Für die in den verschiedenen Feldern der Sozialpädagogik bereits tätigen Fachkräfte gilt, daß sie überwiegend aus anderen, mehr oder weniger verwandten Berufen stammen. Für diesen Teil der sozialpädagogischen Fachkräfte müssen quantitativ und qualitativ ausreichende Fort- und Weiterbildungsangebote entwickelt und organisiert werden, die insbesondere dazu beitragen sollten, die unmittelbar unter dem Druck der Praxis stehenden Kräfte beim Neuaufbau bzw. bei der Weiterentwicklung sozialpädagogischer Fähigkeiten und Fertigkeiten zu unterstützen. Dabei muß insbesondere verhindert werden, daß angesichts bestehender fachpolitischer Orientierungsprobleme und Unsicherheiten das KJHG eine fachpolitische Orientierungsfunktion zugewiesen bekommt, die dieses Gesetz auch nicht annähernd wird erfüllen können. Die Orientierung an den „Buchstaben des Gesetzes" kann kein Ersatz für fachliche Qualitätsstandards sein. Es wird daher insbesondere in den Einrichtungen, Diensten und Ämtern künftig darauf ankommen, solche fachlichen Konzepte (etwa der Heimerziehung, der Erziehungsberatung, der Kleinkindbetreuung oder der offenen Jugendarbeit) im Hinblick auf die besonderen Bedingungen und Anforderungen der neuen Bundesländer zu entwickeln und zu erproben. Eine entsprechende Förderung von Modellvorhaben und flankierenden Fort- und Weiterbildungsmaßnahmen könnten diesen Prozeß der qualitativen Weiterentwicklung der ostdeutschen Sozialpädagogik unterstützen. Ob es gelingt, diese anstehenden Aufgaben und Herausforderungen zu bewältigen bleibt abzuwarten. Ihr Gelingen wird nicht zuletzt von der Bereitschaft sowohl der kommunalen als auch der Landespolitik abhängen, solche qualitativen Weiterentwicklungen sowohl politisch als auch finanziell zu unterstützen.

Ursula Rabe-Kleberg

Wird die Frauenfrage zur Privatsache? Geschlechterpolitik in den neuen Bundesländern

1. Zur Einführung

Das Verhältnis der Frauen aus Ost und West ist nicht ungetrübt. Auch das der frauenpolitisch Engagierten nicht – gerade das nicht. Die gegenseitigen Vorbehalte verschwinden nicht unbedingt, wenn Fremdheit durch räumliche Nähe und gemeinsame Diskurse abgebaut wird. Es geht ja nicht nur um Vorurteile oder noch verbliebene „Mauern im Kopf". Es herrschen Differenzen zwischen den Frauen in Ost und West über die Gestaltung des Geschlechterverhältnisses und damit über ihre Stellung als Frau in der Gesellschaft vor (Müller-Rückert 1993).

Gerade engagierte Frauen sind sich der für Frauen in der Regel negativen Folgen der sozialen Geschlechterdifferenz bewußt und kämpfen dagegen. Differenzen unter den Frauen selbst sind dabei lästig, schwer zu ertragen und werden – im besseren Falle – auf Kosten eines Verlustes an Erkenntnis zugunsten eines besseren Klimas übergangen, im schlechteren Falle kommt es zu einem zu frühen Ende der Interaktion.

Beides versucht der folgende Text zu vermeiden: statt Positionen werden Prozesse mit noch offenem Ende beschrieben. Aber obwohl sich die Motivation für diese Arbeit eher aus der Neugierde denn aus dem Bedürfnis, nach westlichem Maßstab zu normieren, speist, kann nicht verheimlicht werden, daß der Blick von West nach Ost geht.

Bei den im folgenden thematisierten Prozessen der Veränderungen im Geschlechterverhältnis wird also nicht von vornherein unterstellt, daß die Implementierung des westdeutschen Regulierungsmodells – oder einfacher ausgedrückt, daß die Übertragung der gesellschaftlichen Institutionen Westdeutschlands – weitgehend automatisch und unmittelbar auch die Lebensverhältnisse verändern wird. Und weiterhin wird nicht davon ausgegangen, daß dieser Transfer westdeutscher Institutionen die Lebensverhältnisse in Ostdeutschland nach dem gleichen Muster und in der gleichen Richtung – d.h. in Richtung Westen – verändere, jedenfalls nicht so ohne weiteres (Landua 1992).

Wird nämlich von so einfachen Prozessen der Anpassung ausgegangen, sowie sogar von deren Wünschbarkeit und Machbarkeit, so wird dabei versäumt darüber nachzudenken, wie die Menschen mit den neuen institutionell transferierten Erwartungen an ihr Handeln umgehen. Der Eindruck, die Menschen im Osten würden nach einer gewissen Zeit der Gewöhnung, ähnliche, wenn nicht gleiche Verhaltensweisen zeigen wie im Westen, könnte eine Illusion sein. In einer solchen Vorstellung wird nämlich der Eigen-Sinn der handelnden Subjekte, ihre Traditionen des Denkens und ihre Kultur des Zusammenlebens unterschätzt.

Wird allerdings davon ausgegangen, Ost und West seien zwei Welten (Kudera 1993), dann wird so getan, als würde das Leben und Handeln der Menschen nur wenig von den politischen Herrschaftsverhältnissen, den Regeln des Rechts und den Dynamiken des Produzierens beeinflußt. In einer solchen Vorstellung wird der Eigen-Sinn der handelnden Subjekte, ihre Autonomie gegenüber den gesellschaftlichen Institutionen und ihr Widerstand gegenüber den Auswirkungen wiederum überschätzt.

Es gibt also allen Anlaß, innere und äußere Transformationsprozesse, Veränderungs- und Beharrungsprozesse ganz genau zu beobachten und in einen sinnvollen Zusammenhang zu bringen. Wenn im folgenden die Frage der Geschlechterpolitik (Bast/Ostner 1992) in den neuen Bundesländern thematisiert und gefragt wird, ob die Frauenfrage privatisiert werde, wird damit eine Ebene der Vermittlung oder der Aushandlung zwischen Institutionen und Individuen angepeilt; eine Ebene, auf der zum einen die Auswirkungen institutioneller Regelung sichtbar gemacht werden können und auf der zum anderen aber auch das Handeln und das sich verändernde Handeln der Individuen erkennbar wird.

Die Ebene der Geschlechterpolitik, bzw. allgemeiner des gesellschaftlichen Geschlechterverhältnisses, ist deshalb so wichtig, weil sich an diesem Focus wesentliche Veränderungen der gesellschaftlichen Regulierungen, aber auch der Handlungsstrategien der Individuen deutlich machen lassen.

2. *Geschlecht und Geschlechterpolitik als gesellschaftliche Kategorien*

Geschlecht als soziale Kategorie zu begreifen (Dietzen 1993), nicht als biologische oder sexuelle, hilft zunächst, die Bevölkerung in männliche und weibliche Individuen einzuteilen. Eine Vereinfachung, die so geläufig ist, daß kaum auffällt, wie sehr gesellschaftliche Zuschreibungen in einen solchen Einteilungsvorgang eingehen. Das wäre ja nicht weiter schlimm, wenn in eine solche Vorstellung von der Differenz der Geschlechter nicht in der Regel zugleich eine Zuteilung von sozialem Status und damit der Chancen in der Gesellschaft eingehen würde.

Das hat Folgen: Geschlecht ist nicht eines der vielen Merkmale, die Menschen haben, sondern eine Kategorie, die nahezu alle gesellschaftlichen Zusammenhänge prägt. Oder anders: Alle sozialen Bedingungen wirken sich für Mann und Frau unterschiedlich aus.

Von daher müssen alle gesellschaftspolitischen Maßnahmen und Veränderungen daraufhin untersucht werden, wie sie sich für Frauen und Männer unterschiedlich auswirken. Dabei ist es gleichgültig, ob die Politik bewußt auf die Ordnung der Geschlechter gerichtet ist, oder ob sie sich nicht-intendiert auf das Geschlechterverhältnis auswirkt.

Schwierig und u.U. ungewohnt ist eine solche Denkweise, weil das Geschlechterverhältnis auf mehreren Ebenen angesiedelt ist. Dabei können mindestens drei unterschieden werden:

- Da ist zunächst ein Mann und eine Frau, die ein Verhältnis haben, ein privates, intimes.
- Es ist aber auch immer – und gleichzeitig – die Aufteilung der gesamten in einer Gesellschaft zu erbringenden Arbeit nach dem Geschlecht. Welche Arbeit welches Geschlecht in einer konkreten, historischen Gesellschaft zu erbringen hat, ist weder biologisch festgelegt, noch historisch zufällig. Das Geschlechterverhältnis ist vielmehr Ergebnis eines gesellschaftlichen Aushandlungsprozesses, kodifiziert in sozialen und rechtlichen Normen, auf jeden Fall Resultat der erfolgreichen Durchsetzung von Interessen und damit ...
- geprägt von gesellschaftlichen Machtverhältnissen.

Die Veränderungen des Geschlechterverhältnisses laufen auf den drei Ebenen unterschiedlich und unterschiedlich schnell. Wesentlich für unsere Betrachtung ist es, alle drei Ebenen immer zusammen im Auge zu behalten, ihre gegenseitige Durchdringung und u.U. Behinderung. Seltsamerweise schaffen es Männer durchweg besser, in ihrem Verständnis und in ihrem praktischen Leben die drei Ebenen auseinanderzuhalten, ja u.U. sogar gegeneinander zu argumentieren. Frauen dagegen entdecken, daß es gerade die Zusammenhänge zwischen den drei Ebenen sind, die ihnen traditionelle Begrenzungen für ihr Handeln auferlegen (Becker-Schmidt 1987).

Zu diesen traditionellen Begrenzungen gehört vor allem – und als mittlere Ebene zentral für die beiden anderen – die Arbeitsteilung zwischen Männern und Frauen. Fragen wir also, was mit dieser Art der Arbeitsteilung aktuell passiert. Wie läßt sich die aktuelle Arbeitsmarktpolitik als Geschlechterpolitik beschreiben? Wie werden durch Veränderungen von Strukturen auch die Verhältnisse zwischen Männern und Frauen der Bedingung nach verändert, mit welcher Intention, und welche Tendenzen haben die größten Chancen?

Im folgenden werden in aller Kürze vier aktuelle Tendenzen genannt (Peters/Weigandt 1987; Frauenreport 1991; Beckmann 1993; Nickel 1993):

- Frauen werden zunehmend von bestimmten Arten der Arbeit ferngehalten, nämlich von bezahlter Arbeit überhaupt (sie werden erwerbslos) und von gut oder besser bezahlter Arbeit im Besonderen (sie verlieren ihre Positionen oder diese werden abgewertet).
- Erwerbsarbeit wird stärker als bisher hierarchisch differenziert, Leitungspositionen werden durchweg an Männer vergeben (vertikale Segregation).

- Die Vereinbarkeit verschiedener Typen von Arbeit (Erwerbsarbeit und Hausarbeit) wird durch Entzug der Infrastruktur erschwert bis unmöglich.
- Arbeitszeitregime und Mobilitätserwartungen dethematisieren andere Formen von Arbeit, das sogenannte Normalarbeitsverhältnis basiert auf der Zuarbeit einer nicht- oder teilzeiterwerbstätigen Ehefrau.

Diese Entwicklungen werden im politischen Raum gern als „Normalisierung" bezeichnet, ein Prozeß, in dem die sozialpolitische Infrastruktur, die die Erwerbstätigkeit der DDR-Frauen ermöglichte, auf ein Minimum zurückgeschraubt wird. Diese eher zynische Definition eines einschneidenden Veränderungsprozesses ist Anlaß genug, genauer zu untersuchen, was am Geschlechterverhältnis in der Gesellschaft der DDR so anders war und was durch die Geschlechterpolitik der BRD auf ein „Normalmaß" zurückgeschnitten werden soll.

3. *„Normalierung" des Geschlechterverhältnisses in den ostdeutschen Ländern*

Bei der Darstellung der Ausgangsbedingungen, von denen aus sich das gesellschaftlich bestimmte Verhältnis der Geschlechter verändert hat, sind wie angekündigt, die drei Ebenen zu beachten. Im folgenden werden deshalb

1. das besondere, besonders gute Verhältnis der Mütter zum sozialistischen „Vater Staat", sodann
2. das Verständnis von Bildung und Arbeit im Leben von Frauen und zuletzt
3. die Teilung der Arbeit im Privatbereich thematisiert.

3.1 Das besondere Verhältnis der Mütter zu „Vater Staat"

Am meisten hat die Frauen aus dem Westen immer die Selbstverständlichkeit irritiert, mit der die Frauen der DDR Mütter waren. Auch die offiziell benutzte Bezeichnung „Unsere Muttis", war fremd, ja befremdlich. Hintergrund einer solchen Einschätzung sind die Bedingungen, unter denen Mutterschaft in der „alten" BRD und nun auch in der neuen BRD litt und leidet. Das erste und die weiteren Kinder verstärkt bedeuten einen biographischen Einbruch für die Frauen. Je höher sie gebildet und je mehr sie auf Beruf und auch Karriere orientiert sind, umso länger schieben sie ihren Kinderwunsch auf oder verzichten völlig darauf (Kickbusch/Riedmüller 1984).

Anders in der DDR. Zumindest die Generation der Frauen, die nach 1972 ihre Kinder bekommen hat, konnte sich Kinder leisten, ohne Rücksicht auf ihre soziale Lage zu nehmen. Das erklärt, warum Frauen so früh, d.h. oftmals in ungesicherten beruflichen und familiären Lagen, Kinder bekamen und dies weder materiell, noch sozial negativ sanktioniert wurde (Patemann 1992; BMFJ 1993). Im Gegenteil, die Geschlechterpolitik der DDR war pronatalistisch, d.h. auf Erhöhung der Geburtenzahl gerichtet und übernahm dafür aber auch weitgehend die Verantwortung. Bis zu 87% der Kosten eines Kindes wurden von „Vater Staat" übernommen. Die Vereinbarkeit mit Ausbildung und Berufstätigkeit war durch finanzielle und infrastrukturelle Stützung garantiert (Nickel 1990a,b; Dölling 1989).

Der Tendenz nach ist damit die traditionelle patriarchale Ehe- und Familienstruktur abgelöst durch ein besonderes Verhältnis der Mütter zum Staat als ideellem Gesamtvater, zum Überpatriarchen.

Die traditionelle gesellschaftliche Rolle der Männer als Väter wie als Ehemänner wurde dadurch strukturell geschwächt. Die Verantwortung für das Kind teilten sich Mutter und Vater Staat. Da dies kein persönliches Verhältnis war, ist hier ein Grund für die soziale Stärke der Frauen als Mütter, aber auch für ihre tendenzielle Überlastung zu suchen.

Diese wird vor allem nun sichtbar, wo der neue Staat sehr wohl ohne die Frauen und Mütter zu machen ist, wobei sie zwar immer noch die volle Verantwortlichkeit tragen, aber nicht mehr die staatlichen und gesellschaftlichen Leistungen erhalten. Sie müssen sich nun sagen lassen, Kinder seien nun wirklich Privatsache. Das waren sie eben in mehrfacher Hinsicht in der DDR-Gesellschaft nicht.

3.2 Über das Verständnis von Bildung und Arbeit im Leben der Frauen

Die heutige mittlere Generation war es denn auch, für die sich ihr Selbstverständnis aus der Erwerbsarbeit und fast nur aus der Erwerbsarbeit ergibt. Hier ist eine große Übereinstimmung der offiziellen politischen Wertschätzung der Arbeit mit dem Selbstverständnis der Frauen festzustellen. In der DDR war für Frauen die Berufsarbeit und das Kollektiv der entscheidende Ort der gesellschaftlichen Integration. Erwerbsarbeit war entscheidend für die Frauenkultur der DDR. Noch heute halten es nahezu 100% der Frauen in Ostdeutschland für anstrebenswert, daß beide Partner berufstätig sind. Hier haben wir also keinen Einbruch in den Wertvorstellungen (Engelbrech/-Schenk/Wagner 1993).

Schauen wir aber doch noch einmal genauer hin, so finden wir auch in der Verteilung von beruflicher Arbeit zwischen Frauen und Männern einiges bemerkenswert. Zwar war die geschlechtsspezifische Segregation in Ausbildung und Beruf im Vergleich zur westlichen horizontal und vertikal deutlich geringer, aber sie bestand eben doch:

- Frauen waren oft in bestimmten Bereichen der Produktion, in denen die Arbeitsbedingungen und die Arbeitsentlohnung 1/5 bis 1/3 schlechter

waren und in denen wie in den Dienstleistungsberufen die Aufstiegsmöglichkeiten eben nicht so gut waren.
- Sie sind aber deutlich eher als in westdeutschen Betrieben in mittlere Positionen aufgestiegen und konnten eher auf einen Einsatz nach Aus- und Weiterbildung rechnen, aber eben – im Vergleich zu Männern – in bescheidenerem Umfang (Lemke 1981; Geißler 1991).

Heute sind es meist diese weiblichen Arbeitsplätze, die zum einen der Rationalisierung anheimfallen, zum anderen, nun mit wirklicher Entscheidungsvollmacht versehen, an Männer fallen. Hier setzt sich eine Tendenz durch, die in Bezug auf bundesdeutsche/westliche Realität im Verhältnis von Frauen- und Männerarbeitsplätzen gut erforscht ist: Frauenarbeitsplätze sind diejenigen, die Männer den Frauen übrig lassen. Es entsteht der Eindruck, eine solche Aussage stimmt durchaus – wenn auch abgeschwächt – auch für die Arbeitsteilung in der DDR und führt heute zu den bekannten Verwerfungen.

Ein Grund für eine solche Dynamik ist darin zu suchen, daß Frauen zwar voll in die Erwerbsarbeit integriert wurden, in diesem Prozeß aber nicht der allgemeine Maßstab geändert wurde. Arbeitszeit, Arbeitsleistung und überhaupt alle Arbeitsnormen waren männlich bestimmt. Danach konnten die Frauen nur die Arbeiten übernehmen, für die Männer sozusagen zu produktiv waren.

Hier wird deutlich, welche Folgen ein Verständnis von Gleichberechtigung zeitigt, in denen Frauen den Männern gleichgestellt werden, in dem aber der Mann das Maß für die Frau bleibt (Nickel 1990 b). Frauen können dann nur die schlechteren Männer sein, d.h. nicht ganz so leistungsfähig, nicht gar so sehr an Technik interessiert, nicht sonderlich aufstiegsorientiert. Nicht ein ganzer Mann eben!

Nur so ist das Wort zu verstehen: „Unsere Muttis stehen ihren Mann!" Obwohl sie Muttis, also Frauen sind, sind sie genauso gut wie Männer. Weil ihnen „Vater Staat" ja alle Unterstützung dafür gibt. Hier aber wird die Integrationserfahrung für Frauen ambivalent: Sie erfahren Defizit anstatt Differenz. Differenz dagegen wird sprachlich unsichtbar gemacht – auch Frauen waren „Leiter" oder „Facharbeiter".

Vielleicht aber war eine solche Betonung von Differenz ja auch nicht so notwendig wie im Westen, denn als Fachkräfte waren sie im Bewußtsein der Menschen schon präsent. Regine Hildebrand hat diesen Sachverhalt in einem Radio-Interview so zugespitzt: „Trotz und alledem, wir waren natürlich nicht emanzipiert. Weil, wir sind ja immer nach vorn geschoben worden. Auch wenn wir das gar nicht wollten. Aber: Wir waren da, in den Bereichen der gewerblich-technischen Berufe, in den Leitungspositionen. Da konnte keiner sagen, wir wären dazu nicht geeignet, wir könnten das nicht."

Der „realsozialistische" Begriff von Arbeit in seiner Einschränkung auf Erwerbsarbeit schloß aber private Arbeit, d.h. den großen Teil der weiblichen Arbeit, aus.

3.3 Über die Teilung der privaten Arbeit

In der westdeutschen und internationalen Frauenforschung spielt die „Entdeckung“ der Hausarbeit, d.h. ihre Thematisierung als Arbeit, deren Verteilung auf die Geschlechter und die Auswirkungen für die Lebenschancen der Frauen eine wichtige Rolle. Ein wesentliches – immer noch aktuelles – Ergebnis ist, daß westdeutsche Männer aller Bildungsschichten in ihrer Mehrheit einem traditionellen Modell der Arbeitsteilung im Haushalt anhängen. Sie nehmen damit in Europa eine „führende Rolle“ ein, sogar vor ihren Geschlechtsgenossen in Italien oder Irland. Insbesondere wenn ein Kind da ist, setzen und verteidigen sie die Norm, daß Frauen (zumindest zeitweise) Hausfrau sein müssen. Nur 14% praktizieren – angeblich – eine Gleichverteilung der Arbeiten, wobei nicht die Frage der Zuständigkeit und Verantwortlichkeit angetastet wird (Geißler 1991; Bast/Ostener 1992).

In der DDR haben 43% der Ehepaare ihre Hausarbeiten gleichermaßen verteilt. Dieser Anteil hat aber im letzten Jahrzehnt eher ab- denn zugenommen. Diese Zahlen sind auch nicht sehr glaubwürdig, denn Frauen in der DDR geben in ihrer Mehrheit eine Belastung mit Hausarbeit von 5,6 bis 7 Stunden an, während Männer mit 2,6 bis 2,7 Stunden zwar deutlich mehr als westdeutsche Männer, aber doch erkennbar geringer belastet sind als ihre Frauen (Gysi/Schubert 1989).

Fragen wir uns, welche Arbeiten Männer in DDR-Haushalten ausgeführt haben, so handelt es sich um Arbeiten, die weitgehend durch Versorgungsengpässe der DDR-Wirtschaft begründet sind: Organisieren, Kompensieren, Reparieren, Produzieren. Es sind aber dies die Tätigkeiten, die unter den neuen Verhältnissen verschwinden bzw. sich in Hobbies verwandeln.

Frauen haben auch in DDR-Familien die Arbeiten übernommen, die eher Routine sind, die unangenehm sind oder die technisch weniger anspruchsvoll angelegt sind. Die einzige Tätigkeit, für die sich der Zeitaufwand verringert hat, ist die des Einkaufens, alle anderen Arbeiten sind in ihrem Zeitaufwand gestiegen. Das liegt sicherlich daran, daß bereits in den letzten Jahren der DDR wie auch nach der Wende die Ansprüche an die Standards der Hausarbeit ständig gestiegen sind.

Im Widerspruch zu diesen Tatsachen und Entwicklungen steht eine Tendenz zur Dethematisierung der Hausarbeit auch bei den Frauen in Ostdeutschland. Dem entspricht auf der Handlungsebene die Praxis des Wegrationalisierens der Hausarbeit. Dies geschieht weniger durch technische Hilfsmittel als durch Externalisieren der Leistungen und relatives Niedrighalten der Ansprüche an hausfrauliche Leistungen.

Beide Prozesse werden – das ist die These – in Zukunft weniger greifen. Hausarbeit und der Standard von Wohnen und Essen werden in Zukunft sicherlich auch zu einem Mittel gesellschaftlicher Differenzierung werden. Hierzu gibt es konkrete Beispiele, die auf eine solche Entwicklung hinweisen: Kinder „leisten“ sich eine Mutter, die für sie kocht, Männer „leisten“

sich eine Frau, die sie jederzeit unterstützt. Mütter managen die Karrieren ihrer Kinder und ihrer Männer.

Weibliche Hausarbeit wird zunehmend zur individuellen Sozialisationsressource. Diese Tendenzen treten dort verstärkt auf, wo Frauen erwerbslos sind.

4. Was bedeutet „Privatisierung" der Frauenfrage, und wo liegen die Potenzen für eine weitere Entwicklung des Geschlechterverhältnisses?

Mit der Auflösung des Staates und dem Verschwinden gesellschaftlicher Strukturen verlor auch die Institution der gesellschaftlichen Gleichheit der Frauen ihre materielle und Machtbasis. Die Gleichberechtigung der Frauen in der DDR war eher eine systemische als eine soziale oder moralische. D.h. sie war durch Gesetze und Regelungen, Institutionen und wenn das alles nicht reichte, durch politischen Druck garantiert. Die auch damals weiterhin bestehende soziale Differenz zwischen den Geschlechtern wurde dadurch verdeckt: dethematisiert, wenn nicht sogar naturalisiert.

Mit dem Wegfall der systemischen Gleichheitsgarantien – für deren Erhalt sich übrigens keiner der östlichen Herren in den Einigungsvertragsverhandlungen eingesetzt hat – kommen die bis dahin weitgehend „unterirdisch" wirksamen sozialen Differenzen zwischen den Geschlechtern hervor. Schon immer wirksame Verteilungen der Arbeit und der Berufe zwischen den Geschlechtern wirken sich aus. Zu nennen sind nur beispielhaft, aber nicht zufällig:

- Die bisher eher negierte – unsichtbare – Hausarbeit der Frauen bekommt wegen anwachsender Standards und Versorgungsansprüche von Männern und Kindern einen neuen Stellenwert. Die bisher von Männern übernommenen Hausarbeitsanteile fallen ersatzlos weg.
- Die bisher geltenden beruflichen Segregationsstrukturen – horizontal wie vertikal – bieten unter den neuen Bedingungen die Möglichkeit der Wegrationalisierung.

Frauen im Osten reagieren heute auf dem Hintergrund der sozialen Enteignung ihres Gleichheitsstatus auf Diskussionen über Geschlechterdifferenz, die es auch schon zu DDR-Zeiten gegeben habe, deshalb so verschlossen, weil die Gleichberechtigung der Frauen vor allem im Beruf – einschließlich der Versorgung mit Kinderbetreuungseinrichtungen – in ihrer eigenen Vorstellung eben das war, was sie denen im Westen voraus hatten. Sie fühlten sich bei weitem emanzipierter und in ihrer Emanzipation gesellschaftlich etablierter als ihre sog. „Schwestern" im Westen.

Umso schmerzhafter ist die Erfahrung des Verlustes der institutionellen Basis der Emanzipation: gesicherte Erwerbstätigkeit und Garantie der sozialen und sozialpolitischen Voraussetzungen für die Vereinbarkeit von Beruf und Familie. Nach der Übernahme des westdeutschen Rechtssystems fallen die kodifizierten und institutionalisierten Rechte weg, und es stellt sich heraus, daß die nach dem Geschlecht segregierte Erwerbsarbeit beste Voraussetzungen für Rationalisierungen nach dem westdeutschen Muster zulassen. Die Frauen und die Frauenarbeitsplätze sind diejenigen, die als erste wegfallen, ehemalige qualifizierte Frauenarbeitsplätze werden von Männern besetzt.

Frauen werden nunmehr offen aufgrund ihres Geschlechtes benachteiligt. Differenz und Ungleichheit haben sich durchgesetzt. Nahezu sprachlos erleben Frauen auf der privaten Ebene einen Prozeß der Re-Paschaiisierung ihrer Ehemänner und das unüberhörbare Anwachsen von Versorgungsansprüchen ihrer Kinder. Die überlegene Abgrenzung gegenüber den als „Hausfrauen" imaginierten Westfrauen gerät ins Schwanken.

Seit fast 20 Jahren diskutieren die Frauen im Westen das Verhältnis von Gleichheit, Differenz und gesellschaftlicher Hierarchie am Beispiel der *Hausarbeit*, bzw. theoretischer formuliert: An der geschlechtsspezifisch organisierten Arbeitsteilung mit der Zuständigkeit der Frauen für die Reproduktionsarbeit bei gleichzeitiger Abwertung dieser und anderer Formen der Frauen-Arbeit. Mit der Formulierung „Jede Frau ist eine Hausfrau!" – auch wenn sie Beruf, Karriere und politische Positionen hat oder haben will – wurde nicht nur der Skandal der Doppelbelastung (DDR: „Doppelschicht") zum wiederholten Male thematisiert. Vielmehr wurde in neueren Diskursen unter der Devise von der Differenz gegenüber den Männern das Streben aufgegeben, ihnen gleich zu sein oder sein zu wollen. Frauen haben damit eine neue Position im Geschlechterverhältnis besetzt; wenn auch gesellschaftlich nicht – oder noch nicht – durchgesetzt.

Vergleichen wir nun die in Ost und West unterschiedlichen Umgangsweisen mit der Spannung von Differenz und Gleichheit im Geschlechterverhältnis, so vermute ich, daß die Dynamik dieses Deutungs- und Umdeutungsprozesses in der westdeutschen Frauenbewegung wesentlich darauf zurückzuführen ist, daß die Frauen im Westen eben nicht in allen Bereichen die formale oder besser systemische Gleichberechtigung durchgesetzt haben. Die hohe Sensibilität für soziale Prozesse, in denen Ungleichheit der Lebenschancen immer wieder neu produziert wird, z.B. auch in der Sprache, wird gerade durch die offen zu Tage tretenden Benachteiligungen von Frauen genährt.

Hierzu gehört es auch, daß der Spruch, in dem das Verständnis der eigenen Position zusammengefaßt wurde, heißt: „Das Private ist politisch". Anders dagegen die Frauenbewegung der DDR im Wendeprozeß: „Ohne Frauen ist kein Staat zu machen!" An eben dieser Stelle muß die Diskussion um die zukünftige Gestaltung des Geschlechterverhältnisses weitergehen. Die Privatisierung der Frauenfrage wird sich für die Frauen in Ostdeutschland als eine sehr krisenhafte aber u.U. notwendige Phase in ihrer Entwicklung darstellen.

Erst wenn alle Ebenen des Geschlechterverhältnisses politisch thematisiert werden, also auch das sogenannte Private, können neue Strategien gegen

Ausgrenzung und Ausbeutung der Frauen gefunden werden, dieses Mal dann hoffentlich gemeinsam.

Heinz Sahner

Leben in Halle. Ergebnisse einer Bürgerumfrage

1. Der Wechsel gesellschaftlicher Rahmenbedingungen

Die gesellschaftlichen Verhältnisse, insbesondere die Rechtsverhältnisse, haben eine entscheidende Bedeutung für die Individuen. Gegen diese Einsicht wird kaum jemand etwas ernsthaft einwenden können – insofern sind wir alle Marxisten. Diese gesellschaftlichen Rahmenbedingungen schlagen sich nicht nur im Bewußtsein der Menschen nieder, sondern auch im materiellen Umfeld, selbstverständlich auch in den Städten einer Gesellschaft.

Vergleicht man alte und neue Bundesländer, wird das in der Wohnsituation und im Wohnumfeld schlagend deutlich. Die Situation war und ist nach allen vorliegenden Daten in der DDR bzw. in den östlichen Bundesländern weniger rosig als im Westen. Berücksichtigt man die geringeren Realeinkommen in der DDR (DIW 1984: 280ff.), so kann auch die niedrigere Miete, die sogar letztlich für die Misere im Wohnungs- und Städtebau mit verantwortlich war, nicht über die schlechtere materielle Wohnsituation hinwegtrösten – ganz zu schweigen von der allgemein beklagten Trostlosigkeit mancher Städte und Stadtviertel, in der man auch eine der Ursachen für die Flucht in die Datsche sehen kann.

Nun, diese gesellschaftlichen Randbedingungen haben sich in Ostdeutschland schlagartig geändert. Entsprechend dramatische Veränderungen der Städte sind zu beobachten. Der Entwicklungsprozeß der westdeutschen Städte, der sich über Jahrzehnte hingezogen hat, wird sich – wenn die Randbedingungen so bleiben – im Zeitraffertempo in den neuen Bundesländern weitgehend wiederholen. Man kann nur hoffen, daß einige Fehlentwicklungen übersprungen werden. Warum soll man aus den Erfahrungen nicht lernen können? Allerdings verläuft diese Anpassung so rapide, daß man seine Zweifel haben muß. Ökonomische Zwänge – u.a. Arbeitslosigkeit! – müssen immer wieder als Entschuldigungsgrund herhalten.

2. Die Stadt im Sozialismus

Um die Befunde der Bürgerumfrage angemessen einordnen zu können, muß etwas über die Stadt im Sozialismus im allgemeinen und Halle im besonderen gesagt werden.

Was waren die entscheidenden Rahmenbedingungen für den Aufbau und Ausbau der sozialistischen Stadt in der Nachkriegszeit, und welchen Leitlinien folgte der sozialistische Städtebau? Diesen Fragen nachzugehen ist auch nicht unwichtig, wenn es darum geht, die heutige, aber auch die zukünftige Situation angemessen einschätzen zu können.

Neben den sechzehn Grundsätzen des Städtebaus[1], die von der Regierung der DDR schon am 27. Juli 1950 beschlossen wurden (Bolz 1951: 87-90; Schätzke 1991: 122ff.), spielen vor allem der Zentralismus und das Bodenrecht eine entscheidende Rolle. In der Verfassung der DDR heißt es da (Richter 1974: 183):

- Artikel 9 (3) Die Volkswirtschaft der DDR ist sozialistische Planwirtschaft.
- Artikel 78 (2) Der Ministerrat arbeitet wissenschaftlich begründete Prognosen aus, organisiert die Gestaltung des ökonomischen Systems des Sozialismus und leitet die planmäßige Entwicklung der Volkswirtschaft.

Zu dieser zentralen Planung des ökonomischen Systems und der Entwicklung der Volkswirtschaft gehört auch der Städtebau. Er ist ausschließlich Aufgabe staatlicher Organe. Noch entscheidender ist das sozialistische Eigentum und damit auch die Bodenordnung:

- Artikel 9 (1) Die Volkswirtschaft der DDR beruht auf dem sozialistischen Eigentum an den Produktionsmitteln.
- Artikel 16 Enteignungen sind für gemeinnützige Zwecke auf gesetzlicher Grundlage und gegen angemessene Entschädigung zulässig[2].

Um diese Rahmenbedingungen im Städtebau umzusetzen, stand der Regierung die Deutsche Bauakademie (ab 1972 Bauakademie der DDR) zur Seite. Ihr oblag als Staatsorgan die Betreuung und die Kontrolle zentraler Städte-

---

1 Die zum größten Teil äußerst vernünftigen Forderungen enthalten, z.B. die 7., nach der bei Städten, die an einem Fluß liegen, eine der Hauptadern und die architektonische Achse der Fluß mit seinen Uferstraßen sei. Kommt man nach Halle, dann fällt einem rasch auf, daß die Stadt sich vollkommen vom Fluß abwendet. Nirgendwo gibt es im Innenstadtbereich einen Platz, ein ansprechendes Ambiente, von dem aus man den Fluß genießen kann. Nun mag das angesichts der bis in die jüngste Vergangenheit reichenden Verschmutzung des Flusses (Gestank, Schaum) auch nicht erstrebenswert gewesen sein. Dies sollte sich nun aber ändern. Es steht aber zu befürchten, daß die nun sich bietenden Chancen an der Pfälzer Str. und an der Spitze (aufgrund der Eigentumsverhältnisse?) nicht angemessen genutzt werden.

2 Wie übrigens auch nach dem Grundgesetz: Artikel 14 und 15.

bauvorhaben (Topfstedt 1988: Anm. 5), aber auch die Bestimmung der städtebaulichen Leitbilder.

Die dominanten Leitlinien könnte man nach Richter (1974: 183ff.) wie folgt charakterisieren:

1. Leitlinie: Kahlschlag und Neubau von Wohnquartieren.
2. Leitlinie: Neugestaltung der Altstadtkerne und der alten Wohnquartiere.
3. Leitlinie: Mischung der Funktionen in den Stadtzentren.
4. Leitlinie: Das Zentrum als Stadtraum für gesellschaftliche Zwecke.

Die zitierten Verfassungsartikel, die Leitlinien zum sozialistischen Städtebau und einige weitere Randbedingungen[3], wie z.B. das Einfrieren der Mieten auf den Stand von 1944 (Seger/Wastl/Walter 1991: 573) erklären ziemlich gut den Zustand der Städte zur Wendezeit: Verfall der älteren Bausubstanz aufgrund des Mietenstops und des Baustoffmangels. Für den Privateigentümer war die Diskrepanz zwischen den niedrigen Mieten und den Reparaturkosten nicht aufzuheben. Für den Staat, der bis 1990 das Wohnungsproblem lösen wollte[4], waren Flächensanierung und der Neubau von Trabantenstädten im Zuge des industriellen Wohnungsbaus ebenfalls kostengünstiger. So stehen sich in vielen Städten in den neuen Bundesländern alte verfallende und neue (häufig auch verfallende) Bausubstanz gegenüber. Halle ist hier – trotz mancher Eigenheiten – ein gutes Demonstrationsobjekt.

3. Das Beispiel Halle: Der ausgeprägte Dualismus von alt und neu

Eine Eigenheit von Halle liegt nun darin, daß diese Stadt im Krieg kaum beschädigt worden ist. In keiner anderen Großstadt der neuen Bundesländer ist die Bausubstanz der Vorkriegszeit (vorwiegend der Wilhelminischen Zeit entstammend) nahezu flächendeckend erhalten geblieben. Für die Realisierung der Leitlinie 1 lag eigentlich kaum Bedarf vor. Wo sie dennoch praktiziert wurde, zeitigte sie die bekannten negativen Ergebnisse, so am Riebeckplatz (zur DDR-Zeit Ernst-Thälmann-Platz). Der Bombenkrieg hatte hier eine Bresche geschlagen, die in eine überdimensionierte Verkehrsanlage verwandelt wurde: häßlich, entvölkert und gefährlich. Mit dem Fahrrad kann man den Bahnhof nur unter Lebensgefahr oder nur unter Verletzung der Verkehrsregeln erreichen. Zusammen mit den umgebenden Repräsentativbauten

---

3 Vgl. zu Ursachen und Randbedingungen des Stadtverfalls beispielsweise Richter 1974: 186; Seger und Wastl-Walter 1991: 573.

4 Auf der 10. Tagung des ZK der SED wurde 1973 der Beschluß gefaßt, das Wohnungsproblem bis 1990 zu lösen. Von 1976 bis 1990 sollten 3 Millionen Wohnungen gebaut werden, ein Vorhaben, das für die Neugestaltung der Altstadtkerne und der alten Wohnquartiere kaum noch Ressourcen ließ. Auch hier hieß dann häufig die Alternative: Flächensanierung.

ist der Riebeckplatz eine Manifestation des sozialistischen Städtebaus, die dem Stadtzentrum, wie es noch 1988 bei Topfstedt heißt (S.116), „nach Osten hin eine markante Silhouette gibt und sich in ihrem Mittelteil einladend zum 1974/75 angelegten Fußgängerbereich der Klement-Gottwald-Straße (nun wieder Leipziger Str.) öffnet".

Um dem 6. Grundsatz des Städtebaus zu genügen[5], nämlich im Zentrum der Stadt einen ausreichend großen Platz für die politischen Demonstrationen und die Aufmärsche zu haben, wurde der Marktplatz durch Abriß des durchaus renovierbaren alten Rathauses, das im Krieg beschädigt worden war, vergrößert.

Ansonsten verfielen die Kerne der Altstadt und die Gründerzeitviertel aus den genannten Ursachen. Punktuell wurde etwa seit Anfang der siebziger Jahre flächensaniert.

Das Beispiel Halle ist auch deshalb interessant, weil hier eine gewachsene Stadtstruktur einer Modellstadt sozialistischer Prägung, einem Produkt des technisch-industriellen Fortschritts, gegenübersteht – in der Form von Halle-Neustadt.

Dem Betrachter bietet sich also folgendes Bild: Einerseits die Manifestation einer sozialistischen Stadt, andererseits – wie in einer experimentellen Versuchsanordnung – eine über lange Zeiträume gewachsene Stadt.

So wie in der Altstadt und in den Vorstädten sich anhand der Straßenführung die Entwicklung der Stadt ablesen läßt, so lassen sich auch anhand des Grundrisses von Halle- Neustadt, obwohl innerhalb einer vergleichsweise engen Zeitperiode entstanden, die unterschiedlichen Bauausführungskonzepte ablesen. So bereitet es keine Schwierigkeiten, innerhalb des Wohnkomplexes 1 (WK 1) sich noch die Kranstraßenführungen hinzuzudenken, die ein industrielles und möglichst kostengünstiges Bauen ermöglichen sollten. Von dieser Art der Bauausführung wendete man sich später ab, was sich an der völlig anderen Gruppierung später erbauter Wohnkomplexe ablesen läßt.

Dieser Stadt aus der Retorte steht eine traditionelle Stadt gegenüber, die alle Merkmale einer über Jahrhunderte gewachsenen Metropole aufweist. Gleich einer Zwiebel lagern sich um einen Kern die Jahrhundertringe:

- die durch eine Ringstraße begrenzte Altstadt mit kleinräumiger Straßenführung;
- alte Industrieviertel im Osten mit dem Bahnhof und den angrenzenden Arbeitervierteln;
- Ausweitung der Industrie nach Süden der Eisenbahn folgend,
- auch hier angrenzende Wohnviertel der Arbeiter;

---

5 Das Zentrum bildet den bestimmenden Kern der Stadt. Das Zentrum der Stadt ist der politische Mittelpunkt für das Leben seiner Bevölkerung. Im Zentrum der Stadt liegen die wichtigsten politischen administrativen und kulturellen Stätten. Auf den Plätzen im Stadtzentrum finden die politischen Demonstrationen, die Aufmärsche und die Volksfeiern an Festtagen statt... (nach Topfstedt 1988: 123).

- nach Norden, jenseits der Ringstraße die Erweiterungen der Stadt und die Wohnviertel der ökonomisch besser gestellten Schichten;
- exzeptionell das Paulusviertel: Mittel- und Oberschicht,
- desgleichen jenseits der Ausfallstr. nach Norden das „Bäderviertel";
- Kröllwitz als Exklave und „Westend": auch in DDR-Zeiten, Wohnplatz der Privilegierten.

Nach Schichtkriterien zeigt sich in der vorsozialistischen Stadt also eine Nord-Süd-Achse. Dieses soziale Gefälle hat sich in den vierzig Jahren DDR abgebaut. Ob sich noch Spuren finden, werden wir sehen. Für den empirischen Teil stehen uns Daten aus der Bürgerumfrage zur Verfügung.

4. *Ergebnisse der Bürgerumfrage: Halle im Vergleich*[6]

4.1 *Segregation: Bevölkerungsdichte, Alter, Haushaltsgröße und Schicht*

Um unser Wissen über die Stadt anzureichern und um die Befunde angemessen interpretieren zu können, ist die Beachtung der Segregation der Bevölkerung, also das Ausmaß der disproportionalen Verteilung der Bevölkerung im Raum hinsichtlich verschiedener Merkmale, sinnvoll.

Einwohnerdichte (Einwohner/ha): Bezüglich der Verteilung der Einwohnerdichte gibt es Bekanntes, aber auch Eigenheiten. Tendenziell nimmt die Bevölkerungsdichte nach außen ab. Aber auch im Zentrum gibt es extrem dünn besiedelte Flächen. Typisch sind hier die Saaleauen, die grünen Lungen der Stadt, deren Bedeutung nicht hoch genug zu veranschlagen ist. Die Gebiete mit der höchsten Verdichtung sind – sieht man von der südlichen Innenstadt und der Südstadt ab – die Neubaugebiete Silberhöhe und Halle-Neustadt. Trotzdem gibt es zwischen beiden Gebieten fundamentale Unterschiede, die sich mit solchen Maßzahlen allein nicht einfangen lassen. So bietet die Silberhöhe im Vergleich zu Halle-Neustadt ein Bild der Enge, die nur zum Teil auf die höhere

---

6 Das Institut für Soziologie der Martin-Luther-Universität Halle-Wittenberg hat in Zusammenarbeit mit der Stadt und in ihrem Auftrag eine postalische Befragung der Hallenser Bürger zu wichtigen Themen (z.B. Wohnen und Wohnumfeld, Arbeit und Berufsausbildung, räumliche Mobilität, Gefühlslagen, Bedrohungen, Sorgen etc.) durchgeführt. Die Ergebnisse sollen verschiedenen Dezernaten der Stadtverwaltung als Planungsgrundlage dienen. Beginnend am 1. Februar 1993 wurde an 6.094 zufällig ausgewählte Hallenser Bürgerinnen und Bürger im Alter zwischen 17 und 75 Jahren ein umfassender Fragebogen versandt (Zufallstichprobe aus Einwohnermeldedaten). Bis zum 1. März sind insgesamt 3.245 Fragebögen zurückgeschickt worden. Dies entspricht einem (auf den Nettoauswahlsatz bezogenen) Rücklauf von 54,4% – eine für schriftliche Befragungen sehr zufriedenstellende Quote (nähere Angaben vgl. Mnich 1993).

Einwohnerdichte (die 1,5-fache von Halle Neustadt) zurückzuführen ist. Ein Beispiel dafür, was städtebaulich möglich ist (Abb. 4.1.1).

Abbildung 4.1.1 Einwohnerdichte in Halle 1993 (Einw./ha)[7]

7 Der Autor dankt dem Stadtvermessungsamt der Stadt Halle (Saale) für die freundliche Überlassung der Grundkoordinaten der Stadtviertel, die die Erstellung der Abbildungen 4.1.1 bis 4.1.4 ermöglichten.

Alterssegregation (Anteil der Bürger, die 60 Jahre und älter sind): Eine junge Bevölkerung haben die neuerbauten Stadtteile: Heide-Nord, Halle-Neustadt und Silberhöhe. Der Anteil der über 60-jährigen liegt hier bei etwa 10%. Nur in Heide-Nord liegt er bei 14%. Dies mag daran liegen, daß hier im Vergleich zu den anderen beiden Stadteilen noch im Bereich Blumenau Einfamilienhäuser liegen. Die Viertel mit vergleichsweise hohen Anteilen der über 60-jährigen Bürger verteilen sich unregelmäßig über die Stadt. Bebauungsalter und Einfamilienhäuser sind hier die erklärenden Faktoren (Abb. 4.1.2).

Abbildung 4.1.2 Alterssegregation in Halle 1993 (Anteil der 60 bis 75-jährigen in%)

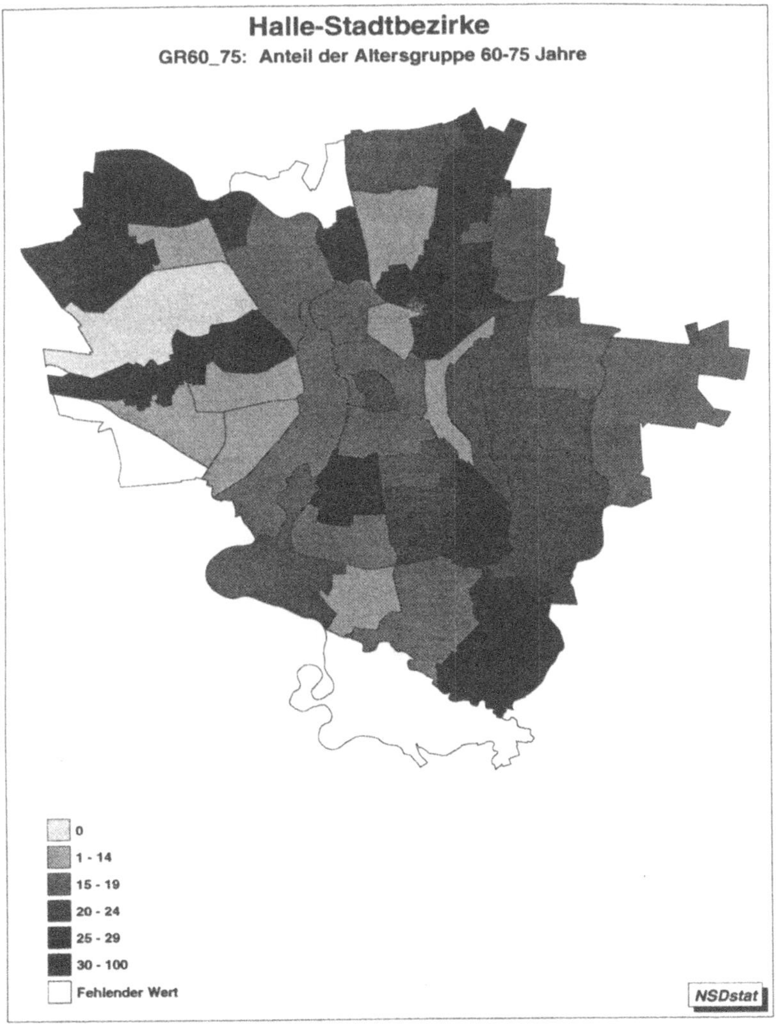

Haushaltsgröße (Anteil der Haushalte mit drei und mehr Personen): Den höchsten Anteil hat die Silberhöhe, gefolgt vom Paulusviertel und der westlichen Neustadt. Diese variable Haushaltsgröße variiert selbstverständlich mit dem Merkmal Alter. In der Altstadt, im Bezirk Süd, in Nietleben und in Trotha findet man die meisten Ein- und Zwei-Personenhaushalte. Als Erklärung dürfte hier ein Bündel von Variablen heranzuziehen sein. Ein wichtiger Faktor bleibt das Alter. Familien mit Kindern strebten in die Neubauwohnungen (Silberhöhe, Halle-Neustadt oder in die großen Wohnungen im Paulusviertel). Je nach Wohnkomfort fielen dadurch Stadtteile unter den Durchschnitt (z.B. Alt- und Südstadt) (Abb. 4.1.3).

Abbildung 4.1.3 Haushaltsgrößen in Halle 1993 (Anteil der Drei- und Mehrpersonen-Haushalte in%)

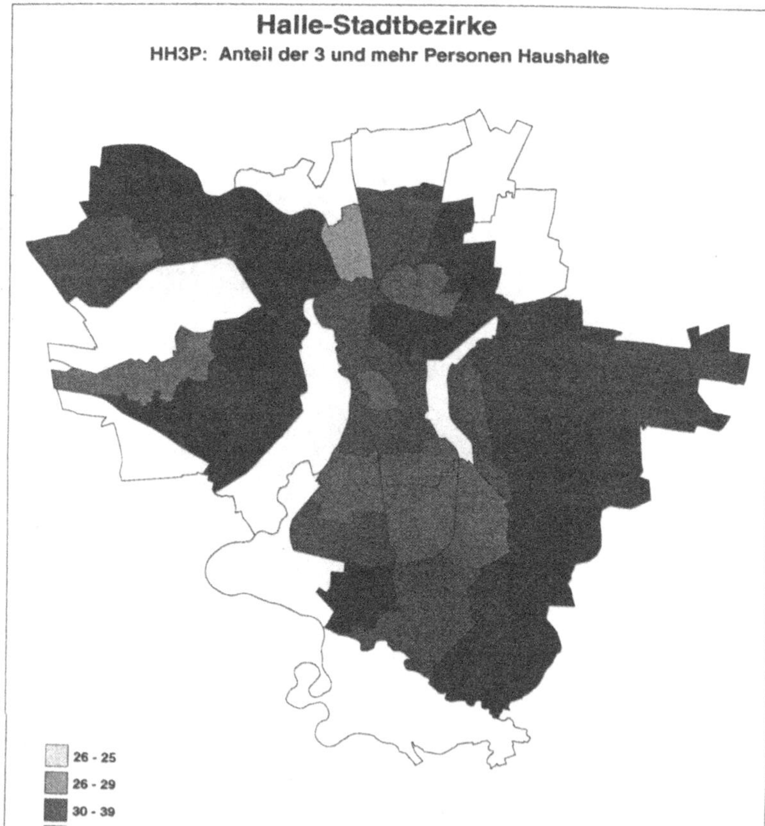

Soziale Schicht (Anteil der Arbeiter): Hier dokumentiert sich noch eine klassische Verteilung. Im Osten der Stadt massieren sich die Arbeiter. Ein Gegengewicht bildet die neu geschaffene Trabantenstadt Halle-Neustadt. Klassisch auch das „Westend" der Stadt Halle: Kröllwitz. Sieht man von Lettin und der Neugründung Halle-Neustadt ab, dann schimmert auch heute noch – nach über vierzig Jahren Sozialismus – die Vorkriegsverteilung durch, eine Massierung der Arbeiter im Osten und Süden der Stadt (Abb. 4.1.4).

Abbildung 4.1.4 Soziale Schichtung in Halle 1993 (Arbeiteranteil in%)

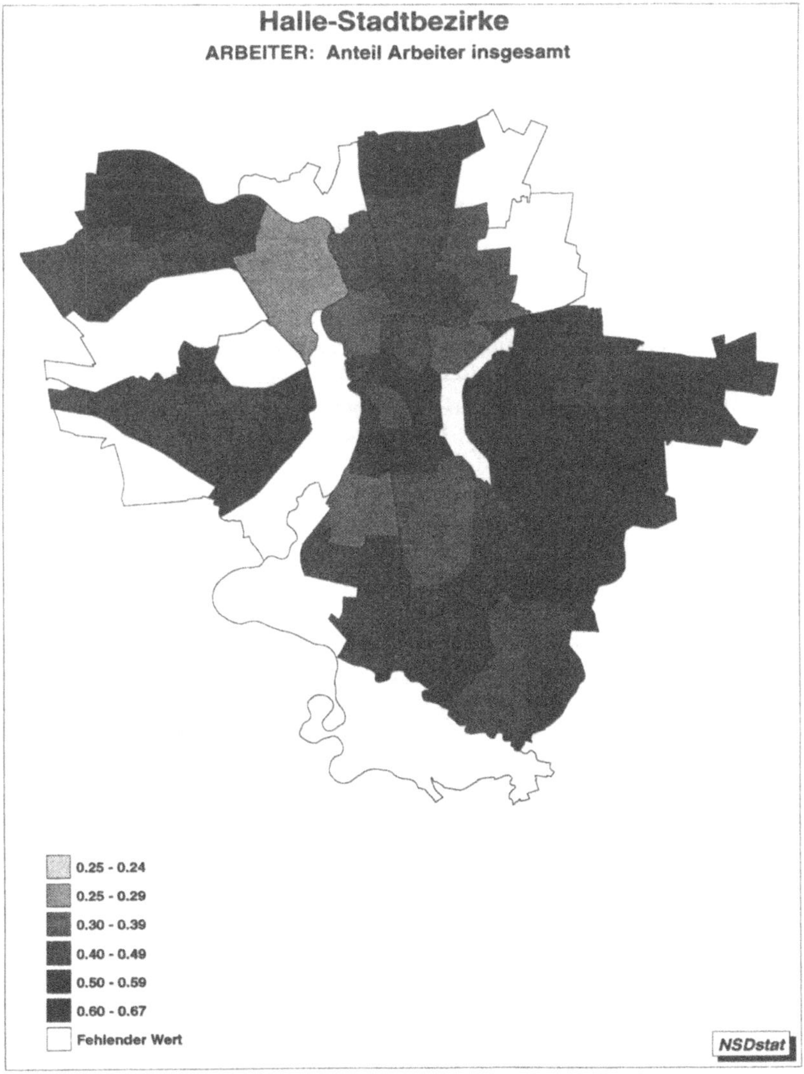

4.2 Zur Diskrepanz zwischen öffentlich transportierten Vorurteilen und Wirklichkeit

Ein Vorurteil gegenüber der Umfrageforschung besteht darin, daß sie das erbringt, was man ohnehin schon weiß – nur ein bißchen genauer. Dies ist nicht immer der Fall. Auch unsere Erhebung erbrachte einige überraschende – von uns so nicht erwartete – Ergebnisse. Das zeigt, daß wir selbst Opfer gewisser, vor allem durch die Medien transportierter, Vorurteile geworden sind. Wir wissen alle, daß der abweichende Fall eher Aufmerksamkeit findet als der durchschnittliche: Mann beißt Hund. So kommt es rasch zu einer Diskrepanz zwischen Wirklichkeit und dem, was öffentlich diffundiert.

Wir waren überrascht darüber, wie positiv die Hallenser ihre Lebenssituation einschätzten. Dabei gibt es doch zum Beispiel im Vergleich zu den alten Bundesländern nicht viel zu lachen. Die Arbeitslosigkeit ist mit 13,8%[8] in den neuen mehr als doppelt so hoch wie in den alten Bundesländern (5,8%, SZ vom 8. Oktober 1993). Weiter ist die Wohnsituation vergleichsweise bescheiden. Die objektiven, materiellen Lebensbedingungen (man denke z.B. auch an die Umweltbelastung) sind im Osten also wesentlich schlechter.

Offenbar sind die Bürger selbst Opfer der in der Öffentlichkeit vorherrschenden defätistischen Stimmung, denn während mehr als 70% die wirtschaftliche Lage in den ostdeutschen Bundesländern als eher schlecht kennzeichnen und noch zwei Drittel der Bürger dies auch für Halle behaupten, schätzen nur 19% der Befragten ihre eigene Situation als eher schlecht ein. Generell gilt, je näher man mit der Frage auf den unmittelbaren Lebenskontext zielt, um so positiver ist die Einschätzung. Oder anders formuliert: Die Zeiten sind schwer und schlecht, aber ich habe Glück gehabt. Mir persönlich geht es eher gut (Tab. 4.2:1).

Die Grundhaltung bleibt optimistisch. Von den Befragten wird eine positive wirtschaftliche Entwicklung erwartet. Aber auch hier vermutet man, daß man selbst wieder vergleichsweise auf der Gewinnerseite stehen wird: Die eigene persönliche wirtschaftliche Lage wird im Vergleich zur Entwicklung in Stadt und Land im Schnitt günstiger gesehen (Tab. 4.2:2).

Wenn ich an Sie die Frage richten würde, was glauben Sie, wie zufrieden sind die Hallenser mit ihrer Wohnung, dann käme auch ein vergleichsweise pessimistischeres Ergebnis heraus als bei unserer auf Repräsentativität hin angelegten Untersuchung. Lediglich 7,4% sind mit ihrer Wohnsituation überhaupt nicht zufrieden und 15,8% sind eher unzufrieden (Tab. 4.2:3). Dieses Ergebnis widerspricht offenbar unserer Primärerfahrung.

---

8 Die Arbeitslosigkeit liegt übrigens gegenüber weitverbreiteter Annahme im Arbeitsamtsbezirk Halle (13,7%) unter dem Durchschnitt (17,6%) aller Arbeitsamtsbezirke (insgesamt 35) der neuen Bundesländer. Sie wird nur noch von den Arbeitsamtsbezirken Potsdam (12,0), Dresden (11,6%), Leipzig (13,6%) und Berlin-Ost (13,2) unterschritten (IAB-Werkstattbericht, Nr.1, 10/15.10.1993).

Tabelle 4.2:1

Wie beurteilen Sie die gegenwärtige wirtschaftliche Situation?

Benutzen Sie bitte ein Skala mit Werten von 1 bis 5. 1 bedeutet „sehr schlecht; 5 bedeutet „sehr gut"

	sehr schlecht			sehr gut	
in den ostdt. Bundesländern	30.4	40.9	26.2	2.1	0.4
in der Stadt Halle	25.5	40.6	30.2	3.1	0.7
Ihre persönliche Lage	4.8	14.2	54.0	24.3	2.8
N=3.125/N=3.120/N=3.149					

Tabelle 4.2:2

Und wie wird die wirtschaftliche Lage in etwa fünf Jahren sein?

	sehr schlecht			sehr gut	
in den ostdt. Bundesländern	5.9	18.5	50.7	22.2	2.7
in der Stadt Halle	6.5	18.4	48.5	23.4	3.2
Ihre persönliche Lage	2.8	13.8	43.2	35.2	5.1
N=3.088/N=3.073/N=3.016					

Tabelle 4.2:3

Und wie zufrieden sind Sie mit Ihrer Wohnung?

	überhaupt nicht zufrieden			sehr zufrieden	
Insgesamt	7.4	15.8	53.4	19.3	4.1
N=2.826					

Wir haben die gleichen Fragen, die den Tabellen 4.2.1 und 3 zugrunde liegen, Studenten der Martin-Luther-Universität zur Beantwortung vorgelegt. Die Antworten darauf entsprachen dann allerdings eher unseren Erwartungen. In den Augen der Studenten schätzen die Hallenser zu 70% (!) ihre persönliche Situation eher schlecht ein. Ein gravierender Unterschied zu den 19% unserer Befragten. Und statt der 23%, wie sich aus unserer Befragung ergibt, sind nach Meinung der Studenten 60% mit ihrer Wohnung unzufrieden.

Man kann aus all dem nur den Schluß ziehen, daß der öffentlich propagierte Mißmut keine Entsprechung in der Bevölkerung hat.

Ein Ost-West-Vergleich[9] zu den gleichen Fragen entlarvt zudem das Stereotyp vom „Jammer-Ossi" als Vorurteil. Die Einschätzung der gegenwärtigen wirtschaftlichen Situation (Abb. 4.2.1 und 2), der Vergleich der eigenen wirtschaftlichen Lage mit der von vor einem Jahr und die erwarteten Verän-

9 Ich stütze mich hier (und immer dann, wenn ich mich im folgenden auf einen Ost-West-Vergleich stütze) auf Daten, die vom Bundesinstitut für Landeskunde und Raumordnung (BFLR) 1992 erhoben wurden. Herrn F. Böltken danke ich für die Auswertung. Verglichen werden in dieser Auswertung nicht die Befragten insgesamt, sondern nur die nach dem Regionstyp 1, nämlich sogenannte Kernstädte, nämlich kreisfreie Städte mit über 100.000 Einwohnern. Dadurch ist ein Vergleich mit den Ergebnissen unserer Bürgerumfrage in Halle möglich.

derungen in der Zukunft (Abb. 4.2.3) korrelieren zwischen Ost und West in einem außerordentlich hohen Maße.

Abbildung 4.2.1

Wie beurteilen Sie die gegenwärtige wirtschaftliche Situation? Einschätzung der persönlichen Lage auf einer 5-Punkte-Skala

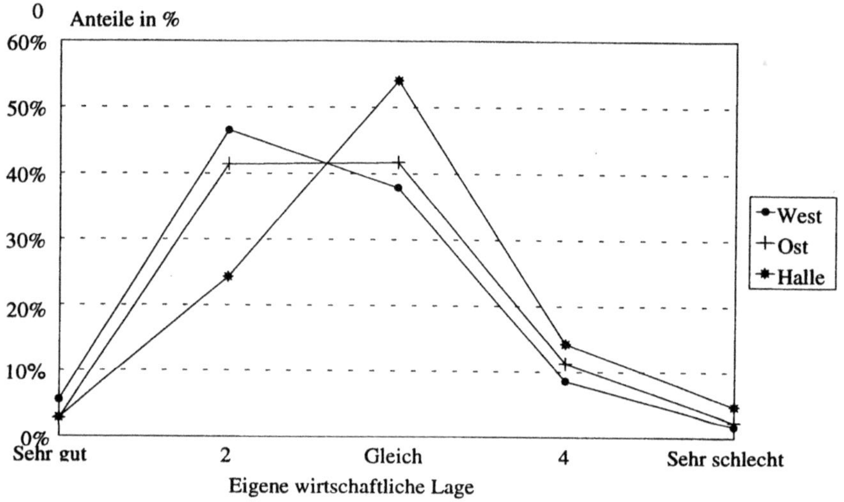

Abbildung 4.2.2

Vergleich der eigenen wirtschaftlichen Lage heute vs. vor 1 Jahr

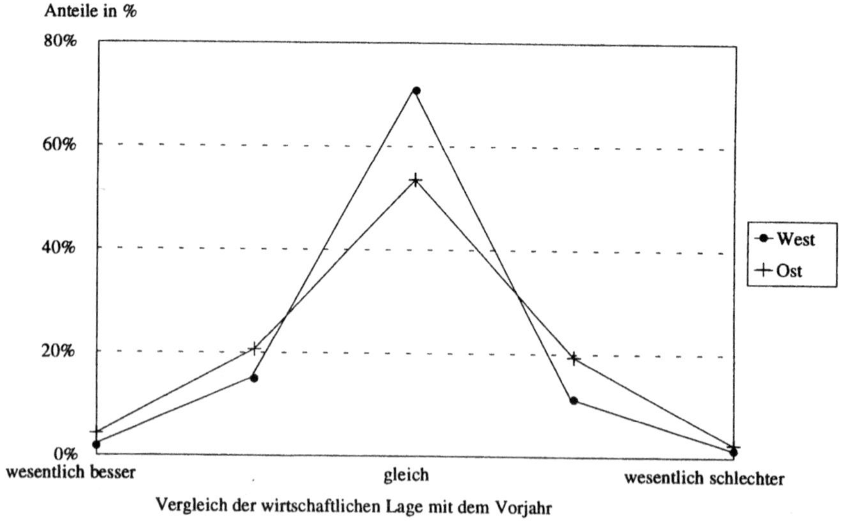

Abbildung 4.2.3

Erwartete Veränderung der wirtschaftlichen Lage im Folgejahr

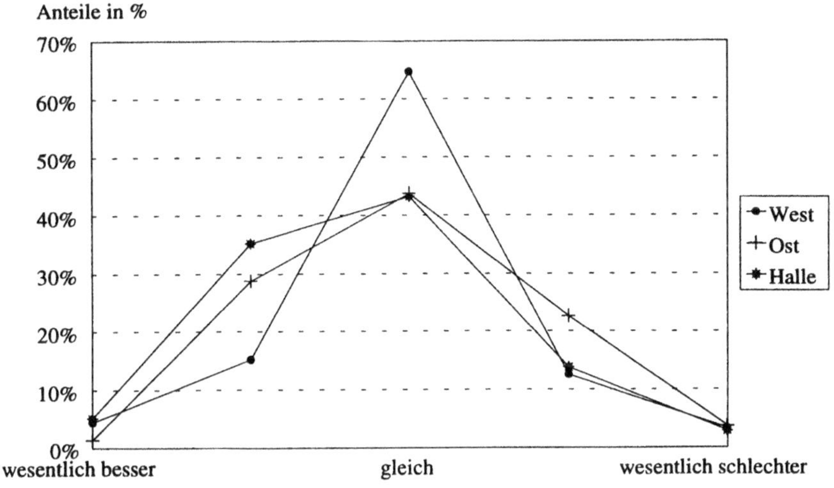

Wenn auch der „Wessi“ seine Situation begründet als besser einschätzt als der „Ossi“, so entsprechen nach unserem Empfinden die geringen Differenzen in der Einschätzung nicht den gravierenden tatsächlichen Unterschieden in der materiellen Ausstattung. Das subjektive Wohlbefinden ist nur lose an das absolute materielle Niveau gebunden.

4.3 Bedrohungen und Sorgen

Nicht weniger überraschend sind die Antworten, die wir auf die Frage „Was macht Ihnen Sorge? Wodurch fühlen Sie sich bedroht?“ bekommen haben. Hier dominiert eben nicht die Angst vor Arbeitslosigkeit oder möglichem Wohnungsverlust. Die Sorgenliste wird auch nicht von Befürchtungen vor materiellen Verlusten angeführt. Die größten Sorgen machen vielmehr die Gewaltkriminalität und der Rechtsradikalismus. Erst dann spielt ein materieller Gesichtspunkt eine Rolle, nämlich die zunehmende Verteuerung. Die Angst vor Arbeitslosigkeit rangiert erst unter ferner liefen (wie übrigens auch das Ausländerproblem), und die Sorge, die Wohnung zu verlieren, rangiert gar an letzter Stelle.

Dies sind also alles andere als schon bekannte Ergebnisse. Auch hier gibt es eine Diskrepanz zwischen dem, was öffentlich vermutet wird, und dem, was tatsächlich ist. Übrigens hat unsere kleine Studentenbefragung just das zu erwartende Ergebnis gebracht. Die Frage, was glauben Sie, was den Hallensern Sorge macht und wodurch sie sich bedroht fühlen, erbrachte genau das sicher auch von Ihnen erwartete Ergebnis, daß in diesem Sorgenbarometer Arbeitslosigkeit und Wohnungsverlust dominieren.

4.4 Wichtigkeit einzelner Lebensbereiche und Zufriedenheit mit einzelnen Lebensbereichen: Diskrepanzen und Übereinstimmungen

Die um sich greifende Kriminalität wird von den Bürgern mit Sorgen verfolgt. Hier werden auch die größten Defizite empfunden. Bei einer Gegenüberstellung der Rangplätze von Lebensbereichen nach Wichtigkeit und Zufriedenheit mit der Realisierung dieser Wünsche nimmt denn auch der Schutz vor Kriminalität den obersten Rangplatz in der Wichtigkeit ein. Und die Diskrepanz ist hier am größten: Die Zufriedenheit mit dem Schutz vor Kriminalität nimmt den letzten Rangplatz ein. Die Abbildung 4.4.1 erlaubt leicht festzustellen, wo die Diskrepanzen groß sind, wo Zufriedenheit und Wichtigkeit sich die Waage halten und wo die Zufriedenheit mit einem Angebot die Wichtigkeit übersteigt. Das schließt freilich nicht aus, daß selbst bei positiver Bilanz, wie z.B. bei der Versorgung mit öffentlichen Verkehrsmitteln, der Wunsch nach einer noch besseren Versorgung tatsächlich besteht. Denn die Fragestellung gibt nur Antworten auf Hierarchien. Die Ergebnisse sagen nichts über das Niveau aus.

Die Versorgung mit Wohnungen bleibt auch nach diesen Befunden wichtig. Daß das, was man für wichtig hält, häufig defizitär ist, ist nachvollziehbar. Wäre eine ausreichende Ausstattung mit preiswertem und gutem Wohnraum eine Selbstverständlichkeit, würde die Versorgung mit Wohnungen nicht solche Bedeutung haben. Daß die Bürger gerade mit den Bereichen, die sie für besonders wichtig halten, am unzufriedensten sind, ist deshalb nicht überraschend. Dieser Sachverhalt ist aber nicht notwendig, wie man am Beispiel „Versorgung mit Ärzten und Krankenhäusern" sehen kann. Was die Wichtigkeit betrifft, so liegt dieses Item an dritter Stelle. Die Zufriedenheit mit diesem Bereich nimmt aber sogar den Rangplatz zwei ein.

4.5 Die Bürger und ihre Stadt

4.5.1 Verbundenheit der Hallenser mit ihrer Stadt

Wenn sich auch die Ergebnisse unserer Bürgerumfrage von denen anderer ostdeutscher Städte meist nur wenig unterscheiden, so gibt es doch zumindest zwei Bereiche, in denen es gravierende Unterschiede gibt. Der eine ist die Identifikation mit der Stadt[10]. Bisher liegen uns keine Ergebnisse anderer Bürgerumfragen vor, nach denen die Verbundenheit der Befragten mit ihrer

10 Der andere Unterschied liegt in der geringeren Wohnzufriedenheit in Halle im Vergleich zum Beispiel zu Leipzig - bei objektiv besserer Ausstattung in Halle.

Stadt geringer ist, als das in Halle der Fall ist. Lediglich 46,6% der Befragten fühlen sich sehr mit Halle verbunden. Für die Nachbarstadt Leipzig sind dies immerhin 75%. Die Vergleichszahlen für Städte der alten Bundesländer liegen noch wesentlich höher. Dies ist natürlich bedauerlich, weil mit der Verbundenheit auch die Bereitschaft variiert, sich für die Belange der Stadt einzusetzen. 2 von 3 Hallensern, die sich stark mit der Stadt verbunden fühlen, haben demnach auch starkes oder sehr starkes Interesse an der kommunalen Politik. Bei denen, die sich nur etwas verbunden fühlen, sinkt dieser Anteil auf 48% und bei denen, die sich überhaupt nicht mit der Stadt identifizieren, sind es nur noch 33%.

Über die Ursachen kann man nur spekulieren. Ein Faktor in diesem Zusammenhang ist Halle-Neustadt. Nahezu ein Drittel der Bewohner Halles lebt in Halle-Neustadt. Ein großer Anteil der Einwohner dieses Stadtteils stammt weder aus Halle selbst, noch aus der näheren Umgebung. Halle-Neustadt war als Chemiearbeiterstadt konzipiert worden und rekrutierte seine neuen Bewohner überregional. Zudem sollte es sich ursprünglich um eine eigenständige Gemeinde handeln. Erst nach der Wende wurde Halle-Neustadt auch formal – enge Verwaltungsbeziehungen bestanden schon immer – eingemeindet. Dies alles sind keine günstigen Voraussetzungen für eine hohe Identifikation mit der Stadt. Tatsächlich ist die Identifikation mit der Stadt in Halle-Neustadt auch am geringsten (35%). Aber auch ohne Halle-Neustadt kann die Identifikation nicht Größenordnungen erreichen, wie sie in anderen Städten üblich sind. Man wird also noch nach anderen Faktoren suchen müssen. Folgende Erklärung erscheint zumindest plausibel: Die wahrgenommene – äußerst negative (übrigens ungerechtfertigte, vgl. Sahner 1994) Fremdeinschätzung der Stadt wird internalisiert und bekommt Handlungskonsequenz, getreu dem Thomas-Theorem: If men define situations as real, they are real in their consequences. Nicht wenige kehren so der Stadt den Rücken unter Verkennung der Tatsachen.

Generell gilt, daß die Identifikation mit der eigenen Stadt im Westen größer ist als im Osten. Während im Westen 75% mit ihrer Stadt eher zufrieden sind, sind es im Osten lediglich 59% (vgl Fußnote 9). Wenn auch das subjektive Wohlbefinden nicht fest mit dem materiellen Niveau variiert, so dürften für die Unterschiede doch die wesentlich schlechteren Lebensbedingungen im Osten (Wohnen, Umweltbelastungen, Verkehrssituation) hier zu Buche schlagen.

4.5.2 Das Image der Stadt bei ihren Bürgern

Welches Bild der Stadt haben die Bürger in ihren Köpfen? Was sind die besonderen Eigenschaften? Von den Vorgaben haben sich die meisten Befragten für folgende Eigenschaft entschieden: Halle ist eine bedeutende Hochschul- und Universitätsstadt (Abb. 4.5.2.1). Das freut natürlich ein Mitglied dieser Institution. Aber auch die Vertreter der Wirtschaft und die der Künste können zufrieden sein. Es ergibt sich also ein Dreiklang aus „Wissenschaft,

Wirtschaft und Kultur". Dagegen kann man sich nicht mit der Behauptung anfreunden, daß Halle eine Stadt mit zunehmend besserer Umwelt ist. Diese Einschätzung teilen die Hallenser mit den Bürgern der Stadt Leipzig. Auch dort steht diese Eigenschaft an letzter Stelle (Stadt Leipzig 1992).

Abbildung 4.5.2.1
Besondere Eigenschaften der Stadt Halle

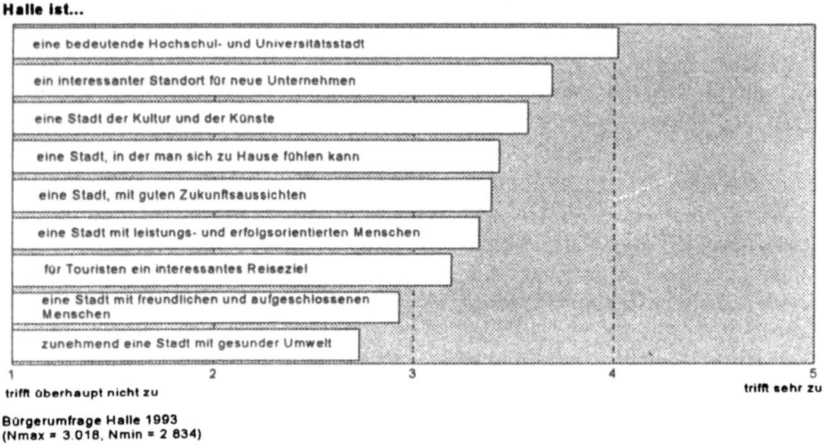

Abbildung 4.5.2.2
Allgemeine Eigenschaften der Stadt Halle

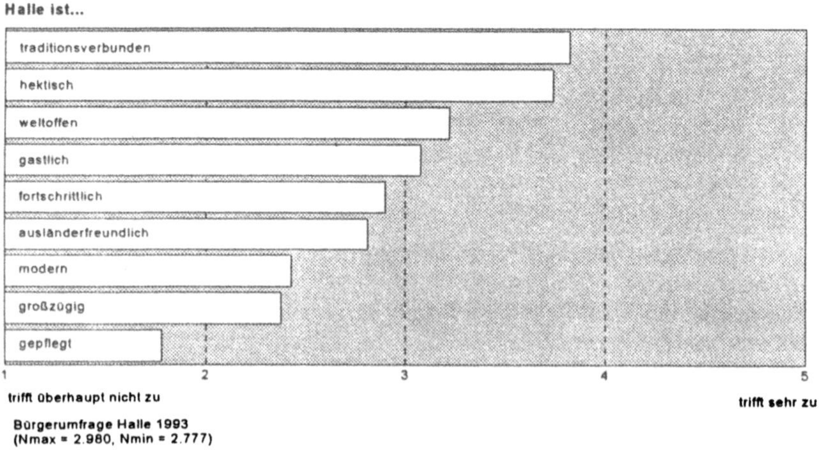

Eine Liste allgemeiner Eigenschaften (Abb. 4.5.2.2) zeigt, zusammen mit den Befunden der vorhergehenden Abbildung, ein typisches Defizit auf. Das Item „gepflegt“ liegt an letzter Stelle. Umweltprobleme und Schmutz dürften ein weiterer Faktor sein, der es den Bürgern schwer macht, sich mit ihrer Stadt zu identifizieren.

4.5.3 Wo soll man sparen, wo die Ausgaben erhöhen?

Aber die Unordnung und Unsauberkeit zu bekämpfen, kostet Geld – und das ist knapp. Und wo soll dieses knappe Gut eingesetzt werden? Wo soll man einsparen? Wo soll man die Ausgaben erhöhen? Die Hallenser sind eher für Ausgabenexpansion. Von Sparen halten sie wenig. Obwohl wir in unserem Fragebogen darauf hingewiesen haben, daß es sich um ein Nullsummenspiel handelt, war man bei den Sparvorschlägen zurückhaltend. Starke Übereinstimmung gibt es jedoch, bei der Stadtverwaltung zu sparen, ein Phänomen, daß uns auch bei Bürgerumfragen in den alten Bundesländern begegnet. Auch da hegt man den Verdacht, daß an diesem Ort zuviel finanzielle Mittel verschleudert werden.

Wenn es um Ausgabenerhöhungen geht, führt die Forderung nach sozialem Wohnungsbau die Hitliste an, gefolgt von Maßnahmen gegen die Arbeitslosigkeit. Die Forderung nach Straßenbau und die Schaffung von Parkmöglichkeiten ist aber eher ein Kennzeichen wachsenden Wohlstandes. Da in den neuen Bundesländern die Ausstattung mit Autos nahezu Westniveau erreicht, ist diese Forderung bei der augenblicklichen Beschaffenheit des Straßennetzes und der fehlenden Parkmöglichkeiten nachvollziehbar. Obwohl gerade in Halle an manchen Tagen „nichts mehr geht“ und der Verkehr zu einem ruhenden Verkehr wird, hält man vom Ausbau des öffentlichen Personennahverkehrs vergleichsweise wenig (vgl. hierzu detailliert Mnich 1993: Kap. 2.3).

4.5.4 Vor- und Nachteile der einzelnen Stadtviertel in den Augen ihrer Bewohner

Für die Identifikation mit der Stadt ist das unmittelbare Wohnumfeld neben der Wohnung selbst von besonderer Bedeutung. Um zu ermitteln, wie die Hallenser ihren Stadtteil, in dem sie leben, beurteilen, haben wir ihnen zwei Listen mit jeweils knapp zwanzig Vorgaben vorgelegt. Diese enthielten zum einen positive Aspekte des Stadtteils (z.B. gute Einkaufsmöglichkeiten, zentrale Lage usw.) und zum anderen negative Aspekte (Parkplatzprobleme, zu wenig Kindergartenplätze usw.). Zutreffendes sollte angekreuzt werden. Was in Halle besonders negativ bewertet wird, bekommt anhand der Negativliste immer mehr Kontur: Verkehrsprobleme, mangelnde Sauberkeit, überhaupt Umweltprobleme und mangelnde öffentliche Sicherheit bildet sich als Negativsyndrom immer mehr heraus.

Positiva und Negativa sind über die verschiedenen Stadtviertel unterschiedlich verteilt. In Heide-Nord, in der südlichen Innenstadt, auf der Silberhöhe und in einigen Stadtvierteln im Osten werden überwiegend Nachteile genannt. Sieht man wieder von Heide-Nord/Blumenau ab, zeigt sich wieder unser bekanntes Gefälle. Tendenziell werden die Klagen über Belastungen und Defizite nach Süd-Osten größer.

4.6 Die Wohnungssituation

4.6.1 Ein Ost-West-Vergleich

Die Auswirkungen der unterschiedlichen gesellschaftlichen Randbedingungen dokumentieren sich in besonderer Weise bei einem Vergleich der Wohnungsversorgung – und dies nicht nur in den verschieden hohen Anteilen am Wohnungseigentum (80% im Westen gegenüber 40% im Osten, BFLR, Heft 5/6, 1991: 255; vgl. auch S. 269).

Bauzustand: 51% der Bausubstanz im Osten hat schwerwiegende Schäden oder ist unbrauchbar (S. 257).
Größenstruktur: Im Osten stehen 27 qm pro Person zur Verfügung, im Westen jedoch 37 qm, also 10 qm pro Person mehr. Wohnungen mit 4 Zimmern und mehr gibt es in den neuen Bundesländern mit einem Anteil von 24%, in den alten Bundesländern jedoch mit 41% (S. 267).
Ausstattung: Ähnlich verhält es sich mit der sanitären Ausstattung. Im Osten weisen 76% der Wohnungen ein Innen-WC auf, im Westen jedoch 98% (S. 267).

Die Beispiele lassen sich vermehren. Denken Sie nur an moderne Heizmöglichkeiten, mit denen in den neuen Bundesländern 47% aller Wohnungen und in den alten 73% aller Wohnungen ausgestattet sind (S. 267).

4.6.2 Halle im Vergleich

Halle hat eine gute Ausgangssituation. Betrachtet man das Baualter, so hat es eine vergleichsweise junge Bausubstanz. Lediglich 32% der Wohnungen sind vor dem zweiten Weltkrieg gebaut worden, was mit westdeutschen Zahlen vergleichbar ist (Tab. 4.6.2:1). Aufgrund dieser Situation nähern sich manche Maßzahlen durchaus dem Westniveau. So verfügen 83% der Wohnungen über ein Innen-WC, also fast 10%-Punkte höher als im Durchschnitt der neuen Bundesländer. 68% der Wohnungen verfügen über eine moderne Heizung. Hier liegt Halle sogar 21%-Punkte über dem östlichen Durchschnitt. Lediglich 25% heizen noch mit dem Kohleofen.

Tabelle 4.6.2:1 Wann wurde das Haus, in dem Ihre Wohnung liegt, etwa erbaut?

	Halle	Leipzig	Neue BL	Alte BL	Hannover
bis 1919	13.6	45	37	18	15
1919 bis 1948	18.2	19	13	12	16
1949 bis 1971	23.6	18	19	39	48
1972 oder später	42.6	18	31	31	21

Quellen: Bürgerumfrage Halle 1993; Bürgerumfrage Leipzig 1991; BfLR 1991

Damit muß man leider mit den Erfolgsmeldungen aufhören. Schon bei dem Anteil der Wohnungen mit vier und mehr Zimmern liegt man mit etwa 24% der Wohnungen im Durchschnitt.

Erstaunlich ist aber ein anderer Sachverhalt. Wie wir gehört haben, wurden lediglich 32% der Wohnungen vor dem zweiten Weltkrieg gebaut, aber über 45% der Befragten meinen, ihre Wohnung sei rekonstruktions- oder abbruchreif (Tab. 4.6.2:2). Dabei ist folgender Sachverhalt noch gar nicht berücksichtigt: So stehen nämlich allein im Innenstadtbereich etwa 4.500 Wohnungen leer, die zum großen Teil nicht mehr bewohnbar sind. Da der Bürger unsere Erhebungseinheit war, können diese Zahlen gar nicht in unsere Berechnungen eingehen. Der Anteil der rekonstruktions- und abbruchreifen Wohnungen liegt also noch höher als 45%. Offenbar weist ein beträchtlicher Anteil der Nachkriegsbauten schwerwiegende Mängel auf.

Tabelle: 4.6.2:2 Bauzustandsstufen der Wohngebäude in der ehemaligen DDR 1989 in %

Bauzustand	Anteil am Bestand	
	DDR	Halle
I gut erhalten	9.3	17.8
II geringe Schäden	39.7	36.5
III schwerwiegende Schäden	40.0	44.4
IV in der Funktion unbrauchbar	11.0	1.3

Quelle: Vgl. Winkler, G., 1990: Sozialreport '90; Bürgerumfrage Halle 1993

Mit 65 qm liegt auch die durchschnittliche Größe der Wohnungen im Durchschnitt der östlichen Bundesländer. Auch in Halle ist also die Wohnsituation durch Enge gekennzeichnet. Die Wohnungen sind tendenziell überbelegt. Generell rechnet man mit einem Zimmer pro Person. Eine Aufteilung der Zahlen nach Zimmerzahl und Haushaltsgröße zeigt (Tab. 4.6.2:3), daß in Halle gut jede sechste 1-Raum-Wohnung und etwa jede neunte 2-Raum-Wohnung überbelegt ist. Andererseits sind deutlich mehr als 50% der 4 und Mehr-Raum-Wohnungen unterbelegt. Hier ist also noch ein gewisser Spielraum vorhanden, der Entlastung bringen kann, wenn man auch nicht vergessen darf, daß diese Wohnungen zahlenmäßig eine geringe Rolle spielen.

Tabelle 4.6.2:3 Zimmeranzahl und Haushaltsgröße

Anzahl der Zimmer	Personen im Haushalt 1	2	3	4	5 u.m.
1 Zimmer	84.6	12.1	2.6	0.7	0.0
2 Zimmer	44.0	44.8	9.1	1.9	0.2
3 Zimmer	9.6	43.5	33.3	12.8	0.8
4 Zimmer	7.6	29.6	26.7	27.8	8.3
5 u.m. Zimmer	4.4	24.8	24.2	28.4	18.2

Geht man von der Haushaltsgröße und nicht von der Zahl der Zimmer aus, so ergibt sich folgendes Bild. Jeder dritte 1-Personen-Haushalt und knapp 3/4 aller 2-Personen-Haushalte verfügen über 3 Zimmer und mehr. Andererseits müssen 50% der 4-Personen-Haushalte mit 3 und weniger Zimmern auskommen (Tab. 4.6.2:4).

Tabelle 4.6.2:4 Zur Verfügung stehende Zimmer

	Anzahl der Zimmer					
Haushaltsgröße	1	2	3	4	5 u.m.	Mittelwert
1 Person	24.4	43.5	24.0	6.9	1.2	2.17
2 Personen	1.8	23.3	57.1	14.2	3.6	2.94
3 Personen	0.6	7.3	67.1	19.2	5.3	3.22
4 Personen	0.3	2.8	47.1	37.9	11.5	3.58
5 u.m. Personen	0.0	1.1	14.3	51.2	38.4	4.17
Insgesamt						2.98

Im Hinblick auf die Raumanzahl gut versorgt sind verheiratete Mitbürger mit einem Kind. 67% von ihnen bewohnen eine 3-Raum-Wohnung. Dieses Verhältnis wird aber sofort schlechter, wenn 2 oder mehr Kinder im Haushalt leben, so daß verheiratete mit 3 Kindern im Haushalt zu fast 70% Wohnungen haben, in denen mindestens ein Raum fehlt. Andererseits leben 40% der verwitweten Mitbürger in 3 und mehr Räumen allein, bei Geschiedenen sind es 30%.

Bei der Verteilung von Wohnraum spielen auch Schichtmerkmale eine Rolle. Betrachtet man die Qualifikation der Befragten, so schneiden die höher qualifizierten im Durchschnitt besser ab als z.B. die Facharbeiter, besonders dann, wenn sie in größeren Haushalten leben. So haben innerhalb der Facharbeiter knapp 18% der 3-Personen-Haushalte 4 und mehr Zimmer zur Verfügung, während dies bei den Hochqualifizierten für gut 40% gilt. Daß offensichtlich höher Qualifizierte schon zu DDR-Zeiten – im Gegensatz zum selbst gesetzten politischen Ziel der Gleichbehandlung – bei der Wohnungsvergabe bevorzugt wurden, zeigt sich auch darin, daß im Vergleich mit allen anderen Qualifikationsklassen in dieser Gruppe der größte Anteil der 5-Personen-Haushalte mit fünf und mehr Zimmern (47%) versorgt ist.

Beengende Wohnsituation bei stark renovierungsbedürftiger Bausubstanz. Das ist die Situation für viele Bürger der Stadt.

4.7 Migrationsabsichten

Kein Wunder, daß viele Bürger auf Abhilfe sinnen. 35% der Befragten wollen aus ihrer Wohnung ausziehen. Fast jeder zehnte gibt einen Zielort an, der (meist bei einkommensstärkeren Gruppen) außerhalb der Stadt Halle liegt, meist im Saalkreis. Dieser Anteil könnte sich noch erhöhen, weil weitere 10% sich noch nicht im klaren sind, wohin sie ziehen möchten. Der Anteil der umzugswilligen Bürger variiert nach Stadtbezirken. Er ist in Halle-Neustadt und im Bezirk Süd B (Silberhöhe: 38%) am höchsten. Der Wunsch nach einer adäquaten Wohnung steht dabei im Vordergrund. Jeder zweite Umzugswillige äußerte diesen Wunsch, während z.B. ein sicherer Arbeitsplatz nur von jedem vierten als Grund für seinen Umzugswunsch genannt wurde.

Wenn es der Stadt Halle nicht gelingt, die Wohnungssituation entscheidend zu verbessern und/oder die Abwanderungstendenzen zu kompensieren, wird die Bevölkerungszahl weiter schrumpfen. Nun könnte man ja der Meinung sein, es sei nicht weiter tragisch, wenn die Einwohnerzahl deutlich unter 300.000 Einwohner zurückfällt. Zu bedenken ist jedoch, daß damit Einnahmen ausfallen, nicht nur an Einkommensteuer, sondern auch an Transferzahlungen, die sich an Einwohnerzahlen orientieren. Halle stellt die Infrastruktur bereit, die Zahlungen fallen ans Umland.

5. Voraussichtliche Entwicklungstendenzen

Die Daten, vor allem die zur Wohnungssituation und zur Migrationsbereitschaft, legen die Vermutung nahe, daß sich ein Prozeß andeutet, wie er auch in den westdeutschen Städten in der Nachkriegszeit abgelaufen ist. Neben dem Bevölkerungsrückgang in Halle zeichnen sich zumindest drei weitere Prozesse ab:

Erstens ein sogenannter *Suburbanisierungsprozeß*, nämlich ein Transfer von Bevölkerungsgruppen in die Randzonen und in das Umland. Es wird sich hierbei eher um ökonomisch entlastete Familien mit Kindern handeln. Dieser Suburbanisierungsprozeß, der schon jetzt abzusehen ist, vollzieht sich umgekehrt als in den alten Bundesländern. Während dort i.d.R. zuerst die Bevölkerung in das Weichbild der Städte auswanderte und Handel (auch Gewerbe) folgte, haben sich hier schon in den Randbereichen der Städte Handel und Gewerbe in starkem Maße etabliert. Nun erst folgt, wenn auch teilweise mit Macht, der Wohnungsbau. Der Ausbau der erforderlichen Infrastruktur (Straßen, ÖPNV) bleibt weitgehend auf der Strecke.

Zweitens ein *Segregationsprozeß*. Es wird eine weitere Entmischung nach Schicht- und Altersmerkmalen erfolgen. Wie wir gesehen haben, existierte auch nach über vierzig Jahren Sozialismus noch eine Entmischung nach Schichtmerkmalen. Dieser Sachverhalt wird sich verstärken.

Drittens wird im Prozeß der Segregation etwas passieren, das man mit dem Begriff der *Gentrifikation* bezeichnet. Darunter versteht man die Aufwertung innenstadtnaher Wohngebiete. Über Preisbildungsprozesse werden einkommensschwache Bevölkerungsgruppen verdrängt. Einkommensstarke, aufwärtsmobile Gruppen, meist jugendliche Singles, sogenannte Yuppies (young-urban-professionals) oder auch junge kinderlose Paare, sogenannte Dinkies (double-income-no-kids) rücken in den Kernbereich ein.

6. Ausblick: Nachvollzug westdeutscher Entwicklungen im Zeitraffer

Lassen Sie mich abschließend noch auf einen erstaunlichen Sachverhalt hinweisen. Bei allen dingfest zu machenden unterschiedlichen Lebensbedingungen in Ost und West (Arbeitslosigkeit, Umweltbelastungen, Einkommensverhältnisse), ergibt sich eine erstaunliche Koinzidenz der Einschätzungen. Das gilt für die Einschätzung der Arbeitsplatzsicherheit (Abb. 6.1), für die Zufriedenheit mit der unmittelbaren Wohnumgebung (Abb. 6.2) wie mit den Umweltbedingungen (Abb. 6.3).

Darin bekundet sich meiner Meinung nach zweierlei. Einmal eine Moral, die besser ist als sie in den Medien dokumentiert wird, und ferner der Sachverhalt, daß subjektives Wohlbefinden nicht unmittelbar mit der materiellen Ausstattung variiert. Man kann es vielleicht zusammenfassend auch so formulieren, daß es in den neuen Bundesländern eine insgesamt optimistische Einstellung gegenüber den Wandlungsprozessen gibt – zumindest ist sie optimistischer als man es nach den Berichten in den Medien erwarten kann.

Abbildung 6.1 Einschätzung der Sicherheit des eigenen Arbeitsplatzes – Vergleich Ost-West

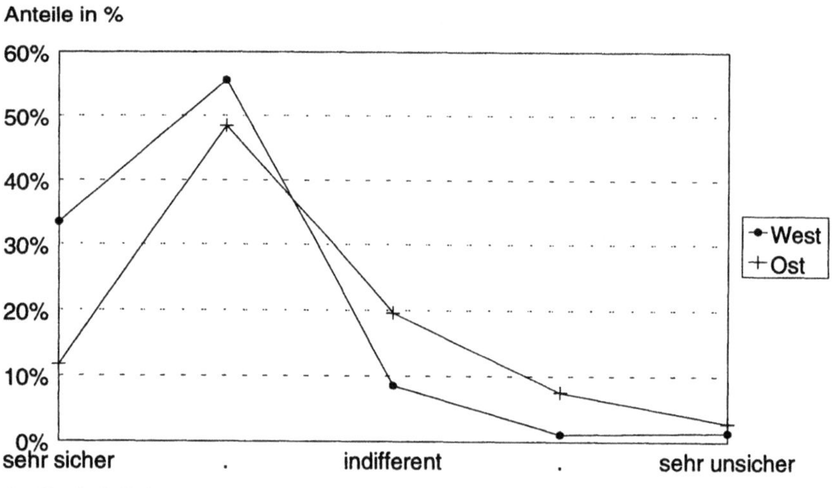

Quelle: Vgl. Fußnote 9

Abbildung 6.2 Zufriedenheit mit der unmittelbaren Wohnumgebung – Vergleich Ost-West

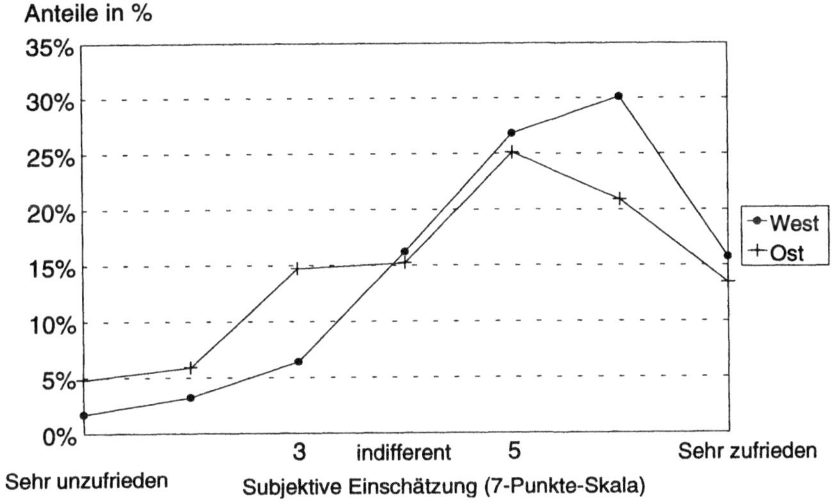

Quelle: Vgl. Fußnote 9

Abbildung 6.3 Zufriedenheit mit Umweltbedingungen der Wohnumgebung Vergleich Ost-West

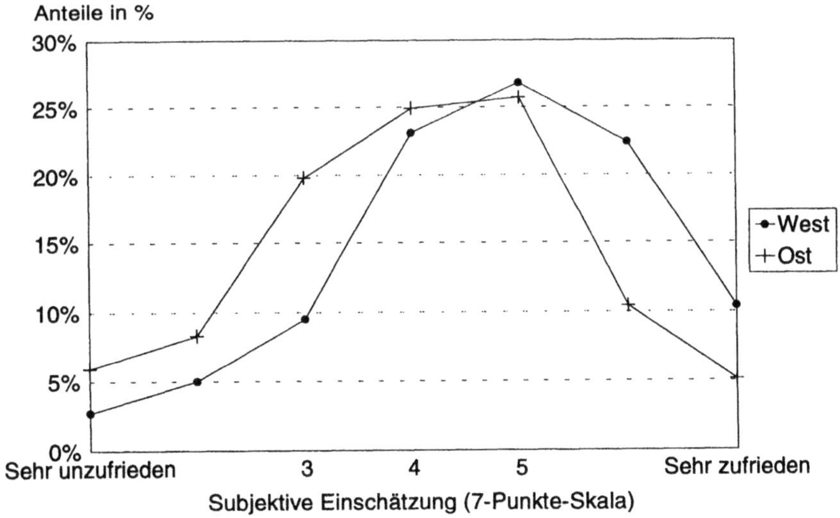

Quelle: Vgl. Fußnote 9

III. Management und Gewerkschaftspolitik

Wolfhard Kohte

Aktuelle Rechtsfragen der Privatisierung

Anfang 1990 wurde der Treuhandanstalt die Zuständigkeit für ca. 8.000 Kombinate und volkseigene Betriebe mit 45.000 Betriebsteilen und mehr als 4.000.000 Arbeitnehmern zugewiesen. Drei Jahre später erstreckte sich die Zuständigkeit der Treuhandanstalt nur noch auf 1668 Unternehmen mit insgesamt 296.343 Beschäftigten. Bereits diese Zahlen machen deutlich, welche große und einschneidende Umgestaltung in diesem Zeitraum von ca. 1.000 Tagen erfolgte. Nach den Berechnungen der Treuhandanstalt wurden in dieser Zeit 12.581 Unternehmenskaufverträge abgeschlossen. Diese waren verbunden mit Arbeitsplatzzusagen für 1,5 Mio. Arbeitsplätze, von denen mehr als 900.000 durch Vertragsstrafen gesichert werden sollten. Nach den Berichten der Treuhandanstalt sinkt gleichwohl auch in den privatisierten Unternehmen die Beschäftigung, insgesamt werden von der Treuhandanstalt bei ca. 1.000 Verträgen Schwierigkeiten berichtet, die sich vor allem auf die Einhaltung der Arbeitsplatz- und Investitionszusagen beziehen (FAZ 10.1.1994).

Aus den Zahlen ließe sich ableiten, daß diese umfangreiche Privatisierung trotz einiger Umsetzungsprobleme weitgehend ohne politische und organisatorische Widerstände durchgeführt worden sei. Dieser Eindruck täuscht jedoch. Vor allem im subjektiven Erleben der Beteiligten erscheint die Treuhandanstalt nicht (mehr) als Garant der versprochenen Herstellung der Wettbewerbsfähigkeit und Arbeitsplatzsicherheit der Treuhandunternehmen. Mir erscheinen insoweit folgende Entwicklungen besonders gravierend zu sein:

- Bei der Auswahl der Investoren kam es in verschiedenen Fällen zu Mißgriffen. Im Bereich der Niederlassung Halle gab es eine Reihe von Fällen, in denen jegliche Bonitätsprüfung unterblieb und Personen als Erwerber akzeptiert wurden, die nach allgemeinen Maßstäben nicht kreditwürdig waren. Manche dieser Betriebe wurden von solchen Personen, sobald sie Zugang zu den Konten hatten, regelrecht ausgesaugt.
- Die Auswahl der jeweiligen Investoren blieb den Beschäftigten und Betriebsräten in vielen Fällen recht unklar; eine ausführliche Information der Betriebsräte und Mitglieder des Wirtschaftsausschusses unterblieb nicht selten.

- Die Investoren traten oftmals als „ neue Arbeitgeber“ auf, die Bedingungen an die Übernahme der Belegschaft stellten. So wurde nach der Privatisierung von den Beschäftigten verlangt, daß sie neue Arbeitsverträge unterzeichneten, die neue – nicht selten ungünstigere – Regelungen der Arbeitsbedingungen enthielten.
- Die Realität der Arbeitsplatzzusagen blieb hinter den Erwartungen der Beschäftigten in zahlreichen Fällen deutlich zurück. In einer beachtlichen Zahl von Fällen erwiesen sich diese Versprechen weder rechtlich noch ökonomisch als durchsetzbar. Erwerber beriefen sich hierbei auf konjunkturell widrige Umstände, fehlendes Verschulden oder global auf den Wegfall der Geschäftsgrundlage.
- Diesen Schwierigkeiten korrespondiert ein wachsendes Unbehagen, das sich vor allem auf die mangelnde Transparenz von Entscheidungen und Vereinbarungen der Treuhandanstalt bezieht (Schmidt in Fischer/Hax/Schneider 1993, S. 235).

Im Folgenden sollen vor allem arbeits- und betriebsverfassungsrechtliche Aspekte dieses Problemfelds herausgearbeitet werden. Angesichts der oben geschilderten Probleme soll dabei ein besonderer Schwerpunkt auf die Bedeutung transparenter und dezentraler Verfahren gelegt werden. Dazu ist es erforderlich, einige Strukturmerkmale der bis 1990 geltenden Kombinatsverfassung zu benennen und die wesentlichen Charakteristika der Treuhandanstalt zu entwickeln.

1. Von der Kombinats-Verordnung zum Treuhandgesetz

Entscheidende organisatorische Grundlage der bis 1990 in der DDR agierenden Wirtschaftseinheiten waren die volkseigenen Kombinate und Betriebe. Das Volkseigentum bedeutete jedoch nicht, daß einzelne Mitglieder des Volkes oder gar die Werktätigen des jeweiligen Betriebes Eigentümer sein sollten. Nach § 18 Abs. 2 ZGB war die Nutzung und Mehrung des Volkseigentums vielmehr dem Staat zugewiesen. In dem maßgeblichen Kommentar zum ZGB wurde daraus abgeleitet, daß der Staat als „Repräsentant der sozialistischen Gesellschaft alleiniges Subjekt des Volkseigentumsrechts“ sei (Göhring 1983, § 18 Anm. Rz. 2).

Zu diesem Zweck hatte der Staat den volkseigenen Betrieben und Kombinaten das Volkseigentum „anvertraut“. Diese Wirtschaftseinheiten waren damit nicht Eigentümer ihrer Grundstücke und Maschinen, sondern nur „Fondsinhaber des einheitlichen staatlichen Volkseigentums“ – so § 3 KombinatsVO. Die Fondsinhaberschaft wurde als ein „gesetzlich ausgestaltetes subjektives Bewirtschaftungsrecht volkseigener Wirtschaftseinheiten“ gesehen (Heuer 1985, S. 247). Folgerichtig wurden im Standardkommentar die Betriebe so definiert, daß sie die „Rechtsstellung eines operativen Verwalters von Volkseigentum“ hätten.

Diesem staatsgerichteten und verwaltungsorientierten Modell der Eigentumsverhältnisse entsprach auch die Organisationsverfassung – also das „Gesellschaftsrecht" der DDR, das in der 1979 erlassenen KombinatsVO niedergelegt war (GBl I Nr. 38, S. 355). Eine gesellschaftsrechtliche Binnenstruktur in der Weise, daß es Gesellschafter (z.B. Teile des Volkes) und unterschiedliche Organe mit verschiedenen Befugnissen gab, war hier nicht geregelt. Für die jeweiligen Wirtschaftseinheiten galt das Prinzip der „Einzelleitung bei kollektiver Beratung". Das entscheidende „Organ" des Kombinats war der Generaldirektor, der vom zuständigen Minister berufen und abberufen wurde, ihm direkt unterstand und nur von ihm Weisungen erhalten durfte. Dieser Generaldirektor hatte wiederum das Recht, Direktoren der Kombinatsbetriebe zu berufen und ihnen Weisungen zu erteilen. Die jeweilige Leitungsorganisation im Kombinat war nach § 26 Abs.1 KombinatsVO vom Minister festzulegen. Konfliktregelungsverfahren auf der Ebene des Betriebes waren ebensowenig vorgesehen, wie die Möglichkeit der Verweigerung einzelner Weisungen.

Diese Struktur mußte im Frühjahr 1990 zu erheblichen zusätzlichen Problemen führen, da nunmehr der Ministerrat seiner Anordnungs- und Weisungsrolle kaum noch nachkam, so daß den Direktoren bzw. Generaldirektoren eine besonders weitgehende Einflußmöglichkeit zufiel. Zwar waren sie nach § 20 ZGB und Art.12 der Verfassung der DDR, die allerdings Anfang 1990 geändert wurde, nicht berechtigt, sozialistisches Eigentum zu übertragen, doch verblieben ihnen beachtliche Aktionsmöglichkeiten, die nicht selten zugunsten von Leitungspersonen, Familienangehörigen und neuen „Geschäftsfreunden" aus Westdeutschland genutzt wurden. Die noch amtierende Regierung Modrow entschied sich daher im Februar 1990, schnell zu handeln, um „eine ungeregelte Verteilung des Volkseigentums zu verhindern" (Maskow 1983, S.15)

Die entscheidende Organisationsform, mit der das Volkseigentum bewahrt werden sollte, war die am 1. März 1990 gegründete Treuhandanstalt. Im Handelsblatt vom 22.03.1990 wird deren Gründung beschrieben als „Versuch, den Ausverkauf der volkseigenen Betriebe durch deren Generaldirektoren rechtlich zu unterbinden". Im Beschluß des Ministerrates (NJW 1990, S. 1287) wird ihr die Aufgabe zugewiesen, „zur Wahrung des Volkseigentums" zu wirken.

Danach sollte diese Institution als „Anstalt des öffentlichen Rechts" mit territorialer Gliederung geführt werden. Damit war ein spezifischer Rahmen gewählt, durch den in beachtlicher Kontinuität Hierarchie- und Weisungsverhältnisse, wo es erforderlich schien, fortgesetzt werden konnten. Folgerichtig war der Vorgang der Privatisierung in diesem Beschluß noch in hoheitlicher Sprache gefaßt worden:

„Die Treuhandanstalt ist berechtigt, juristische oder natürliche Personen zu beauftragen, als Gründer und Gesellschafter von Kapitalgesellschaften zu fungieren oder die sich aus den Beteiligungen ergebenden Rechte und Pflichten wahrzunehmen."

Das rechtstechnische Instrument der Umgestaltung der volkseigenen Kombinate war die ebenfalls mit Beschluß vom 01.03.1990 erlassene Verordnung zur Umwandlung dieser Kombinate in Kapitalgesellschaften (Text in NJW 1990, S. 1286). Diese ordnete an, daß die bisherigen volkseigenen Wirtschaftseinheiten in Kapitalgesellschaften „umzuwandeln sind". Die Umwandlung sollte in die Rechtsform der GmbH bzw. der AG erfolgen; rechtlich war dies nicht sehr schwierig, da weder das GmbHG noch das AktG nach 1945 förmlich aufgehoben worden waren, so daß diese Anfang 1990 mit ihrem 1945 gültigen Text weiter als anwendbares Recht zur Verfügung standen. Die UmwandlungsVO orientierte sich an §§ 57ff. UmwG, die die Umwandlung der Unternehmen von Gebietskörperschaften in Kapitalgesellschaften regeln. Die so entstehende Gesellschaft sollte dann Fondsinhaberin des Volkseigentums werden – es blieb also bei diesem spezifischen „subjektiven Bewirtschaftungsrecht". Einzige Gesellschafterin sämtlicher umzuwandelnder Unternehmen und Institutionen sollte die „Anstalt zur treuhänderischen Verwaltung des Volkseigentums" werden.

2. *Die Konstruktion der Treuhandunternehmen und der Treuhandanstalt*

Die Konstruktion einer Treuhandanstalt als zentraler Anstalt des öffentlichen Rechts war im Februar 1990 nicht unumstritten gewesen. Aus den Reihen der Bürgerbewegung kam nachhaltige Kritik zu diesem Beschluß; die Dezentralisierung und die mangelnde Beteiligung der Arbeitnehmer wurden gerügt, ohne daß irgend jemand in Ost oder West frühzeitig auf diese Bedenken einging (Fischer/Schröter in Fischer/Hax/Schneider 1993, S. 17, 28).

Die jetzt neu entstehenden Kapitalgesellschaften wurden sämtlich als Ein-Personen-Gesellschaften konstruiert; einzige Gesellschafterin war jeweils die Treuhandanstalt. Als Gesellschafterin stand diese Institution außerhalb der bewährten Regeln der üblichen Aufsichtsratsverfassung, in die durch die Anwesenheit der Arbeitnehmer ein eigenständiges Element implementiert worden ist. Die Beteiligung der Arbeitnehmer im Aufsichtsrat sollte nach § 9 UmwVO nur auf der Ebene der einzelnen Treuhandkapitalgesellschaften – dort allerdings in voller Parität – erfolgen.

Die Kontrolle der Treuhandanstalt war ursprünglich überwiegend dem Parlament zugewiesen, das im 11-köpfigen Verwaltungsrat 8 Sitze besetzen konnte. Mit den späteren Änderungen durch das Treuhandgesetz und den Einigungsvertrag wurde der Einfluß des Parlaments Schritt für Schritt zurückgedrängt; heute untersteht diese Anstalt der Fach- und Rechtsaufsicht des Bundesfinanzministers. Förmliche Beanstandungen sind allerdings kaum bekannt geworden. Dieses ist um so bemerkenswerter, als für solche Beanstandungen sehr wohl mehrfach zumindest ein Anlaß gesetzt worden war.

Die Treuhandanstalt wurde im Juni 1990 von der Volkskammer per Gesetz (GBl I Nr. 33, S. 300) als zentral organisierte Anstalt des öffentlichen

Rechts bestätigt. Der Einflußbereich sollte zum 1. Juli 1990 schlagartig vergrößert werden. Nachdem die UmwandlungsVO nur zu einer zögernden Umwandlung von Kombinaten in Kapitalgesellschaften geführt hatte, wurde durch § 11 TreuhandG angeordnet, daß sämtliche noch nicht umgewandelten Wirtschaftseinheiten in der Nacht vom 30.06. zum 01.07.1990 per Gesetz automatisch in Kapitalgesellschaften umgewandelt werden sollten. Sämtliche Gesellschaften waren nach § 1 Abs. 4 TreuhandG wiederum als Ein-Personen-Gesellschaften konstruiert, in denen jeweils die Treuhandanstalt die Rolle der einzigen Gesellschafterin wahrnahm und die Aufsichtsratsmitglieder der Anteilseignerseite nach den Regeln des MitbestimmungsG bestimmte. Damit konnte die Treuhandanstalt zahlreiche Fäden zentral in ihrer Hand verknüpfen.

Eine gewisse Dezentralisierung war in den §§ 7ff. TreuhandG vorgesehen. Danach war die Treuhandanstalt verpflichtet, vier Treuhand-Aktiengesellschaften für Schwerindustrie, Investitionsgüterindustrie, Konsumgüterindustrie und Dienstleistungen zu gründen; diese Gesellschaften sollten jeweils als Gesellschafterinnen der einzelnen örtlichen Kapitalgesellschaften fungieren und damit eine Art von Konzernzwischengesellschaften darstellen. Auf diese Weise wäre ein Forum für eine das einzelne Unternehmen überschreitende Mitbestimmung geschaffen worden, da auf der Basis der §§ 1, 5 MitbestimmungsG die Arbeitnehmer der einzelnen Gesellschaften jeweils diesen Treuhand-Aktiengesellschaften zuzurechnen waren, so daß insoweit eine übergreifende Form der Konzernmitbestimmung eingegriffen hätte (Horn 1993, § 18 Rz. 23).

Unter Bezugnahme auf Gutachten der Unternehmensberater Berger und McKinsey berief sich der im Sommer 1990 bestellte Vorstandsvorsitzende der Treuhandanstalt, Rohwedder, darauf, daß solche Gesellschaften kostspielig seien und viel Zeit in Anspruch nähmen. Mit den klassischen Worten „Erst kommt das Leben und dann die Paragraphen." rechtfertigte Rohwedder die Nichtanwendung des Gesetzes. Angesichts der zu erwartenden Untätigkeit der Aufsichtsbehörde prognostizierte er zusätzlich „Wo kein Kläger, da kein Richter." (ausführlich Seibel in Fischer/Hax/Schneider 1993, S. 117ff.). Das Parlament beanstandete diese Abweichung vom Gesetz, dessen Gültigkeit es vor wenigen Monaten im Einigungsvertrag bekräftigt hatte, nicht. Im Gegenteil wurde im Frühjahr 1991 das Gesetz in der Weise geändert, daß nunmehr das gesetzwidrige Verhalten der Treuhandanstalt gerechtfertigt wurde. Im Gesetz zur Beseitigung von Hemmnissen bei der Privatisierung von Unternehmen und zur Förderung von Investitionen (Hemmnisbeseitigungsgesetz) wurde die Bildung der Treuhand-Aktiengesellschaften nur noch als Recht, nicht jedoch als Pflicht der Treuhandgesellschaft ausgestaltet. Bis heute sind solche dezentralen Aktiengesellschaften nicht gegründet worden.

Stattdessen bestehen neben der zentralen Leitung der Anstalt Außenstellen und Niederlassungen. Mit diesen ist jedoch keine dezentrale Organisationsstruktur, wie sie nach § 7 TreuhandG aF verbindlich vorgeschrieben war, verbunden, denn diese Außenstellen und Niederlassungen unterliegen dem allgemeinen Weisungsrecht des Vorstands, das für solche Anstalten typisch ist. Irgendwelche Aufsichtsräte oder Beiräte, in denen Überwachungsfunktionen gebündelt, Interessen der Regionen oder der Arbeitnehmer repräsentiert sein könnten, wurden zu keinem Zeitpunkt eingerichtet oder auch nur ernsthaft gefordert. Es ist nicht ersichtlich, daß zu irgendeinem Zeitpunkt der DGB oder die Industriegewerkschaften Forderungen nach Beachtung des Gesetzes oder Bildung einer dezentralen Organisationsstruktur nachhaltig verfolgt hätten. Die Übernahme der Treuhandanstalt in das Rechtssystem der Bundesrepublik, die durch den Einigungsvertrag erfolgte, wurde nicht zur Abkehr vom Zentralismus und zum Aufbau einer wirklich föderalen Organisation genutzt. Den neuen Bundesländern wurde nur jeweils ein Sitz im Verwaltungsrat der Treuhandanstalt, der danach 24 Mitglieder umfaßte, zugestanden.

In der Literatur wurde bald beklagt, daß infolge dieser zentralistischen Konstruktion die dezentralen Elemente des Gesellschaftsrechts leerliefen, so daß auch innerhalb der Treuhandunternehmen anstaltliche Weisungen erfolgten, die mit dem System des Gesellschaftsrechts nicht vereinbar seien. So wurde moniert, daß die Treuhandanstalt unzulässig Weisungen an Organmitglieder in Aktiengesellschaften außerhalb der Hauptversammlung erteile, daß sie Geschäftsanteile an Tochtergesellschaften von Treuhandunternehmen anbiete und über deren Verkauf verhandle, obwohl sie als Aktionärin allein der Obergesellschaft rechtlich hierzu nicht befugt sei und daß auch im geschäftlichen Alltag die Treuhandanstalt Genehmigungsbefugnisse durchsetze, die ihr als Anteilseignerin nicht zustünden (dazu nur Lipps 1991, S. 5). Bekannt wurden 1993 auch Weisungen, als im Vorfeld der Tarifauseinandersetzungen in der Metallindustrie der Vorstand der Treuhandanstalt einzelne Organe von Treuhandunternehmen anwies, auf keinen Fall die vereinbarte – und danach (rechtlich umstritten) gekündigte – Tarifentgelterhöhung auszuzahlen.

Inzwischen sind die meisten Treuhandunternehmen als GmbH konstituiert; in der GmbH stehen dem Gesellschafter weitergehendere – allerdings nicht unbegrenzte – Weisungsrechte als in der Aktiengesellschaft zu.

Das wichtigste Element des jetzt geltenden Gesellschaftsrechts, mit dem eine Parallele zum zentralistisch-hierarchischen Modell der KombinatsVO verhindert werden kann, ist das Konzernrecht. Funktional kommt diesem Recht u.a. die Aufgabe zu, Abhängigkeiten einzugrenzen und Kompetenzen zwischen dem herrschenden Unternehmen und den Organen der abhängigen Gesellschaft aufzuteilen. Auch diese Möglichkeit der Dezentralisierung ist für die Treuhandanstalt durch die Gesetzgebung der letzten Jahre beschränkt worden. Nachdem in Rechtsprechung und Literatur die Frage umstritten war, ob die Treuhandanstalt als herrschendes Unternehmen im Sinne des Konzernrechts anzusehen sei und möglicherweise für bestimmte Verhaltensweisen zur Haftung herangezogen werden könnte, wurde 1992 in § 28a EGAktG angeordnet, daß die Vorschriften des Aktiengesetzes über herrschende Unternehmen auf die Treuhandanstalt nicht anzuwenden sei. Die genaue Auslegung dieser Vorschrift ist umstritten (dazu Spoerr 1993, S. 398ff.), das AG

Halle-Saalkreis hat die Vereinbarkeit dieser Vorschrift mit Art. 20 GG mit beachtlichen Gründen in Frage gestellt und dem Bundesverfassungsgericht nach Art. 100 GG vorgelegt (WM 1994, S. 512). Auf weitere Einzelheiten dieses Verfahrens soll hier nicht eingegangen werden.

Insgesamt ist damit festzuhalten, daß die im Februar 1990 von der Modrow-Regierung installierte Konstruktion einer zentralen Anstalt des öffentlichen Rechts in der Folgezeit nicht nur beibehalten, sondern sogar noch ausgebaut worden ist. Bei den Rechtsänderungen im Juni 1990 und durch den Einigungsvertrag im August 1990 ist jeweils der Einfluß des Parlaments auf die Anstalt verringert worden; den Bundesländern ist ein nennenswerter Einfluß nicht eingeräumt worden. Möglichkeiten einer dezentralen und regionalen Organisation wurden nicht wahrgenommen. Die dezentralen Elemente des Gesellschafts- und Konzernrechts wurden nicht beachtet bzw. später nicht genutzt. Damit stellt sich die Frage, welchen Beitrag das Arbeitsrecht zu einer dezentralen und transparenten Entscheidungsfindung in der Privatisierung von Treuhandunternehmen erbringen kann.

3. Privatisierung – Ein Phänomen außerhalb des Arbeitsrechts?

Aus einer Reihe von Einzelfällen ist bekannt geworden, daß nicht selten in der Praxis der Eindruck entstanden ist, Privatisierungsmaßnahmen stünden außerhalb des Arbeitsrechts. Dazu wird berichtet, daß sich gerade in kleineren Treuhandunternehmen Investoren nach dem Privatisierungsvertrag im Betrieb einfanden und alle Beteiligten aufforderten, mit ihnen als neuem Arbeitgeber neue Arbeitsverträge zu unterschreiben. Bei betroffenen Arbeitnehmern entstand in solchen Fällen mitunter der Eindruck, sie müßten solche Verträge unterschreiben, da sie andernfalls nicht mehr zum Betrieb gehörten. Solche Vorstellungen entsprechen nicht der Systematik des Arbeitsrechts; sollten im Einzelfall Investoren einen entsprechenden Rechtsirrtum erzeugt oder ausgenutzt haben, wären solche Absprachen gegebenenfalls nach § 123 BGB anfechtbar oder sogar nach § 138 BGB unwirksam.

Für die weitere rechtliche Beurteilung ist es erforderlich, zwei verschiedene Regelungstechniken der Privatisierung zu unterscheiden: Die Betriebs- bzw. Betriebsteilübertragung sowie die Anteilsübertragung (Weimar, TreuhandG § 1 Rz., S. 14ff. 32ff.).

Bei der Übertragung eines Betriebs oder Betriebsteils wird der Vertrag – sei es ein Kaufvertrag oder ein Pachtvertrag – vom jeweiligen Treuhandunternehmen geschlossen. Vertragsgegenstand ist die Übertragung eines Teils dieses Unternehmens; das Treuhandunternehmen trennt sich von dem Betrieb, besteht jedoch als Rechtsträger weiter. Die Arbeitsverträge waren mit dem Rechtsträger – also der Kapitalgesellschaft – geschlossen. Da die Arbeitsverträge eine engere tatsächliche Verbindung zum Betrieb haben, ordnet

§ 613 a BGB an, daß diese Verträge zeitgleich mit dem Betriebsinhaberwechsel auf den jeweiligen Erwerber übergehen. Dem Erwerber steht kein Auswahlrecht zu, ob er einzelne Beschäftigte von diesem Betriebsinhaberwechsel ausnimmt. § 613 a BGB ist eine Norm zum Schutz der Arbeitnehmer, die nicht zur Disposition des jeweiligen Investors steht.

Dagegen steht den Beschäftigten nach der ständigen Rechtsprechung des BAG ein Widerspruchsrecht zu; sie sind nicht verpflichtet, den Übergang ihrer Arbeitsverträge auf den Erwerber hinzunehmen. Sie haben daher das Recht, einem solchen Übergang zu widersprechen, in einem solchen Fall bestünde das Arbeitsverhältnis zum bisherigen Treuhandunternehmen weiter und könnte von diesem gekündigt werden, wenn keine Beschäftigungsmöglichkeit beim bisherigen Unternehmen mehr besteht. Damit die Beschäftigten ihr Widerspruchsrecht sachgerecht prüfen und gegebenenfalls ausüben können, sind sie rechtzeitig vor Durchführung des Betriebsinhaberwechsels über die beabsichtigten Veränderungen zu informieren. Unterlassen Veräußerer und Erwerber eine solche Information, so können Beschäftigte auch nach Vollzug des Betriebsinhaberwechsels diesem noch widersprechen (so jetzt BAG ZIP 1994, S. 384).

In der Praxis wird häufiger der andere Weg der Privatisierung gewählt: die Übertragung der Geschäftsanteile. In diesem Fall bleibt das Treuhandunternehmen – zumeist eine GmbH – unverändert Arbeitgeber der Beschäftigten. Der Investor erwirbt von der Treuhandanstalt alle oder zumindest die Mehrheit der Geschäftsanteile, so daß er danach Gesellschafter der GmbH ist. In diesem Fall bleibt jedoch die GmbH weiter Arbeitgeber, auf der arbeitsvertraglichen Ebene gibt es keine Änderung. Der Wechsel eines Gesellschafters ist kein Grund zur Kündigung eines Arbeitsvertrages (so ausdrücklich BAG BB 1991, S. 140), das bisherige Arbeitsverhältnis besteht unverändert fort. Für die Beschäftigten gibt es rechtlich keine Notwendigkeit, irgendwelche neuen Arbeitsverträge gegen ihren Willen zu unterschreiben.

Rechtliche Fehlvorstellungen beruhen hier meist auf Rollenverwechselungen. Bei einer Kapitalgesellschaft ist die GmbH selbst der jeweilige Arbeitgeber; der hinter der GmbH stehende Gesellschafter – also bisher die Treuhandanstalt und in Zukunft ein Investor – ist selbst nicht Arbeitgeber. Irrtümer ergaben sich hier vor allem aus den praktischen Erfahrungen, da – wie oben bereits dargestellt – die Treuhandanstalt im Alltag sich nicht auf die übliche Gesellschafterrolle beschränkt, sondern weit in die Treuhandunternehmen hineinagiert hat. Gleichwohl können sich dadurch die Rechtsverhältnisse nicht ändern; der Gesellschafterwechsel führt als solcher nicht zu einer Veränderung der Arbeitsverhältnisse. Soweit Investoren Kündigungen oder andere nachteilige Maßnahmen durchführen wollen, sind sie gehalten, die üblichen Wege des Arbeitsrechts unter Beachtung des Kündigungsschutzrechts und des Betriebsverfassungsrechts einzuhalten.

Wenn somit auch die Privatisierung in beiden Handlungsformen den Bestand des Arbeitsverhältnisses nicht unmittelbar tangiert, so kann sie doch auf die weitere Entwicklung des Arbeitsverhältnisses nachhaltig einwirken.

Dabei sind Chancen und Risiken abzuwägen. Einerseits kann die Privatisierung mit einem geeigneten, gut ausgewählten Investor zur langfristigen Sanierung und Stabilisierung des Treuhandunternehmens führen und damit auch die Arbeitsverhältnisse sichern. Dieses Ziel ist als Auftrag der Treuhandanstalt aus dem Treuhandgesetz abzuleiten. Bei der Auswahl eines nichtgeeigneten Investors können durch die Privatisierung jedoch zusätzliche Risiken entstehen und weitere Gefährdungen für die Arbeitsverhältnisse bewirkt werden. Gerade im Bereich der Zweigniederlassung Halle fanden sich anschauliche Beispiele für diese Gefahren.

Die Treuhandanstalt versucht in ihrer Vertragspraxis, diese Gefahren dadurch zu steuern, daß sie typischerweise mit Investoren Beschäftigungsverpflichtungen vereinbart. Eine typische Vertragsklausel in solchen Verträgen lautet zum Beispiel:

> „Die Parteien stimmen darin überein, daß der Kaufpreis auf der Grundlage der Schaffung bzw. Erhaltung von durchschnittlich x Vollzeitarbeitsplätzen zu branchenüblichen Konditionen in den nächsten x Monaten bestimmt wurde. Sofern diese Zahl nicht oder nicht vollständig erreicht wird, hat der Käufer ... DM pro Vollzeitarbeitskraft und Beschäftigungsmonat, um die diese Zahl im Durchschnitt der Gesamtlaufzeit der Verpflichtung unterschritten wird, an den Verkäufer nachzuzahlen. Die Zahlung wird nach Ablauf obiger Frist fällig." (Wächter/Kaiser/Krause WM 1992, 293, 300; Horn 1993 § 18 Rz. S. 243ff.).

Die Sicherung solcher Verpflichtungen durch Vertragsstrafen hat sich schnell durchgesetzt und ist bereits 1992 in § 8 Abs. 3 In VorG für investive Verträge zum Investitionsvorrang anerkannt worden (Horn 1993 § 14 Rz., S. 72).

Solche vertraglichen Vereinbarungen sind im bisherigen Arbeitsrecht weitgehend unbekannt; soweit Gesellschafter einer Kapitalgesellschaft ihre Anteile übertragen, regeln sie typischerweise keine Beschäftigungsverpflichtungen. Zusagen von Erwerbern werden – wenn überhaupt – eher in Verhandlungen mit den Betriebsparteien oder den Tarifvertragsparteien geklärt (z.B. die gesellschaftsrechtliche Umgestaltung der Stahlindustrie bei Krupp und Hoesch). Es fehlt daher bisher an Regelungsvorbildern, bei denen eine solche Regelung vorgenommen worden ist. In der Gerichtspraxis sind diese Aspekte von Beschäftigungsverpflichtungen noch nicht thematisiert worden; die einzige dazu veröffentlichte Entscheidung betrifft die Frage, ob solche Beschäftigungsverpflichtungen den Gebührenanspruch der Notare erhöhen können (AG Charlottenburg VIZ 1994, S. 161).

In der Literatur ist eine umfassende Klärung bisher nicht verfolgt worden; in einem kürzlich erschienenen Beitrag wird die nähere Verknüpfung dieser Beschäftigungsverpflichtungen mit dem Arbeitsrecht als „offene Frage" qualifiziert (Hanau/Steffan in Fischer/Hax/Schneider 1993, S. 444, 448). Bisher wird davon ausgegangen, daß die Beschäftigungsklauseln der Treuhandanstalt nicht als Verträge zugunsten Dritter gemäß § 328 BGB ausgestaltet sind, so daß den einzelnen Beschäftigten hier keine unmittelbaren Rechte bei Nichterfüllung erwachsen sollen. Rechtspositionen des Betriebsrats sollen daran scheitern, daß dieser an solchen Vereinbarungen nicht beteiligt sei und im Verhältnis zur Treuhandanstalt keine Rechte nach § 111 BetrVG geltend machen könne. Ansprüche der einzelnen Arbeitnehmer gegen die Treuhandanstalt – z.B. wegen Verletzung öffentlich-rechtlicher Pflichten bei Auswahl von ungeeigneten Investoren – sind bisher nicht näher untersucht worden. Es ist zwar anerkannt worden, daß der Treuhandanstalt gegenüber konkurrierenden Investoren Schutzpflichten zukommen (Stadtbezirksgericht Berlin-Mitte ZIP 1990, S. 1156), die Existenz öffentlich-rechtlicher Schutzpflichten gegenüber den einzelnen Arbeitnehmern ist jedoch bisher nicht erörtert worden. In der Alltagspraxis handelt daher gegenwärtig die Gesellschafterin Treuhandanstalt, ohne daß eine klare arbeitsrechtliche Rückbindung bzw. Einbettung in das Betriebsverfassungsrecht erfolgt.

Diese Situation ist unbefriedigend und widerspricht grundlegenden Wertungen des heutigen Arbeits- und Verfassungsrechts. Die einzelnen Beschäftigten erleben den Vorgang der Privatisierung als fremdbestimmtes Ereignis, auf das sie nur begrenzt Einfluß nehmen können. Die Auswahl möglicher Investoren und der von diesen Investoren vorgelegten Unternehmenskonzepte erfolgt vorrangig durch die Gesellschafterin, die Treuhandanstalt. In den Gremien der Treuhandanstalt, die für diese Entscheidungen zuständig sind, ist eine gleichberechtigte und ortsnahe Beteiligung der Beschäftigten weder vorgesehen noch üblich. In den bisherigen kollektiven Handlungsformen des Betriebsverfassungsrechts finden ebenfalls nur begrenzt Verhandlungen und Regelungen statt, da das Betriebsverfassungsrecht sich auf Aktionen des Arbeitgebers bzw. des herrschenden Unternehmens im Konzern konzentriert, während hier ein Gesellschafter agiert, der nicht als herrschendes Unternehmen angesehen werden soll, obgleich er im Alltag einen noch stärkeren Einfluß nimmt, als dieser typischerweise einem herrschenden Unternehmen zukommt. Da Beschäftigungsverpflichtungen in aller Regel in kollektiven Größen pauschal formuliert werden – z.B. 150 Beschäftigte innerhalb von 12 Monaten – ist eine unmittelbare Berechtigung der je einzelnen Arbeitnehmer nur schwierig durchzuführen und muß bei Verteilungsentscheidungen (wenn z.B. bisher noch 180 Personen beschäftigt waren und nur 150 Plätze garantiert sind) zu zusätzlichen Problemen führen, für die im bisherigen Individualarbeitsrecht nicht hinreichend Vorsorge getroffen worden ist.

Es wäre jedoch fatal, wenn auf diese Weise die einzelnen Beschäftigten und auch die Betriebsräte nur Objekte in einem Geschehen sind, in dem die Treuhandanstalt und die jeweiligen Investoren als Subjekte agieren. Im vergleichbaren Fall des Betriebsinhaberwechsels hat die Rechtsprechung des BAG von Anfang an das Postulat aufgestellt, daß sich bereits aus der Menschenwürde der betroffenen Arbeitnehmer die Notwendigkeit ergebe, daß diese nicht allein Objekte solcher Betriebsübertragungen sein dürften. Daraus wurde für den Fall des Betriebsinhaberwechsels ein Widerspruchsrecht abgeleitet, das zwar im Gesetz nicht ausdrücklich vorgesehen ist, jedoch richterrechtlich eingefügt wurde. Diese langdiskutierte Gerichtspraxis ist inzwischen vom Europäischen Gerichtshof gebilligt und vom BAG nochmals bekräftigt worden. Ihre Wertungen sind überzeugend und nicht allein auf die Norm des § 613 a BGB zu beschränken. Andererseits verbietet sich eine einfache Parallele, denn ein Widerspruchsrecht der Beschäftigten würde beim Gesellschafterwechsel ins Leere gehen. Da der Gesellschafterwechsel den Arbeitsvertrag und die Existenz des Arbeitgebers unberührt läßt, würde ein Widerspruch hier keinen Schutz für die Arbeitnehmer vermitteln können. Die Privatisierung durch Vereinbarungen anläßlich des Gesellschafterwechsels muß daher in anderer Weise in das Arbeitsrecht integriert werden.

4. Privatisierungsverhandlungen – eine Herausforderung für das Arbeitsrecht

Im bisherigen Arbeitsrecht gab es noch nicht die Notwendigkeit, für diese bisher neue Art von Privatisierungen arbeitsrechtliche Instrumente zu entwickeln und bereitzustellen. Gleichwohl gibt es bereits bisher Ansatzpunkte, wie eine solche Verknüpfung aussehen könnte. Die Aufmerksamkeit sollte sich dabei vor allem auf das Betriebsverfassungsrecht richten, da kollektive Beschäftigungsverpflichtungen am ehesten auf dieser Ebene regelbar sind. Weiter müßte bedacht werden, daß sowohl für die betrieblichen Repräsentanten als auch für die einzelnen Beschäftigten eine transparente Information und geeignete Handlungsrechte zur Verfügung stehen müssen.

Transparenz bei solchen Verhandlungen hat der Erste Senat des BAG bereits in einer wenig beachteten Entscheidung aus dem Jahr 1991 verlangt. In diesem Fall betrieb der Arbeitgeber in der Rechtsform einer GmbH eine Papiergroßhandlung, die insgesamt ca. 430 Arbeitnehmer beschäftigte. Die Gesellschafter der GmbH veräußerten sämtliche Geschäftsanteile an einen Erwerber mit Sitz in London. In der Anlage zu diesem Veräußerungsvertrag fanden sich zahlreiche weitere Absprachen über Verträge mit leitenden Angestellten, die Entwicklung der Miet-, Darlehens-, Handelsvertreter- und Lizenzverträge. Der Gesamtbetriebsrat und der Wirtschaftsausschuß forderten den Arbeitgeber auf, sämtliche Unterlagen über den Verkauf der Geschäftsanteile dem Wirtschaftsausschuß zur Einsichtnahme vorzulegen. In dem darauffolgenden Rechtsstreit wurde vom LAG Düsseldorf (DB 1989, S. 1088) und dem BAG (NZA 1991, S. 649) entschieden, daß der Geschäftsführer einer GmbH verpflichtet sei, den Wirtschaftsausschuß darüber zu unterrichten, daß sämtliche Geschäftsanteile der GmbH auf einen neuen Gesellschafter übergegangen seien. Außerdem habe er dem Wirtschaftsausschuß mitzuteilen, ob im Zusammenhang mit der Abtretung der Geschäftsanteile Absprachen über die künftige Geschäftsführung und Geschäftspolitik erfolgt seien. Dagegen sei eine Vorlage von Verträgen, die ausschließlich die Übertragung des Geschäftsanteils beträfen, keine wirtschaftliche Angelegenheit des Unternehmens, sondern ausschließlich der Gesellschafter und insoweit dem Wirtschaftsausschuß nicht vorzulegen.

In den Privatisierungsverhandlungen, die die Treuhandanstalt führt, werden regelmäßig Absprachen über die zukünftige Geschäftspolitik getroffen. Bereits bei den Bewerbungen und Angeboten von Investoren sind diese gehalten, ein Unternehmenskonzept vorzulegen. Dieses Konzept soll eine wesentliche Rolle bei der Auswahlentscheidung spielen. Dies ergibt sich auch aus dem öffentlich-rechtlichen Auftrag der Treuhandanstalt, die eine Übertragung der Geschäftsanteile nicht ohne Berücksichtigung eines Unternehmenskonzepts und der Sicherung der Wettbewerbsfähigkeit und der Arbeitsplätze durch den jeweiligen Erwerber vornehmen darf. Damit ist davon auszugehen, daß Verhandlungen über eine solche in ein Unternehmenskonzept eingebettete Privatisierung zu den wirtschaftlichen Angelegenheiten nach § 106 Abs. 3, Nr. 1 bzw. Nr.10 BetrVG gehören. Der Wirtschaftsausschuß ist nach § 106 Abs. 2 BetrVG rechtzeitig und umfassend zu informieren; eine nachträgliche Information ist nicht ausreichend, denn die Unterrichtung des Wirtschaftsausschusses soll gemeinsame Beratungen vorbereiten, durch die die Mitglieder des Wirtschaftsausschusses die Möglichkeit haben sollen, auch argumentativ auf den Verlauf des weiteren Geschehens einwirken zu können. Somit ist in allen Unternehmen mit wenigstens 100 Beschäftigten, in denen ein Wirtschaftsausschuß gebildet ist, eine Grundlage für Information und Beratung gegeben.

In kleineren Unternehmen mit weniger als 100 Beschäftigten fehlt ein generelles gesetzliches Informationsrecht für den Wirtschaftsausschuß; das BAG nimmt in diesen Fällen eine situationsgebundene Unterrichtungspflicht des Betriebsrats über wirtschaftliche Angelegenheiten, die für seine Aufgaben von Bedeutung sind, nach § 80 BetrVG an (BAG NZA 1991, S. 644). Da bei Privatisierungsverhandlungen auf der Basis eines Unternehmenskonzeptes zahlreiche Aufgaben der Betriebsräte – von der Personalplanung bis zur künftigen Gestaltung der Betriebsorganisation – berührt werden, ist für solche Situationen in aller Regel davon auszugehen, daß in den Unternehmen mit weniger als 100 Beschäftigten ein vergleichbares Informationsrecht über den Gang der Privatisierungsverhandlungen auf § 80 BetrVG zu stützen ist.

Ungeklärt ist jedoch, ob die Beschäftigten bzw. die Betriebsräte in weitergehender Weise auf den Abschluß der Privatisierungsvereinbarungen, insbesondere die Übernahme von Beschäftigungspflichten sowie die Durchsetzung dieser Pflichten mit Hilfe von Vertragsstrafen Einfluß nehmen können. Hier ist zu beachten, daß die vom BAG bereits 1991 anerkannten Informationspflichten des Wirtschaftsausschusses typischerweise Hilfsfunktionen für die sonstige Tätigkeit des Betriebsrats haben. Damit stellt sich die Frage nach der Reichweite des Beteiligungsrechts des Betriebsrats in wirtschaftlichen Angelegenheiten nach § § 111ff. BetrVG. Dieses Recht knüpft an das Merkmal der Betriebsänderung an; bestimmte typisierte Betriebsänderungen sind nach § 111 Satz 2 BetrVG allgemein als beteiligungspflichtig anerkannt. Bei zahlreichen Privatisierungsverhandlungen dürften im Einzelfall gleichzeitig solche Betriebsänderungen vorbereitet bzw. verhandelt werden, so daß von vornherein eine Beteiligung der Betriebsräte nach §§ 111ff. BetrVG zu erfolgen hat.

Soweit eine Betriebsänderung nach § 111 Satz 2 BetrVG nicht festgestellt werden kann, ist zu prüfen, ob § 111 Satz 1 BetrVG in Betracht kommt. In der Literatur wird mit guten Gründen die Ansicht vertreten, daß § 111 Satz 1 BetrVG als Auffangvorschrift für spezifische Betriebsänderungen, an die man bei der Abfassung des Gesetzes nicht gedacht hat oder die sich als Ausnahmefälle darstellen, fungieren kann (Fabricius in GK-BetrVG 4. Aufl. 1990 § 111 Rz. 95ff, S. 112). Gerichtspraxis und Wissenschaft sind damit herausgefordert, zu diskutieren, ob § 111 Satz 1 BetrVG auf die neue Form der Privatisierungsverhandlungen durch die Treuhandanstalt anwendbar ist und welche Rolle in diesem Zusammenhang die Geschäftsführung der Treuhand-GmbH sowie die Treuhandanstalt als Gesellschafterin spielen können. Damit würde sich zugleich die Frage stellen, ob die Vereinbarung von Beschäftigungspflichten der Sache nach Teil eines Interessenausgleichs nach § 112 BetrVG sein könnte, dessen Nichterfüllung den einzelnen Beschäftigten den Abfindungsanspruch (Nachteilsausgleich) nach § 113 BetrVG ermöglichen würde.

Die Integration der Privatisierungsverhandlungen in §§ 106, 111 BetrVG würde zugleich geeignete Konfliktregelungsverfahren zur Verfügung stellen. Auseinandersetzungen über die Information des Wirtschaftsausschusses können schnell im Einigungsstellenverfahren nach § 109 BetrVG geklärt werden; bei Streitigkeiten über die richtige Anwendung von § 111 BetrVG haben die Gerichte in jüngster Zeit überwiegend einstweiligen Rechtsschutz gewährleistet, so daß auch insoweit etwaige Streitigkeiten nicht zu einer Verschleppung der Privatisierungsentscheidungen führen würden (dazu nur ArbG Eisenach AuR 1994, S. 35 und LAG Frankfurt AuR 1994, S. 162).

Es gehört damit zu den aktuellen Aufgaben der Arbeitsrechtswissenschaft, eine solche Einbettung der Privatisierungsverhandlungen in das bisherige System des individuellen und kollektiven Arbeitsrechts zu erörtern und zu untersuchen. Gerade das bisherige Betriebsverfassungsrecht hat sich als hinreichend flexibel erwiesen, um neuen Herausforderungen gerecht zu werden. Ich bin zuversichtlich, daß es gelingt, auch für diese Aufgaben angemessene Lösungen zu finden.

Marion Büßenschütt

Gewerkschaftliche Interessenvertretung nach der Wende

Als Mitarbeiterin beim DGB und dort ausschließlich mit Rechtsschutzaufgaben betraut, muß ich das mir gestellte Thema eingrenzen auf den Bereich, in dem ich selbst über Erfahrungen verfüge. Das ist vor allem der DGB und dessen Wirken in Sachsen-Anhalt.

Der Deutsche Gewerkschaftsbund als Dachorganisation der 16 Mitgliedsgewerkschaften wurde in den fünf neuen Bundesländern – so auch in Sachsen-Anhalt – neu gegründet. Der DGB hatte es abgelehnt, mit dem FDGB eine Verschmelzung oder Vereinigung durchzuführen und damit dessen Rechtsnachfolge anzutreten.

Gewerkschaft West und Gewerkschaft Ost waren zu unterschiedlich. Ich spitze es einmal bewußt zu: Gewerkschaft DDR, das waren vor allem Ferienheime und Sozialversicherung. Ohne darüber hinweggehen zu wollen, daß sich in der DDR engagierte Gewerkschafterinnen und Gewerkschafter durchaus in Betrieben z.B. in Plandiskussionen einmischen konnten und sich damit bei den Oberen möglicherweise auch unbeliebt gemacht haben, behaupte ich, für die breite Masse der DDR-Bevölkerung, bedeutete die Gewerkschaft Ferienplatz und Sozialversicherung.

Der FDGB war darüber hinaus mit den Jahren immer stärker als verlängerter Arm des Staates begriffen und eingesetzt worden, so daß auch eine politische Abgrenzung geboten war. Die ostdeutschen Arbeitnehmer formulierten ein Bedürfnis nach demokratisch verfaßten Gewerkschaften, so daß ungeachtet der unterschiedlichen Einschätzungen der Einzelgewerkschaften über die Reformfähigkeit des FDGB und seiner Organisationen der DGB in den neuen Bundesländern mit eigenen Strukturen aufgebaut und der FDGB aufgelöst wurde. Das bedeutet aber auch, daß ohne Berücksichtigung der vorhandenen kulturellen und gewerkschaftspolitischen Voraussetzungen westdeutsche Strukturen auf die neuen Bundesländer übertragen wurden.

1. Der DGB und der gewerkschaftliche Rechtsschutz in Sachsen-Anhalt

Nach der Wende und noch vor der Vereinigung Deutschlands wurde im März 1990 das erste Beratungsbüro des DGB (Niedersachsen) in Magdeburg eröffnet. Zeitgleich haben auch die Einzelgewerkschaften von Niedersachsen aus ihre Arbeit in Sachsen-Anhalt aufgenommen. In unzähligen Vorträgen und Bildungsseminaren wurde zu Gewerkschafts-, Rechts- und Wirtschaftsfragen informiert und diskutiert.

Mit der Eröffnung eines Hauptbüros in Halle und eines Regionalbüros in Magdeburg begannen im August 1990 drei im gewerkschaftlich-organisatorischen Bereich tätige Gewerkschaftssekretäre und drei Rechtssekretäre mit dem Aufbau des DGB Sachsen-Anhalt und der Rechtsstellentätigkeit.

Heute gibt es neben dem Landesbüro in Magdeburg neun hauptamtlich besetzte Geschäftsstellen in sieben DGB Kreisen (Stendal, Magdeburg, Halberstadt, Dessau mit Außenstelle in Wittenberg, Halle mit Außenstelle in Merseburg, Sangerhausen und Naumburg).

Die Rahmenbedingungen für den organisatorischen Aufbau des DGB sowie des Rechtsschutzes waren äußerst schwierig. Angesichts der allseits bekannten wirtschaftlichen Entwicklung in Ostdeutschland und dem damit verbundenen Arbeitsplatzabbau in nie gekannten Dimensionen mußte so schnell wie möglich eine funktionierende Arbeitnehmervertretung aufgebaut werden.

1.1 Der gewerkschaftliche Rechtsschutz

Bereits seit dem 1.7.1990, mit Wirksamwerden des Vertrages über die Herstellung der Wirtschafts- und Währungsunion, galten auch im Gebiet der DDR die wichtigsten Arbeitsgesetze der Bundesrepublik Deutschland, u.a. das Kündigungsschutzgesetz und das Betriebsverfassungsgesetz, die aber weder auf Arbeitgeber- noch auf Arbeitnehmerseite in hinreichender Weise bekannt waren.

Mit dem Inkrafttreten des Einigungsvertrages wurde die rechtliche Situation noch unübersichtlicher. Bestimmte bundesdeutsche Gesetze galten in den neuen Ländern, andere nur mit bestimmten Maßgaben und weiteres regelte der Einigungsvertrag selber, z.B. die Sonderkündigungstatbestände für den öffentlichen Dienst. Für den Zeitraum vom 1.7.1990 bis zum 2.10.1990, in Teilen noch darüber hinaus, galt neben den in der Deutschen Demokratischen Republik in Kraft gesetzten Rechtsvorschriften der Bundesrepublik Deutschland noch parallel das Arbeitsgesetzbuch der DDR in der geänderten Fassung vom 22.6.1990.

Vor diesem unübersichtlichen rechtlichen Hintergrund fanden die großen Entlassungswellen von Ende 1990/Anfang 1991 statt, so daß es notwendig wurde, auch in Sachsen-Anhalt möglichst schnell einen effektiven Rechtsschutz für Gewerkschaftsmitglieder aufzubauen. Beim DGB in Sachsen-Anhalt wurden in der Folgezeit – inzwischen über 30 – Juristinnen und Juristen aus Ost und West als Rechtssekretäre/-innen eingestellt.

Die Schwierigkeiten der ersten Zeit bestanden vor allem darin, daß alles gleichzeitig geschehen mußte. Büros waren einzurichten, das neu eingestellte Verwaltungspersonal mußte mit der modernen Kommunikationstechnik vertraut gemacht werden und gleichzeitig waren tausende Klagen zu schreiben und beim Gericht einzureichen.

Denn die Massenentlassungen, insbesondere des Jahres 1991, wurden in der Regel gegen bestehendes Recht ausgesprochen. Häufig war nicht einmal über Sozialpläne verhandelt worden. Die vom Kündigungsschutzgesetz bei betriebsbedingten Kündigungen geforderte soziale Auswahl wurde nicht beachtet und der Betriebs- bzw. Personalrat wurde nicht ordnungsgemäß angehört, so daß sich viele Arbeitnehmerinnen und Arbeitnehmer gegen ihre Kündigung im Klageweg zur Wehr setzen mußten.

Um nur einige Zahlen zu nennen: Die DGB-Rechtsstellen haben im Jahre 1991 mehr als 10.500 Klagen eingereicht. Da die Rechtsstellen teilweise erst im Verlaufe des Jahres 1991 voll eingerichtet werden konnten, sind zusätzlich noch etwa 5.500 Klagen durch Gewerkschaftssekretäre der Einzelgewerkschaften beim Arbeitsgericht eingereicht worden. Diese Verfahren wurden später von den DGB-Rechtsstellen übernommen.

Auch in den Folgejahren hielt diese Entwicklung an. Durch den DGB sind im Jahr 1992 14.546 und im Jahr 1993 16.645 Verfahren anhängig gemacht worden. Der DGB in Sachsen-Anhalt war und ist an mehr als 50% aller Klageverfahren in der Arbeitsgerichtsbarkeit beteiligt.

Gegenstand dieser Verfahren waren in den Jahren 1991 und 1992 überwiegend Kündigungsschutzklagen, heute sind dagegen vermehrt auch Leistungsklagen, wenn z.B. Löhne einfach nicht gezahlt werden und Eingruppierungsrechtsstreite zu bearbeiten.

Sozialrecht führt in unserer Arbeit bislang noch ein Schattendasein. Es ist aber davon auszugehen, daß in nächster Zeit die Zahl der Sozialrechtsstreitigkeiten ansteigen wird, weil sich auch in den fünf neuen Ländern mehr und mehr die Kenntnis darüber durchsetzt, daß man auch gegen Bescheide der Arbeitsverwaltung und der Sozialversicherung im Klagewege vorgehen kann und die Gewerkschaften auch dafür Rechtsschutz gewähren.

Problematisch für die Prozeßführung in den Jahren 1991 und 1992 war die lange Prozeßlaufzeit, die sich aus dem erfolgten Neuaufbau der Arbeitsgerichtsbarkeit ergab. Erst am 1.9.1991 ist in Sachsen-Anhalt das Gesetz über die Gerichte für Arbeitsrechtsachen in Kraft gesetzt worden.

Vor dem 1.9.1991 waren an den Kreisgerichten Kammern für Arbeitsrecht eingerichtet, vor denen die Arbeitsrechtsstreite verhandelt wurden.

Nach dem 1.9.1991 sind sämtliche an den Kreisgerichten anhängigen Verfahren den neuen Arbeitsgerichten übergeben worden. Zu diesem Zeitpunkt waren aber noch nicht alle geplanten Richterstellen besetzt, so daß Rechtsstreite die z.B. in eine zunächst noch nicht besetzte Kammer gelangt sind, auch nicht bzw. erst sehr viel später verhandelt werden konnten.

Hinzu kommt, daß bei Kammerverhandlungen am Arbeitsgericht, d.h. die Verhandlung, in der Urteile gesprochen werden können, ehrenamtliche Richter zu beteiligen sind, die einerseits von der Arbeitnehmerseite und andererseits von der Arbeitgeberseite vorgeschlagen und durch den Justizminister berufen werden. Die Berufung einer ausreichenden Zahl ehrenamtlicher Richter zog sich bis weit in das Jahr 1992 hin, so daß bis dahin lediglich Güteverhandlungen, aber keine Kammerverhandlungen durchgeführt und damit auch keine Urteile gesprochen werden konnten.

In der I. Instanz haben die Gerichte den dadurch entstandenen Aktenstau zwischenzeitlich weitgehend abgearbeitet, so daß man heute in Sachsen-Anhalt davon ausgehen kann, daß ein Arbeitsrechtsstreit erstinstanzlich innerhalb der auch im Westdeutschland üblichen Zeit von etwa 6 bis 8 Monaten zu einer Entscheidung geführt werden kann.

Das Abarbeiten des Klagestaus in I. Instanz hat allerdings zu einem enormen Anstieg der Berufungsverfahren geführt. Im Jahre 1993 hat die DGB-Landesrechtsstelle 954 Berufungen bearbeitet und ein Ende ist nicht abzusehen.

Gewerkschaftlicher Rechtsschutz besteht aus Prozeßvertretung und Rechtsberatung. In den vergangenen drei Jahren hat die Beratungstätigkeit in unserer Arbeit einen großen Raum eingenommen. Mit dem Einigungsvertrag wurde den DDR-sozialisierten Menschen ein Rechtssystem „übergestülpt", das nicht einmal von BRD-sozialisierten Menschen allein mit gesundem Menschenverstand zu erfassen ist..

Um einige Beispiele zu nennen: Eines Tages stand in der Bild-Zeitung, wie immer stark verkürzt, „Wem gekündigt wird, erhält eine Abfindung!" Wir mußten daraufhin vielen Gewerkschaftsmitgliedern erklären, daß erstens das, was in der Bild-Zeitung steht, nur selten richtig ist und gleichzeitig herausfinden, ob in dem jeweiligen Einzelfall ein Abfindungsanspruch: sei es ein tariflicher oder ein Anspruch aufgrund eines Sozialplanes bzw. in Form eines Nachteilausgleichs, bestehen könnte. In den Fällen, in denen keinerlei Rechtsanspruch zu entdecken war, mußten wir zur Erklärung nicht selten das gesamte „Rechtssystem der Bundesrepublik Deutschland" erläutern, um abschließend festzustellen, daß das alles zwar nicht gerecht ist, aber doch rechtens war.

Ein weiteres Beispiel: Das Kündigungsschutzgesetz kennt in seinem § 1 den Begriff der „sozialen Auswahl". Das bedeutet: Wenn einem Arbeitnehmer aus Rationalisierungsgründen, d.h. „betriebsbedingt" gekündigt wird, muß der Arbeitgeber im Rahmen einer sozialen Auswahl unter den vergleichbaren Arbeitnehmern denjenigen herausfinden, der „sozial am stärksten" gestellt ist. Dafür hat die Rechtssprechung über viele Jahre hinweg einige Regeln aufgestellt. Einzubeziehen sind z.B. das Lebensalter, die Jahre der Betriebszugehörigkeit und die Frage von Unterhaltsverpflichtungen. Die von einer solchen betriebsbedingten Kündigung betroffenen Arbeitnehmer haben nicht selten den Begriff „soziale Auswahl" nur auf die eigene Situation bezogen. „Das ist doch keine soziale Auswahl, wenn ausgerechnet mir gekündigt wird.

Ich bin schon über 40 Jahre alt und habe eine Frau und zwei Kinder zu versorgen ..." Vor diesem Hintergrund ist es sehr schwer, dem betroffenen Kollegen zu erklären, daß die soziale Auswahl dennoch ordnungsgemäß durchgeführt worden sein kann. Und zwar dann, wenn es uns nicht gelingt, einen von der Tätigkeit her vergleichbaren Arbeitnehmer zu finden, der zumindest weniger Kinder hat und möglichst noch kürzere Zeit im Betrieb beschäftigt ist als er selber.

Diese wenigen Beispiele verdeutlichen vielleicht, daß Rechtsschutz nicht nur Prozeßvertretung bedeutet. Rechtsschutz war und ist immer auch Mitgliederbetreuung. Rechtssekretärinnen und Rechtssekretäre tragen aus meiner Sicht dazu bei, daß die durch uns vertretenen Kolleginnen und Kollegen immer besser verstehen, wie dieses (Rechts-)System funktioniert und daß es richtig und notwendig ist, sich individuell und kollektiv zur Wehr zu setzen.

In Sachsen-Anhalt ist, wie in allen anderen ostdeutschen Ländern auch, der Rechtsschutz als wichtigste Aufgabe im Rahmen der Mitgliederbetreuung der Gewerkschaften überproportional ausgebaut worden. Etwa 70% aller Personal- und Sachmittel des DGB Sachsen-Anhalt fließen in den Rechtsschutz. Angesichts der noch immer andauernden wirtschaftlichen Umstrukturierungen und den damit verbundenen Entlassungswellen wird sich daran mittelfristig auch nichts verändern können. Gleichwohl ist der DGB, nicht auf den Rechtsschutz zu reduzieren.

1.2. Das politische Wirken des DGB

Auch wenn die innergewerkschaftliche Diskussion über die zukünftige Aufgabenverteilung zwischen dem DGB und den Mitgliedsgewerkschaften (Reformdiskussion) noch nicht abgeschlossen ist, kann davon ausgegangen werden, daß „zu den politischen Kernaufgaben des DGB die Gesellschafts- und Wirtschafts-, die Arbeitsmarkt- und Sozialpolitik, die Umwelt- und Energiepolitik ebenso zu rechnen ist wie die Bildungs-, Medien- und Kulturpolitik, die Rechts-, Arbeitsrechts- und Mitbestimmungs- sowie die Wissenschafts- und Forschungspolitik" (Beschluß des Geschäftsführenden Bundesvorstandes des DGB vom 20.12.1993).

In Sachsen-Anhalt lag der politische Schwerpunkt des DGB vor allem im Bereich der Wirtschafts-, Struktur- und Arbeitsmarktpolitik. Dabei wurde die offene Situation im politischen und administrativen Aufbau des Landes Sachsen-Anhalt von Beginn an genutzt, um politische Gestaltungsmöglichkeiten zu erschließen. Die wirtschaftlichen Rahmenbedingungen haben von allen landespolitischen Akteuren, so auch vom DGB, Konzepte gefordert. Der DGB und seine Mitgliedsgewerkschaften sind dabei stärker noch als in den alten Bundesländern als gestaltende Kraft gefordert.

Die gesamtwirtschaftliche Lage in Ostdeutschland ist nach wie vor schwierig. Seit der politischen Einigung und der abrupten Einführung der Marktwirtschaft ist auch nach über drei Jahren eine Bewältigung der Transformations- und Strukturkrise nicht in Sicht. Im Rahmen des wirtschaftlichen Strukturwandels gehen noch immer mehr Arbeitsplätze verloren als neue entstehen.

Deindustrialisierung, Arbeitsplatzabbau, Strukturveränderungen und die damit verbundenen wirtschaftlichen und sozialen Konflikte standen im Mittelpunkt der gewerkschaftlichen Wirtschafts- und Strukturpolitik, der Arbeitsmarkt- und Beschäftigungspolitik. Der DGB hat durch Tagungen, Workshops und Veröffentlichungen in die Diskussion eingegriffen und zumindest verbal bei der Landesregierung, den Verbänden der Wirtschaft und den Kammern weitgehende Übereinstimmung in Analyse und Zielsetzung erreicht. Die praktische Umsetzung blieb aber zumeist im Gestrüpp der unterschiedlichen Zuständigkeiten von Bundesregierung, Treuhandanstalt und Landesregierung stecken. Es fanden zwar Annäherungen statt, aber selten wurden endgültige Lösungen erreicht.

Dennoch hat der DGB auf landespolitischer Ebene bei der sogenannten „Konzertierten Aktion“ und im „Arbeitskreis Industriepolitik“ – beide unter Federführung des Wirtschaftsministers – durchaus Einfluß auf die Politik und das Schicksal von Einzelbetrieben nehmen können.

Wirtschafts-, Struktur- und Arbeitsmarktpolitik bleibt in Sachsen-Anhalt das politische Hauptaufgabenfeld der Gewerkschaften und des DGB.

Daneben gibt es aber noch andere – eher klassische – Felder der politischen Einflußnahme von Gewerkschaften bzw. von Gewerkschafterinnen und Gewerkschaftern und zwar in den Selbstverwaltungsgremien der Arbeitsämter, der Industrie- und Handelskammern, der Handwerkskammern und in Berufsbildungsausschüssen, die in der Regel drittelparitätisch besetzt sind (Arbeitnehmer, Arbeitgeber, öffentliche Körperschaften) sowie im sozialpolitischen Bereich, z.B. bei der Landesversicherungsanstalt und in den Krankenversicherungen, die ebenfalls selbstverwaltet sind (Versicherte und Arbeitgeber).

Aber während in Westdeutschland diesbezüglich eine 45-jährige Tradition besteht, ist das in Ostdeutschland alles neu. Wenn in Westdeutschland Gewerkschafterinnen und Gewerkschafter in ein solches Gremium gewählt werden, können sie sicher sein, daß gleichzeitig andere Kolleginnen bzw. Kollegen dort tätig sind, die „den Job“ bereits seit Jahren machen und über entsprechende Erfahrungen verfügen, so daß eine Einarbeitung in die Tätigkeit, die Möglichkeiten und die Probleme sukzessive erfolgen kann.

In Ostdeutschland ist das alles völlig neu aufgebaut worden. Unzählige Gewerkschaftsmitglieder sind in den neuen Bundesländern in solche Gremien entsandt oder gewählt worden, sind ehrenamtliche Richter in der Arbeits- und Sozialgerichtsbarkeit, sind Betriebs- und Personalräte. Der Bedarf an gewerkschaftlicher politischer Bildung und Weiterbildung ist unermeßlich. Die Gewerkschaften und der DGB vor Ort haben von Anfang an viel Kraft und Zeit in Schulungsarbeit investiert.

Diese Schulungsarbeit fand nach meiner Auffassung jedoch unter Bedingungen statt, die sich Gewerkschaftskollegen in Westdeutschland kaum vorstellen können. Es war keine Zeit, sich als frisch gewählter Betriebsrat oder Mitarbeiter einer Gewerkschaft erst einmal gründlich schulen zu lassen, um dann das Notwendige und möglichst das Richtige zu tun.

Ein bundesdeutscher Betriebsrat ist in den vergangenen 45 Jahren – wenn überhaupt – einmal, branchenspezifisch vielleicht auch zweimal, mit einer Massenentlassung konfrontiert gewesen. Das Instrumentarium für eine solche Situation – Anmeldung beim Arbeitsamt, Information an den Betriebsrat, Verhandlungen über Interessenausgleich und Sozialplan – war den Agierenden aber weitgehend bekannt.

Im Osten Deutschlands waren die Betriebsräte aber, kaum daß sie „demokratisch legitimiert" waren, mit ein, zwei, drei Massenentlassungen konfrontiert, mußten über Sozialpläne verhandeln, Einigungsstellen einberufen und gleichzeitig lernen, wie das alles eigentlich geht, welche Mitbestimmungsrechte sie haben und wahrnehmen müssen. Das war sicher nicht leicht. Vor diesem Hintergrund ist – gerade in der Anfangszeit – auch nicht immer alles zur Zufriedenheit der Gewerkschaftsmitglieder abgelaufen.

2. *Gewerkschaften in der Krise*

Der Prozeß der politischen Vereinigung war und ist für die Menschen in Ostdeutschland mit ungeheuren Belastungen verbunden. Arbeitsplatzverlust, Entwertung der Qualifikation und tiefgreifende Veränderungen im Alltag haben zu Enttäuschungen geführt, die sich nicht selten auch in Aggressivität gegenüber den vom Westen diktierten Entscheidungen geäußert haben.

Gleichwohl war der Vertrauensvorschuß in den Aufbau gewerkschaftlicher Organisationen in Ostdeutschland groß. Viele sind mit sehr hohen Erwartungen in die neuen Gewerkschaften eingetreten und sind heute, im vierten Jahr nach der Vereinigung, von diesen enttäuscht.

Die instabilen Arbeitsverhältnisse, der massive Arbeitsplatzabbau und die von der Treuhandanstalt forcierten, oft nicht einmal einsichtigen betrieblichen Umstrukturierungen führten dazu, daß von den Gewerkschaften eine derart umfassende Hilfe erwartet wurde, die diese gar nicht leisten konnten. Gewerkschaften agieren in Ostdeutschland gegenüber einer rücksichtslos betriebenen Entindustrialisierung und damit gewissermaßen in einem wirtschaftlichen Vakuum.

Heute sind über 50% der Menschen in den neuen Bundesländern von existentieller Verunsicherung betroffen, addiert man zu den Zahlen der offiziell registrierten Arbeitslosen noch die der ABM-Kräfte, Vorruheständler, Empfänger von Altersübergangsgeld und Pendler von Ost nach West hinzu. Dazu kommen die ständig steigenden Kosten für Mieten, Kinder- und Altenbetreuung, Energie, Verkehrsmittel sowie die Steuererhöhungen und Beitragserhöhungen für die Sozial- und Krankenversicherung bei gleichzeitig beschlossenen Kürzungen der Leistungen.

Statt einer schrittweisen Angleichung an die westdeutschen Lebensverhältnisse geht es in Ostdeutschland immer mehr um die reine Lebenserhaltung. Das Gefühl vollkommener Zukunftslosigkeit wächst (Kurbjuhn/Fichter 1993).

In dieser Situation wenden sich viele Gewerkschaftsmitglieder gegen ihre Gewerkschaften, anstatt sich mit ihnen gegen die politisch und ökonomisch Verantwortlichen zu wenden.

Die Gewerkschaften haben in letzter Zeit 1,2 Mio. Mitglieder verloren, davon eine Million in Ostdeutschland.

Gewerkschaftsarbeit wird aber einzig und allein über Mitgliedsbeiträge finanziert; die Arbeit des DGB dadurch, daß die Mitgliedsgewerkschaften 12% ihrer Beiträge an den DGB abführen. Aufgrund des Mitgliederverlustes und dem Aufbau arbeitsfähiger DGB-Strukturen in Ostdeutschland scheint die Schere zwischen sinkenden Einnahmen und steigenden Personalausgaben kaum noch schließbar zu sein.

Der Aufbau des DGB in Ostdeutschland hat dessen Beschäftigte seit 1989 von 2.010 auf 2.650 anwachsen lassen. Die Personalkosten wuchsen von 144,4 auf 217,3 Mio. DM. 65,85% des Jahresetats von 312 Mio. DM entfallen auf Personalkosten. Für 1994 wird konstatiert, daß sich die Personalkosten aufgrund der Gehaltssteigerung auf 224,5 Mio. DM und damit auf 71,96% des Jahresetats erhöhen (Die Quelle 2/94, S. 9).

Diese Situation zwingt die Gewerkschaften zu einer Spardiskussion. Bis 1996 sollen laut Beschluß des Geschäftsführenden Bundesvorstandes des DGB die Personalkosten auf 60% des Gesamtetats zurückgeführt werden. Das bedeutet, daß 13% des Personals, etwa 300 Stellen, abgebaut werden müssen und das in einer Zeit, in der die politischen Herausforderungen für die Gewerkschaften eher wachsen als geringer werden.

Durch die wirtschaftliche Austrocknung sind die Gewerkschaften in den neuen Bundesländern extrem in die Defensive geraten. Ihre Gestaltungsmöglichkeiten haben stark unter der Notwendigkeit gelitten, in den neuen Bundesländern Schutzaufgaben in nie gekanntem Ausmaß wahrnehmen zu müssen. Inzwischen sind wir aber an die Grenzen dessen gestoßen, was auf diesem Feld geleistet werden kann.

Es steht zu befürchten, daß dann, wenn noch über längere Zeit die Schutz- und Gestaltungsfunktionen der Gewerkschaften auseinandergerissen bleiben, auf die Dauer weder die geschichtlich gewachsene Schutzfunktion effektiv ausgeübt noch von den Gewerkschaften qualifizierte Beiträge zur dringend notwendigen Diskussion um gesellschaftliche Perspektiven geleistet werden können.

Gewerkschaften aber sind – das hat insbesondere die Entwicklung in Ostdeutschland eindeutig gezeigt – als gesellschaftliche und politische Gestaltungskraft gefordert. Um dem gerecht werden zu können, müssen die zu Tage getretenen programmatischen Mängel der Gewerkschaften, die branchenbezogene Abschottung der Einzelgewerkschaften sowie die Schwerfälligkeit des gewerkschaftlichen Apparates mit seinen verkrusteten hierarchischen Strukturen überwunden werden (Kurbjuhn/Fichter 1993).

Meiner Auffassung nach ist angesichts der ökonomischen, gesellschaftlichen und politischen Konstellation in der Bundesrepublik Deutschland nach wie vor eine organisierte, durch hohe Zustimmung der Mitglieder legitimierte Interessensvertretung vom Typ Gewerkschaft notwendig.

Überlebensfähig sind die Gewerkschaften jedoch nur, wenn sie sich hinsichtlich ihrer Struktur und Programmatik den sich verändernden gesellschaftlichen Herausforderungen stellen. Die gegenwärtige innergewerkschaftliche Erneuerungs- und Reformdiskussion greift meiner Meinung nach hier noch zu kurz. Sie wird im wesentlich als Strukturdebatte geführt, beschäftigt sich vorrangig mit der Aufgabenverteilung zwischen den einzelnen Gewerkschaften und dem DGB. Die Analyse der Rahmenbedingungen für gewerkschaftliches Handeln gerät dabei ins Hintertreffen. Ohne eine solche Analyse wird es aber nicht möglich sein, Reformkonzepte zu entwickeln. Gerade mit Blick auf den politischen Vereinigungsprozeß ist eine fundierte Auseinandersetzung über Hintergründe und Interessenkonstellationen der offiziellen Politik notwendig, um überhaupt Ansatzpunkte für Reformen benennen zu können.

Der DGB-Vorsitzende, Heinz-Werner Meyer, stellt in „Die Quelle" (Nr. 1/94, S. 2) völlig zutreffend fest, daß dem gewaltigen Reichtum der Industrienationen eine ebenso ungeheure Armut im Süden gegenüber stehe. „Die Blindheit dieses weltweiten Wirtschaftsprozesses gegenüber seinen natürlichen Voraussetzungen ist offenkundig. Der Ressourcenverbrauch ist an vielen Orten der Welt bis zur Umweltzerstörung getrieben worden. Über all diese Aspekte diskutieren wir in den Gewerkschaften schon seit zwei Jahrzehnten. Wir verwenden aber noch immer dasselbe alte politische Konzept, das den ‚Fortschritt' an der gerechten Verteilung des Reichtums und der Arbeit mißt. Deshalb haben wir fast nur die Sicherung der Arbeitsplätze, Tarifpolitik und Mitbestimmung im Kopf. Wir vernachlässigen noch immer die ökologischen und sozialen Grundlagen dieser alten Vorstellungen von Fortschritt."

Die Gewerkschaften müssen sich vor diesem Hintergrund eine neue, langfristig zukunftsträchtige Strategie erschließen. Das erfordert eine Neuorientierung in der gewerkschaftlichen Programmatik, aber auch grundlegende Veränderungen in der Struktur der Gewerkschaften selbst.

Gewerkschaften sind Mitgliederorganisationen. Sie können auf Dauer nur erfolgreich sein, wenn es ihnen gelingt, die erfahrbaren Interessen ihrer Mitglieder derart zu bündeln, daß diese mit den historischen Notwendigkeiten übereinstimmen. Gelingt dies nicht, werden die Gewerkschaften weder ihren Mitgliederstand halten, noch neue Mitglieder hinzu gewinnen.

Sven Thomas

Neue Systeme der Betriebsorganisation und der betrieblichen Interessenvertretung

1. Theoretisch-methodische Bemerkungen

Wir wissen, daß in Folge der rasanten industriellen Entwicklung die Organisation des Betriebes strukturellen bzw. prozessualen Veränderungen unterliegt. Diese Vorgänge erfordern Adaptionsleistungen eines anderen Systems, des Systems der betrieblichen Interessenvertretung. Die Entwicklung der Strukturen und Prozesse beider Systeme sind der Gegenstand dieser Untersuchung; hingegen werden alle Fragen nach konkret von diesen Systemen zu erbringenden Leistungen ausgeschlossen.

Vorerst – und dann im folgenden immer mehr erweitert – definiere ich die betriebliche Organisation als sozio-technisches System, das als Basiselemente Menschen (in spezifischen funktionalen Rollen) und Maschinen gleichermaßen umfaßt. Damit wird dem Gedanken Rechnung getragen, daß Technologie die betriebliche Organisation in einer spezifischen Weise präformiert, d.h. daß beim Einsatz von Technologien alternative Gestaltungsmöglichkeiten betrieblicher Produktions- und Arbeitsorganisation gegeben sind. Die notwendigen Entscheidungen werden interessenpolitisch funktionalisiert und in innerbetrieblichen Verhandlungsprozessen getroffen.

Zwischen den einzelnen Basiselementen der Betriebsorganisation konstituieren sich mehrere Subsysteme, von denen hier die Arbeits-, Produktions- und Sozialorganisation behandelt werden. Unter Produktionsorganisation wollen wir den Teil des Systems verstehen, in dem Maschinen miteinander in Beziehung gesetzt werden, unter Arbeitsorganisation den Bereich, in dem Menschen und Maschinen untereinander verknüpft sind und unter Sozialorganisation die Mensch-Mensch-Relation des Betriebes.

Zur Untersuchung der Sozialorganisation wird diese in vier Analyseebenen unterteilt, die sich zugleich funktional unterscheiden. Das sind im einzelnen:

- die Klassenorganisation,
- die Statusorganisation,
- die formale Organisation sowie
- die informelle Organisation des Betriebes.

Im Unterschied zum sozio-technischen System des Betriebes konstituiert sich die *Interessenorganisation der Arbeitnehmer* ausschließlich als soziales System. Die Basiselemente dieses Systems sind in verschiedene Rollen involvierte Individuen, die durch Kommunikationsprozesse miteinander verbunden sind. Innerhalb des Systems sollen strukturell zwei Referenzebenen unterschieden sein: (a) die Ebene der Belegschaft und (b) die des Betriebsrats als repräsentativer Interessenvertretung aller Arbeitnehmer.

Damit wäre nun die Frage zu beantworten, was denn eigentlich zum System der betrieblichen Organisation bzw. der betrieblichen Interessenvertretung zu zählen ist und was nicht. Zur Erwägung dieses Gedankens ist zunächst zu beachten, daß die Organisation des Betriebes und die Interessenorganisation der Arbeitnehmer als Subsysteme übergeordneten Systemen angehören. Der Betrieb ist demnach dem System „*Wirtschaft*" und die betriebliche Interessenvertretung dem „Tarifvertrags-System" zuzuordnen. Diese beiden Systeme folgen verschiedenen Zielen, ihrem spezifischen „Sinn" (Wilke 1991, S. 36). Die Wirtschaft produziert Güter, das Tarifvertragssystem Regeln zur Verteilung des Arbeitsertrags. Da der „Sinn" von Subsystemen mit Bezug auf den „Sinn" des übergeordneten Systems zu definieren ist, bedeutet dieses für die Gegenstände meiner Untersuchung: Die Organisation des Betriebes hat die Erzeugung von Gütern sicherzustellen und die betriebliche Interessenvertretung die Einhaltung getroffener Regelungen zur Verteilung des Arbeitsertrages zu überwachen.

Die Bedeutung der Sinn-Kategorie liegt darin, daß sie als Selektionsmechanismus die Abgrenzung von Systemen ermöglicht, indem mit Hilfe symbolischer Präferenzstrukturen (Ideologien, Gesetze etc.) aus der Vielzahl möglicher Interaktionen jene herausgefiltert werden, die aus der Sicht des Systems „sinnvoll" also dazugehörig bzw. „sinnlos" also nicht dazugehörig sind (Wilke 1991, S. 36). Die Abgrenzung technischer Systeme wird, im Gegensatz zum sinnhaften Präferenzmechanismus sozialer Systeme, durch die Reichweite, der in ihnen wirkenden Kräfte bestimmt.

Die betriebliche Organisation beschränkt sich demnach als *sozio-technisches* System räumlich auf den Betrieb selbst. Im Unterschied dazu ist das soziale System der Interessenorganisation offener gestaltet. Zwar befindet sich der „Kern" dieses Systems ebenfalls auf dem Territorium des Betriebes, dieses wird jedoch, je nach systemkonstruierender Problemlage und z.T. durch das Betriebsverfassungsgesetz zwingend vorgeschrieben, durch die Einbeziehung externer Strukturen wie die gewerkschaftliche Technologie- und Rechtsberatung, tarifvertraglicher Einigungsstellen etc. schnell erweitert.

Jedes der betrachteten und nunmehr abgegrenzten Systeme ist von *„relevanten Umwelten"* umgeben bzw. kommuniziert mit ausgewählten externen Systemen (Wilke 1991, S. 40). Deren Kennzeichnung wird jedoch nicht hier, sondern erst im Verlaufe der Untersuchung vorgenommen.

Ich habe somit eine kurze Definition der zu untersuchenden Systeme gegeben, deren Elemente und analytische Ebenen unterschieden, die Systeme mit Hilfe der Sinn-Kategorie (a) in die übergeordneten Systeme der „Wirtschaft" und des „Tarifvertragssystems eingeordnet, (b) den „Eigen-Sinn" der zu untersuchenden Systeme sowie (c) deren „Grenzen" und „relevanten Umwelten" bestimmt oder wenigstens geklärt, wie diese zu bestimmen sind.

In einem weiteren Schritt wird nunmehr die inneren Konstruktion der zu untersuchenden Systeme analysiert, dies geschieht mit Hilfe der Kategorien der „Komplexität“ und der „Kontingenz“.

Unter *Komplexität* soll der Grad der funktionalen Differenzierung eines Systems, die Zahl der bedeutsamen Referenzebenen, deren Vernetzung und die Folgelastigkeit des Entscheidungsfeldes verstanden werden (Wilke 1991, S. 17).

Komplexe Systeme können sich aber auch dann herausbilden, wenn sie nur aus wenigen Elementen mit wenigen Querverbindungen bestehen. Voraussetzung dafür ist (a) die Zirkularität der Kommunikation, die kreislaufförmig vom Adressaten zum Absender zurückkehrt und über Selbstverstärkungseffekte zu kaum voraussagbaren Endergebnissen führt. Unterstrichen wird die Komplexität solcher Systeme zudem (b) durch die Nicht-Linearität von Ursache und Wirkung, die dann gegeben ist, wenn Kumulations- oder Verdrängungseffekte in der Kommunikation zwischen A und B auftreten, die erwartete Reaktionen entweder verhindern oder unerwartete Reaktionen auslösen (Kratky 1991, S. 13).

Der zweite von uns zu betrachtende Begriff der „*Kontingenz*“ beschreibt eine Situation, in der dem System alternativ nicht-festgelegte Handlungsmöglichkeiten zur Verfügung stehen. Für ein agierendes Systems bestimmt die Kontingenz den zur Verfügung stehenden Freiheitsgrad, für ein betroffenes Systeme erscheint Kontingenz als Mangel an Erfahrungssicherheit.

Der Zusammenhang zwischen Komplexität und Kontingenz kann so beschreiben werden, daß (a) ein System mit wachsender Komplexität immer mehr Handlungsoptionen bietet und (b), daß mit wachsender Kontingenz von Systemen die Komplexität der Umwelt aus der Sicht eines betroffenen Systems und damit die Konfliktwahrscheinlichkeit zwischen System und Umwelt steigt (Wilke S. 20-25). Konflikt wird demnach hier und im folgenden als systematischer Interessengegensatz mit dem dazugehörigen Entscheidungsprozeß definiert, den das System zu vollziehen hat.

Diesen kurzen Abschnitt zusammenfassend ist festzustellen, daß die Kategorien „Komplexität“ und „Kontingenz“ folgende Aussagen über ein System ermöglichen:

- Aussagen über die Anzahl der involvierten Basiselemente und systeminternen Handlungsebenen,
- Aussagen über Richtung und Struktur der Kommunikation innerhalb des Systems bzw. zwischen System und Umwelt,
- Aussagen über die Wahrscheinlichkeit und Verortung von Konflikten im System.

2. *Zum traditionellen Zustand der betrieblichen Organisation*

Die herkömmliche Produktions-, Arbeits- und betriebliche Organisation ist das Resultat einer langen Entwicklung, die ihren Ausgang am Beginn unseres Jahrhunderts nahm und von zwei Modellen, dem Taylorismus[1] und dem Fordismus geprägt wurde.

Der Taylorismus geht auf die von dem amerikanischen Ingenieur F. W. Taylor ersonnene „wissenschaftliche Betriebsführung" („scientific management") zurück. Diese läßt sich kurz als Versuch beschreiben, durch Zeit- und Bewegungsstudien die „beste" Art einer bestimmten Arbeitsverrichtung zu bestimmen und deren Einhaltung über ein spezifisches Regelwerk verbindlich festzulegen.

Als Folge dieser Praxis wuchs der prozentuale Anteil der nicht unmittelbar in der Produktion beschäftigten Arbeitnehmer, verantwortlich für Konstruktion, Projektierung, Zeit- und Bewegungsstudien etc., an der Gesamtbelegschaft erheblich an. Gleichzeitig wurde ein wesentlicher Teil der früher vom Produktionsarbeiter erledigten Tätigkeiten gesonderten Abteilungen übertragen. Das galt insbesondere für die Arbeitsvorbereitung und Qualitätskontrolle. Die vertikale und horizontale Teilung der Arbeit wurde zum Leitbild der tayloristischen Arbeitsorganisation schlechthin.

Der Fordismus bereicherte die „wissenschaftlichen Betriebsführung", die in erster Linie eine neue Form der Arbeitsorganisation gebracht hatte, um die Erfindung des Fließbandes und, damit verbunden, der Massenproduktion (Ford 1929).

Heben wir es noch einmal hervor: Die tayloristisch-fordistische Produktions- und Arbeitsorganisation wurde durch folgende Charakteristika geprägt:

- die horizontale und vertikale Arbeitsteilung,
- die Erfindung des Fließbandes und die Möglichkeit zur Massenproduktion.

Zur Kennzeichnung der sozialen Organisation des Betriebes haben wir vier analytische Ebenen unterschieden.

Der Begriff der Klassenorganisation kennzeichnet das Szenarium einer primären Machtasymmetrie zwischen Kapital und Arbeit. Dieser strategische Vorteil der Arbeitgeberseite resultiert aus deren überlegener Organisationsfähigkeit, ihrer besseren Ressourcenausstattung, der homogeneren Interessenlage, der höheren Flexibilität und größeren Konfliktfähigkeit (Kreckel 1989, S. 173). An dieser Tatsache kann die Entwicklung der Betriebsorganisation grundlegend nichts ändern.

Die Statusorganisation des Betriebes ist charakterisiert durch die grundlegende Unterscheidung zwischen Arbeitern und Angestellten bzw. leitenden

---

1 Die Begriffe „Taylorismus" und „Fordismus" prägte 1926 Friedrich v. Gottl-Ottlilienfeld (S. 6, 60-82).

Angestellten. Diese Differenzierung entstammt geradezu der industriellen Frühzeit und ist darauf zurückzuführen, daß die tayloristische Arbeits- und Produktionsorganisation „bürgerliche" Spezialisten erforderte, die sich zunächst im Status einer privaten Beamtenschaft organisierten. Im Laufe der Zeit wurde die klare Scheidung zwischen Arbeitern und Angestellten zumindestens in finanzieller und zunehmend auch in arbeitsrechtlicher Hinsicht weitgehend egalisiert; bis heute geblieben ist ein erheblicher Statusunterschied, der sich anhand charakteristischer Symbole festmachen läßt. Solche Statussymbole sind z.B. das Recht, zivile Kleidung während der Arbeit zu tragen, Firmenwagen, Türschilder, eine eigene Sektretärin etc., wobei die Verleihung dieser Symbole mit der erreichten Hierarchiestufe des Betreffenden verbunden wird. Aber auch innerhalb von hierarchischen Ebenen können symbolisch Wertigkeiten zwischen Personen deutlich gemacht werden.

Die formale Aufbauorganisation des Betriebes hat bis heute die dem bürokratischen Staatsapparat entlehnte Form der Hierarchie beibehalten. Diese Hierarchie wird mit dem Begriff des Stab-Linien-Systems näher charakterisiert, wobei die „Linie" jene Funktionsstellen kennzeichnet, deren Aufgabe es ist, die Instruktionen der Betriebsleitung an die Arbeitnehmer weiterzugeben bzw. die Informationen von „unten" nach „oben" zu übermitteln. Die Stäbe arbeiten im Gegensatz dazu meist konzeptionell (z.B. Konstruktion oder Projektierung) und nehmen somit eine gewisse Sonderstellung ein.

Die Existenz der informellen Organisation des Betriebes ist eine Entdekkung der 30er und 40er Jahre. Damit wurde das Bestehen von Gruppen anerkannt, die sowohl hierarchieübergreifend (vertikal) als auch funktionsbereichsübergreifend (horizontal) Informationsflüsse ermöglichen. Die Auswirkung dieser informellen Gruppen auf die Führungskraft des Managements und die Rentabilität der Produktion wurde ambivalent beurteilt.

Legte man die o.g. Kategorien zur Charakterisierung eines Systems auf die geschilderten Sachverhalte an, so wird deutlich, daß das System eines tayloristisch-fordistisch organisierten Betriebes sich zuallererst darauf richtet, Kontingenz auszuschließen. Strukturen, in denen kontingente Prozesse ablaufen können, sind nur in den Stäben und den informellen Gruppen zu finden. Dabei fällt ins Auge, daß in eben diesen Bereichen (a) netzwerkartige Kommunikationsstrukturen zwischen gleichberechtigten Teilnehmern sowie (b) zirkulare (rückbezügliche) und kausal gebrochene Kommunikationsflüsse existierten. Diese Subsysteme sind somit, trotz einer eher geringen Zahl der Teilnehmer, als komplex zu bezeichnen.

Im Gegensatz zu dieser Art von Komplexität resultiert die Komplexität des übergeordneten Systems der betrieblichen Organisation aus der großen Anzahl und einer starken funktionalen Differenzierung der involvierten Basiselemente, die durch lineare Kommunikationsflüsse (Instruktionen bzw. Informationen) miteinander verbunden sind.

Der Kommunikationsfluß aus dem System hinaus und in das System hinein ist eine Funktion spezialisierter Einheiten; sähe man einmal von diesen ab, dann erfüllen die Produktions-, die Arbeits- und die soziale Organisation, mit Ausnahme der informellen Gruppen, fast idealtypisch den Tatbestand eines geschlossenen Systems. Zumindestens haben wir es mit einem ausgeprägten selbstreferentiellen Charakter zu tun.

Damit kann in bezug auf die Konfliktanfälligkeit bzw. die Verortung von Konflikten im System der betrieblichen Organisation geschlußfolgert werden, daß (a) interne Konflikte an den Schnittstellen zwischen kontingenten Bereichen und dem, Kontingenz im wesentlichen ausschließenden, Gesamtsystem zu erwarten sind. Problematisch werden in diesem Fall immer die Beziehungen zwischen Stäben und Linien sowie zwischen formaler und informeller Struktur sein. Und (b) sind Konflikte an den Schnittstellen zwischen System und Umwelt zu erwarten, also in jenen spezialisierten Funktionsbereichen, die die externe Kommunikation des Systems realisieren. Da die genannten Bereiche jedoch nur einen vergleichsweise geringen Teil des Systems beeinflussen, kann die Organisation des Betriebes insgesamt zumindestens als konfliktarm bezeichnet werden.

3. Das traditionelle System der betrieblichen Interessenvertretung

Das traditionelle System der betrieblichen Interessenvertretung läßt sich funktional klar differenzieren. Die Arbeitnehmer erfüllen die Funktionen der Interessenformulierung, der Wahl der Interessenvertreter und des politisch mobilisierbaren Machtpotentials. Die gewählten Vertreter der Belegschaft haben Interessen zu aggregieren, in Verhandlungen zu vertreten, politisch durchzusetzen sowie die Erfüllung getroffener Verträge zu überwachen. Es sind demnach mindestens zwei relevante Ebenen in diesem System zu unterscheiden, die Ebene der Belegschaft und die des Betriebsrats, wobei hier im Bedarfsfall weiter nach Gruppenräten, Ausschüssen und Einigungsstellen differenziert werden kann.

Relevante Umwelten aus der Sicht der Betriebsratsebene sind (a) die Betriebsleitung, (b) die Tarifvertragsparteien, wenn sie vertraglich bestimmte Handlungsfelder für den Betriebsrat vereinbaren und (c) die Gewerkschaften selbst, etwa in Gestalt ihrer Rechtsschutzabteilungen oder Technologieberater. Von weiteren relevanten Umwelten soll in dieser Untersuchung abgesehen werden.

Zur Charakterisierung der Kommunikationsprozesse des Systems der betrieblichen Interessenvertretung von Arbeitnehmern ist festzustellen, daß es sich (a) um wechselseitige (systeminterne) Informationsströme zwischen Belegschafts- und Betriebsratsebene bzw. (b) um wechselseitige (die Systemgrenzen passierende) Informations- und Bargaining-Prozesse zwischen Betriebsrat und Betriebsleitung, bzw. zwischen Betriebsrat und Gewerkschaft handelt. Hingegen kann (c) von einer eigentlichen Kommunikation zwischen einzelnen Betriebsräten und den Tarifparteien oder wenigstens den Tarifkommissionen i.d.R. nicht ausgegangen werden; vielmehr werden die Betriebsräte nach Abschluß der Verhandlungen über das erzielte Ergebnis unterrichtet bzw. ihre Zustimmung in akklamativer Form abverlangt. Auch einfache Arbeitnehmer haben (d) die Chance, sich in die Kommunikation zwischen System und Umwelt einzuschalten. Dies geschieht entweder auf der Basis der betriebsverfassungsrechtlich geregelten Individualrechte – und zielt in diesem Fall zumeist auf den Kreis der unmittelbaren Vorgesetzten – oder es geschieht über die Kommunikationkanäle informeller Gruppen.

In den Fällen (a), (b) und (d) kann von der Zirkularität und Nicht-Linearität der Kommunikation ausgegangen werden, im dritten Fall handelt es sich um einseitig lineare Kommunikation.

Will man die Intensität und Kontinuität der System-Umwelt-Kommunikation im Fall (b) und (d) gegeneinander abwägen, so bleibt festzustellen, daß zwar die Arbeitnehmer ihre Interessen selbst vertreten können, aber, daß nur die Kommunikation, die über den Betriebsrat nach außen gerichtet wird, einen ausgesprochen systematischen und kontinuierlichen Charakter trägt. Immerhin kann das System der betrieblichen Interessenvertretung auf allen Ebenen als weitgehend offen gegenüber der relevanten Umwelt betrachtet werden.

Die Komplexität dieses Systems weist im Unterschied zum System der Betriebsorganisation ein größeres Gewicht der rückbezüglichen, nichtlinearen Kommunikation auf und basiert zugleich auf einer spezifischen funktionalen Differenzierung einzelner Bereiche, auf einer nicht geringen Anzahl von Basiselementen und deren Verknüpfung über zwei analytische Ebenen.

Die Handlungsmöglichkeiten (Kontingenz) des betrachteten Systems sind in Deutschland in einer einmaligen Art formalisiert, d.h. im Betriebsverfassungsgesetz (BetrVG) festgelegt. Danach erfüllt der Betriebsrat (a) eine arbeitsrechtliche Schutzfunktion und unterliegt (b) nach § 2, Absatz 1 dem Kooperationsgebot, also der Pflicht mit dem Arbeitgeber sowie den Tarifparteien zum „Wohl der Arbeitnehmer und des Betriebes“ zusammenzuarbeiten. Dazu stehen ihm fest umschriebene Mitwirkungs- und Mitbestimmungsrechte in den vier folgenden Regelungsbereichen zu:

- soziale Angelegenheiten (§§ 87-89),
- Gestaltung von Arbeitsplatz, Arbeitsablauf und Arbeitsumgebung (§§ 90-91),
- personelle Angelegenheiten (§§ 92-105) und
- wirtschaftliche Angelegenheiten (§§ 106 bis 113).[2]

---

2 Im letzten Punkt geht es vor allem um die materielle Absicherung der Arbeitneher bei Betriebsänderungen, was durch umfassende Beratungspflichten für den Arbeitgeber und ggf. die Erarbeitung eines Sozialplans geschieht. Damit endet aber auch schon die wirtschaftliche Einflußnahme der Arbeitnehmervertreter in den Betrieben; BetrVG und BAG behandeln diesen Bereich ansonsten ausdrücklich als alleiniges Entscheidungsfeld des Unternehmers.

Dem einzelnen Arbeitnehmer billigt das Gesetz Unterrichtungs-, Anhörungs-, Erörterungs-, Einsichts- und Beschwerderechte zu. Im einzelnen geht dabei es um:

- das Recht auf Unterrichtung durch den Arbeitgeber über Aufgabe und Verantwortung, über die Art der Tätigkeit und ihre Einordnung in den Arbeitsablauf des Betriebes sowie über Veränderungen im Arbeitsbereich, Sachverhalte also, die üblicherweise in Stellenbeschreibungen festgehalten werden,
- das Recht auf Anhörung in Angelegenheiten, die seine Person betreffen,
- das Recht auf Erläuterung der Zusammensetzung des Arbeitsentgelts sowie auf Erörterung der Beurteilung seiner Leistungen und der Möglichkeiten seiner beruflichen Entwicklung im Betrieb,
- das Recht auf Einsicht in die Personalakte sowie
- ein Beschwerderecht bei ungerechter Behandlung oder Benachteiligung (Schanz 1991, S. 49).

Trotz dieses umfangreichen Katalogs ist in der bisherigen Konstruktion des Systems der betrieblichen Interessenvertretung nur wenig Kontingenz vorgesehen. Diese ergibt sich im Rahmen des BetrVG aus bipolar vorgegebenen Handlungsalternativen: entweder Einigung oder Verhandlung vor der Einigungsstelle, entweder Einigung oder Prozeß vor dem Arbeitsgericht etc. Entsprechend dem oben dargelegten Zusammenhang zwischen Kontingenz und Konflikt hätten wir es demnach mit einem weitgehend konfliktfreien, wenig kontingenten Konstrukt zu tun.

Daß dem nicht so ist, ist augenfällig und wird aus der Differenz zwischen Gesetzestext und betrieblicher Praxis erklärbar. Empirische Untersuchungen haben gezeigt, daß ein beachtliches Spektrum von Beziehungsmustern existiert, die sich trotz einheitlicher arbeitsrechtlicher Vorgaben zwischen Betriebsräten und Betriebsleitungen auf informeller Basis bzw. durch Übertragung von Regelungsmacht von den Tarif- auf die Betriebsparteien entwickelt haben (Kotthoff, Schienbruch). Die Kontingenz des Systems der betrieblichen Interessenvertretung kumuliert sich demnach (a) aus den vorgegebenen Handlungsalternativen des BetrVG, (b) aus informell-gewohnheitsrechtlichen Regelungen, (c) aus Verhandlungsmöglichkeiten zwischen Betriebsparteien, die tarifvertraglich eröffnet werden und (d) aus der Chance, den rechtlichen Rahmen zugunsten machtdominierter Konflikte einfach zu ignorieren.

Trotz einer erheblichen Komplexität in der Innen- bzw. Umwelt-System-Relation, die Voraussetzung einer hohen Konflikthäufigkeit ist, kann wegen des geringen prozessualen Handlungsspielraumes, den das System der betrieblichen Interessenvertretung bereithält, von einer geringen Konfliktintensität bzw. guten Konfliktsteuerung des gesamten Systems ausgegangen werden. Nur dann, wenn eine Betriebsleitung oder ein Betriebsrat den formalen Rahmen des BetrVG verläßt, vergrößert sich der gegebene Handlungsspielraum und die Konfliktintensität schlagartig. Auf diesem Weg kann es im Extremfall sogar zur „Sinn“-Verletzung des Systems und in der Konsequenz zu dessen Zusammenbruch kommen.

4. Zur modernen, postfordistischen Organisation des Betriebes und der betrieblichen Interessenvertretung

Die Spezifik der postfordistischen Produktionsorganisation läßt sich mit den Begriffen „Flexibilität im Produktionsprozeß“ und „Variabilität im Endprodukt“ erfassen. Im Unterschied zur herkömmlichen, am Fließband orientierten Aneinanderreihung einzelner Arbeitstakte beruht die neue Produktionsorganisation auf dem Prinzip der produktbezogenen Fertigungsinsel (Gruppentechnologie), die nach den Vorstellungen der CIM-Theorie entweder integriert oder noch in die alte Produktionsstruktur eingebettet sein kann. In diesen „Inseln“ werden möglichst ganzheitliche Arbeitsvorgänge vollzogen. Dazu werden mit Hilfe moderner Technologien, wie betrieblicher Datenverarbeitungssysteme oder am Arbeitsplatz programmierbarer CNC-Werkzeugmaschinen, in die Gruppe Produktionsaufgaben zurückverlegt, die nach tayloristischer Syndromatik räumlich und personell getrennt von der unmittelbar wertschöpfenden Produktion erledigt wurden. Unübersehbar ist damit ein deutlicher Bruch zur Massen- und Fließbandproduktion tayloristisch-fordistischer Provenienz eingetreten.

Aus arbeitsorganisatorischer Perspektive finden die Fertigungsinseln ihre Ergänzung in den teilautonomen Arbeitsgruppen. Diese verfügen in unterschiedlichem Maße über das Recht zur Selbstorganisation, d.h. sie bestimmen weitgehend selbständig das Zeitmaß, die Gestaltung bzw. die Verteilung ihrer eigenen Arbeit.

In konsequenter Fortführung dieser Praxis experimentiert eine schnell wachsende Zahl deutscher Unternehmen damit, diesen Arbeitsgruppen oder der ersten Stufen der Hierarchie der Arbeitsgruppen, den Arbeitsbereichen, „unternehmerische Freiheiten“ einzuräumen. Als cost-centre, profit-centre u.ä. erhalten die Gruppen (nicht der einzelne Arbeitnehmer!) finanzielle Autonomie. Damit bestimmt die Leistung der betroffenen Mitarbeiter (a) die Höhe des eigenen Einkommens und (b) die Weiterexistenz des eigenen Arbeitsplatzes, da die Einführung solcher Organisationsprinzipien dem Management die Möglichkeit gibt, über Wirtschaftlichkeitsberechnungen nicht kostendeckend arbeitende Gruppen zu lokalisieren, nach dem Prinzip „make or buy“ auszulagern und so die Profitabilität des eigenen Unternehmens durch Konzentration auf die Bereiche wirklicher Wertschöpfung zu erhöhen. Für den „schlechteren“ Teil der Arbeitnehmer zieht dieses Verfahren unweigerlich die Kündigung nach sich.

Die damit oder mit der Erfüllung der Aufgabe verbundene Auflösung von Arbeitsgruppen verleiht der Struktur des Systems eine erhebliche Variabilität. Dabei wird das Entstehen und Vergehen in der Gruppenstruktur z.T. zentral gesteuert, aber auch von der Initiative der Betroffenen getragen. Wo innerhalb der Belegschaft das Bedürfnis an hierarchie- (vertikal) und abteilungsübergreifender (horizontaler) Kommunikation entsteht, kann die Bildung neuer Arbeitsgruppen erfolgen. Mit diesem Anspruch gewinnt das entstehende netzwerkartige Gefüge jene spontane, selbststeuernde Dynamik, die das Kennzeichen der neuen Arbeitsorganisation ist.

Damit findet innerhalb der neuen Arbeits- und Produktionsorganisation eine Substitution linearer durch zirkuläre Kommunikationsprozesse statt. Die parallel dazu verlaufende Initiierung zahlreicher Subsysteme (Arbeitsgruppen) vergrößert die interne Komplexität des Systems. In diesem werden zahlreiche neue Reaktionsmöglichkeiten generiert, wächst also die Kontingenz und damit die Häufigkeit von Konflikten. Innerhalb des Systems heißt in diesem Fall, daß Konflikte nicht wie bisher zwischen der relativ homogenen Gruppierung der Produktionsarbeiter und dem Management, sondern zwischen den einzelnen Arbeitsgruppen entstehen.

Ähnliche Gruppenbildungsprozesse verändern die betriebliche Formalorganisation. Freilich dürfte die mit der Einführung teilautonomer Arbeitsgruppen verbundene Vorstellung „flacher Hierarchien" nicht der Realität entsprechen. (Der empirische Nachweis steht ebenfalls noch aus.) Diese an der Arbeitsaufgabe bzw. dem Produkt orientierte Form der Arbeitsorganisation legt vielmehr die Entstehung einer *Hierarchie von Arbeitsgruppen* nahe, wobei (a) die Mitglieder einer Arbeitsgruppe gleichzeitig noch in anderen Teams (Lerngruppen, Qualitätszirkeln, Projekten) tätig sind und (b) zwischen den Arbeitsgruppen Über- und Unterordnungsverhältnisse aufgebaut werden.

Im Unterschied zum herkömmlichen Stab-Linien-Prinzip basiert die Formalorganisation postfordistischer Unternehmen auf einem komplexen Netzwerk von Arbeitsgruppen. Da sich diese in einem permanenten Prozeß aufgabenbezogener Umgruppierung befinden, wird die formelle Organisation der Unternehmung, wie schon anhand der Arbeits- und Produktionsorganisation gezeigt wurde, dynamisiert, ja sogar mit mit der Fähigkeit spontaner und evolutionärer Reagibilität ausgestattet.

Das neue System ist bestrebt, die Gebrechen der Hierarchie (time lag, Entscheidungskonkurrenz bzw. Entscheidungshohlräume an den Kompetenzgrenzen etc.) durch spontan abrufbare, hierachische Ebenen und Abteilungsgrenzen „überspringende" Informationsflüsse zu heilen. Damit verliert die für die Analyse der betrieblichen Sozialstruktur lange Zeit sinnvolle Unterscheidung zwischen formaler und informeller Struktur in der Ära des Postfordismus an Aussagefähigkeit. Die „neuen" Unternehmen beziehen das Prinzip informeller Netzwerke in ihre Formalstruktur ein und funktionalisieren diese, indem deren Kommunikationswege zum Transport betriebsrelevanter Informationen genutzt werden.

Auch die Statusorganisation postfordistischer Unternehmen verändert sich erheblich. Zwar bleibt dem überwiegenden Teil der Mitarbeiter ein Aufstieg in der Hierarchie weiterhin versagt, aber sie können ihren Status durch aktive Mitarbeit in verschiedenen Arbeitsgruppen erheblich verbessern. Die einzelne Person erreicht diese Aufwertung weniger über die an eine Hierarchie gebundenen Statussymbole (Kleidung, Sekretariat, Computer, Türschild), als auf informeller Ebene über persönliche Kontakte, Wohlinformiertheit bzw. Einflußnahme auf anstehende Entscheidungen.

Dem kommt die Neuorientierung unternehmerischer Zielsetzungen und die Etablierung einer „griffigen“ Unternehmenskultur erheblich entgegen. „Gemeinsame“ Zielstellungen wie Freundlichkeit gegen den Kunden, Sorgfalt und Zuverlässigkeit in der Arbeit etc. knüpfen an das menschliche Selbstwertgefühl des neuen Mitarbeiters an und ermöglichen ihm einen moralischen „Aufstieg“. Damit läßt sich feststellen, daß die im tayloristisch-fordistischen Unternehmen eng an die Privilegien der Hierarchie gebundene Statusorganisation im neuen Unternehmen geöffnet und um zahlreiche, leicht erreichbare „Ehrenämter“ bereichert wird

Im Ganzen gesehen findet aus Sicht der Systemtheorie auf allen Ebenen der betrieblichen Organisation eine Substitution linearer durch zirkuläre Kommunikationsprozesse statt. Damit verbunden ist eine erhebliche Ausweitung bzw. Vertiefung des betrieblichen Kommunikations- und Informationsnetzes, da hinreichende Informationen als Voraussetzung für die Selbstorganisations- und Selbststeuerungsfähigkeit teilautonomer Arbeitsgruppen gelten. Die neuen Wege der Kommunikation verlaufen in komplexen Netzwerken (a) horizontal, also fachbereichsübergreifend, (b) vertikal, hierarchieübergreifend und (c) multilateral zwischen den Arbeitsgruppen.

Die damit verbundene Kreation zahlreicher Subsysteme (Arbeitsgruppen) vergrößert die interne Komplexität des Systems. So werden zugleich zahlreiche neue Reaktionsmöglichkeiten geschaffen, wächst also die Kontingenz und damit die Häufigkeit von Konflikten. Typisch für die Konfliktstruktur der Unternehmen ist, daß diese Auseinandersetzungen zwischen Arbeitsgruppen erfolgen, also eine tiefgreifende Fragmentierung der Belegschaft zu erwarten ist.

Fragwürdig erscheint damit, ob die vom BetrVG vorgegebenen Problemlösungsverfahren, die bekanntlich von Konflikten zwischen Belegschaft und Betriebsleitung ausgehen, geeignet sind, den Anforderungen der neuen Problemstruktur zu genügen. Zumindest läßt sich vermuten, daß die zwischen Arbeitsgruppen entstehenden Konflikte aufgrund ihres spezifischen Gehalts und geringen potentiellen Gesamtinteresses nicht geeignet sind, auf dem Wege repräsentativer Interessenaggregation und offizieller Verhandlungen entschieden zu werden. Auf diese und ähnliche Vermutungen wird das folgende Kapitel eingehen.

5. *Die postfordistische Organisation betrieblicher Arbeitnehmerinteressen*

Entscheidende Veränderungen für die Existenz des Systems der betrieblichen Interessenvertretung gehen von zwei der drei als relevante Umwelten definierten Systeme aus.

Da ist zum ersten die Flexibilisierung des Tarifvertragssystems zu nennen. Diese vollzieht sich (a) über die Vereinbarung von „Öffnungsklauseln“

(Kleinbetriebs-, Mittelstands- oder Härteklauseln), die für weniger gut regulierbare Randbereiche abgeschlossen werden, (b) über die zunehmende Anzahl von Firmentarifverträgen und (c) über die Verbandsflucht, mit der sich die Unternehmen generell dem Abschluß von Tarifverträgen entziehen. In Folge dieser Politik verliert das Tarifvertragssystem aus dem Blickwinkel der Betriebsräte wesentliche Elemente seiner Entlastungsfunktion; auf der Ebene der Betriebe steigt der Problemdruck und damit der Steuerungsaufwand bzw. Entscheidungsbedarf der Betriebsräte.

Erhebliche Belastungen gehen ebenfalls von der Politik der Betriebsleitungen aus, systematisch den individuellen „Normalarbeitsvertrag" (Kennzeichen: volle Arbeitszeit und Nicht-Befristung des Arbeitsverhältnisses) durch „atypische Beschäftigungsverhältnisse" zu ersetzen. Dies betrifft unterdessen ca. ein Viertel aller Arbeitnehmer der Bundesrepublik (Plander 1990, S. 46-47) und geschieht in erster Linie durch:

- verschiedene Formen der Arbeitszeitflexibilisierung (Kapazitätsorientierte Arbeitszeit, Teilarbeitszeit, etc.),
- Flexibilisierung der Finanzierung von Arbeitnehmern über Drittmittel und Werkverträge,
- Flexibilisierung der Arbeitgeberrolle in Form von Leiharbeit,
- Aufgabe der Arbeitgeberrolle, indem ein Unternehmen aus bisherigen Arbeitnehmern sog. „neue Selbständige" schafft, die dann ihre eigenen Lohnnebenkosten und eigenes unternehmerisches Risiko zu tragen haben (Plander 1990, S. 24-27).

Aus der Sicht von Betriebsräten waren somit folgende Entwicklungslinien zu konstatieren: (a) wurden aus dem tarifvertraglich geregelten Raum zunehmend Probleme und Kompetenzen auf die Betriebsparteien verlagert und (b) vergrößerte sich die soziale Differenzierung innerhalb der Belegschaft durch die Vereinbarung atypischer Beschäftigungsverhältnisse.

Zeitgleich dazu müssen die Betriebsräte eine sichtbare Entwertung des Instrumentariums der betrieblichen Mitbestimmung hinnehmen. Dieser Vorgang wird durch das Management zielstrebig gefördert und überhaupt erst durch die Existenz teilautonomer Arbeitsgruppen ermöglicht. Man muß ganz klar sagen: Die Existenz dieser Gruppen greift massiv in den Kernbereich der betrieblichen Interessenvertretung, die Mitbestimmung, ein. Dies ist möglich durch die Verlagerung mitbestimmungspflichtiger Tatbestände (Beginn und Ende der täglichen Arbeitszeit, Verteilung der wöchentlichen Arbeitszeit, Fragen des Arbeitsschutzes, Veränderungen der Arbeitsplätze, des Arbeitsablaufs oder der Arbeitsumgebung, vgl. §§ 87, 91 BetrVG) aus dem Kompetenzbereich des Managements in die Eigenverantwortung der Gruppen. Damit wird der juristisch festgeschriebene Einigungszwang, das gesamte Verhandlungssprocedere zwischen Betriebsrat und Management entwertet. Für Meinungsverschiedenheiten zwischen teilautonomen Arbeitsgruppen und dem Betriebsrat existiert weder ein Verfahren, noch ist die Mitbestimmung überhaupt auf diese Art von Interessenkollisionen anwendbar. Dennoch werden Arbeitsgruppen, deren Mitgliedern im Fall von Ineffizienz die Entlassung droht, „freiwillig" die zu ihrem Schutz ausgehandelten betrieblichen und tarifvertraglichen Vereinbarungen brechen, wenn es dem Erhalt ihrer Arbeitsplätze dient. Daß dieses Szenarium nicht irreal ist, haben Untersuchungen gezeigt, deren Ergebnis aus gewerkschaftlicher Perspektive völlig kontraproduktiv ist und sich auch aus wissenschaftlicher Sicht nicht einfach erklären läßt.

Empirische Arbeiten von Schienbruch u.a. belegen, daß das Management einiger Unternehmen gemeinsam mit den Stammbelegschaften „ihren" internen betrieblichen Arbeitsmarkt mit Strategien der sozialen Schließung vom externen Arbeitsmarkt abgekoppelt haben. Hier entstehen quer zum Klassencleavage gemeinsame Interessen, deren Opfer atypisch Beschäftigte werden. Deren Arbeitsverhältnisse bieten geringen Schutz gegen eine Kündigung und erlauben dem Management den Aufbau einer Pufferbelegschaft, die im Fall einer sich verschlechternden Auftragslage kostengünstig abgebaut werden kann. Die Arbeitssplätze der privilegierten Stammbelegschaft bleiben natürlich erhalten. Zudem werden bei möglichen Neueinstellungen nicht die Arbeitsämter konsultiert, sondern werksinterne Ausschreibungen veranstaltet, die innerbetriebliche Personalverschiebungen ermöglichen. Erst wenn dies nicht möglich ist, werden Arbeitnehmer eingestellt, die über private Kontakte von bereits beschäftigten Arbeitnehmern an das Unternehmen vermittelt werden. Dieses Verfahren ermöglicht der Stammbelegschaft maximale Arbeitsplatzsicherheit und schafft ein fast familiäres Betriebsklima, in dem die Neueingestellten unter einem sozialen Anpassungsdruck stehen, der von ihren Arbeitskollegen ausgeht. In Bezug auf die atypisch Beschäftigten und die Arbeitslosen offenbart dieses Verhalten der Stammbelegschaft einen erheblichen Grad an Entsolidarisierung, der nahtlos an das zuvor geschilderte Szenarium konfliktärer Beziehungen zwischen Arbeitsgruppen und Betriebsräten anknüpft.

Die Erklärung, die systemisches Denken für die beschriebenen Prozesse bereithält, läßt wenig Optimismus für die Zukunft der betrieblichen Arbeitsbeziehungen aufkommen. Demnach werden Arbeitnehmer von zwei Grundmotivationen geleitet, die da sind Geld und Arbeitsplatzsicherheit. Den Sinn des Tarifvertragssystems haben wir dahingehend beschrieben, daß hier Regeln für die Verteilung des Arbeitsertrages aufgestellt werden, also das Einkommen der Arbeitnehmer verhandelt wird. Diese Vorgabe zu erfüllen, ist handlungsleitendes Motiv des Systems der betrieblichen Interessenvertretung gewesen. Wenn nunmehr in die Köpfe der Arbeitnehmer das Bewußtsein eingedrungen ist, daß die Massenarbeitslosigkeit zur permanenten Bedrohung des Durchschnittsarbeitnehmers werden wird, ist eine neue Sinnorientierung für das System der betrieblichen Interessenvertretung wahrscheinlich. Wie könnte ein Betriebsrat die Arbeitsplätze der Belegschaft bessser sichern als durch Strategien der sozialen Schließung und „Augen schließen", wenn Arbeitnehmer zugunsten des Erhalts der eigenen Arbeitsplätze Tarifverträge und Betriebsvereinbarungen ignorieren?

In dieses Szenarium gehört auch die Neuordnung des Verhältnisses zwischen Betriebsrat und Management, die ihren Ausdruck in der Abkehr von der traditionellen ergebnisbezogenen Mitbestimmung zur prozeßorientierten Mitarbeit findet. Die Initiative für diesen Wandel geht eindeutig vom Management aus. Gewerkschaftsnahe Publikationen sprechen gar von einer „manageriellen Partizipationsoffensive" (Jansen 1990, S. 602). Diese Angebote beinhalten i.d.R. die Aufforderung zur Mitarbeit in den oft zahlreichen Projektgruppen eines Betriebes, in denen dessen konkrete postfordistische Organisationsgestalt, inklusive des Einsatzes neuer Technologien etc., verhandelt wird. Es geht demnach um Felder, deren Beratung ein „verantwortungsbewußter" Betriebsrat kaum ablehnen kann, insbesondere wenn die Belegschaft an diesen Fragen ein aktives und natürliches Interesse bekundet. Immerhin werden dabei Inhalte zur Disposition gestellt, die vorher zum genuinen Entscheidungsbereich des Managements gehörten und weit über den Rahmen des betriebsverfassungsrechtlichen Mitbestimmungskataloges hinausgehen. So gesehen, ist man versucht, hierfür den Begriff der „Demokratisierung" zu verwenden, was auf nicht weniger als die vom Management freiwillig zugestandene Erfüllung einer traditionellen Forderung der Gewerkschaften hinauslaufen würde. Gegen eine solche Bezeichnung sprechen jedoch zwei Argumente, deren Gewicht es im folgenden abzuwägen gilt.

Erstens: Das Management verfügt in diesen Verhandlungen nicht nur über den oftmals entscheidenden Sachverstand, sondern gleichzeitig über einen grundsätzlichen Strategievorteil. Dieser resultiert aus den vor Verhandlungsbeginn getroffenen Richtungsentscheidungen. Der Betriebsrat „gestaltet" – aus diesem Blickwinkel betrachtet – nur jenen Raum, den ihm das Management dafür zugewiesen hat. Die Chance, unter diesen Bedingungen mit eigenen Vorschlägen durchzudringen, erscheint gering (Jansen 1990, S. 602-610).

Zweitens: Da sich die personellen Ressourcen des Betriebsrats nicht erweitern, resultiert aus der prozeßorientierten Mitarbeit ein erheblicher Arbeitsaufwand, der den Betriebrat in seinen traditionell sozialen Handlungsfeldern lähmen kann.

Die positive Nutzung dieses erheblich erweiterten Beteiligungsspielraumes scheint mir letztlich von einigen wesentlichen Veränderungen im System der betrieblichen Interessenvertretung abzuhängen. Damit gemeint ist zunächst die Beteiligung des Betriebsrates an den gebildeten Arbeitsgruppen, die problembezogene Einsetzung „eigener" ehrenamtlicher Problemlösungsgruppen sowie ein neues Selbstverständnis des Gremiums, weg vom Vertreter der Belegschaftsinteressen hin zum Moderator politischer Verhandlungsprozesse innerhalb der Arbeiterschaft sowie zwischen Arbeitern und Management. Die Mitbestimmungspraxis wird in diesem Szenarium an Einfluß verlieren und letztlich nur dort von Bedeutung bleiben, wo konfliktorische Prozesse das Verhältnis zwischen Belegschaft und Management prägen.

Dennoch wird es dem Betriebsrat nicht in angestammter Weise möglich sein, in faktisch allen, vom einzelnen Arbeiter nicht zu lösenden Fragen Partei zu ergreifen. Dieses scheinbare Vertretungsvakuum kann getrost den Arbeitsgruppen selbst überlassen bleiben, die in dieser Hinsicht einen zweifachen Autonomiegewinn, sowohl gegen das Management als auch gegen den Betriebsrat, erzielen.

Das System der betrieblichen Interessenvertretung wäre im Ergebnis dieses Szenariums wie folgt zu denken:

- der „Sinn" des Systems definiert sich in dem Bestreben, die Arbeitsplätze der Stammbelegschaft zu erhalten,
- die Grenzen des Systems verschieben sich innerhalb der zu vertretenden Belegschaft; die Randbelegschaft, deren Mitglieder weitgehend über atypische Beschäftigungsverträge verfügen, fällt aus dem System heraus,
- im System sind analytisch drei Ebenen zu unterscheiden: die Arbeitnehmer, die Arbeitsgruppen und der Betriebsrat; die Interessenvertretung wird funktional differenziert nach dem Subsidiaritätsprinzip wahrgenommen,
- der ursprünglich lineare Kommunikationsfluß innerhalb der repräsentativen Interessenvertretung wird durch Bereiche zirkulärer Kommunikation (in den Arbeitsgruppen) ergänzt und problemfeldbezogen nach Bedarf vernetzt,
- die Kommunikation zwischen System und Umwelt wird durch alle drei Ebenen autonom, kontinuierlich und systematisch wahrgenommen,
- der entstehende Partizipationsmechanismus eröffnet neue Wege der Problemregulierung. Dieser Mechanismus ist notwendig, weil die gesteigerte Komplexität und Kontingenz des Systems dessen Konfliktanfälligkeit enorm erhöht.
- Das wichtigste Bezugssystem aus der diagnostizierten relevanten Umwelt der betrieblichen Interessenvertretung ist das des eigenen Managements; das ergibt sich aus der neuen Sinndefinition des Systems. Da eine Gewerkschaft nur Einkommen, aber keine Arbeitsplätze zu sichern bzw. zu schaffen vermag, verliert sie als Kommunikationspartner weiter an Bedeutung.

Gesine Foljanty-Jost

Kooperation als umweltpolitisches Prinzip – Erfahrungen aus der kommunalen Umweltpolitik in Japan

Während und nach der „Wende“ in der ehemaligen DDR war eines der Hauptanliegen vor allem derjenigen, die sich für eine umfassende Reformierung ihrer Gesellschaft engagierten, einen sozial und ökologisch verträglichen Umbau zu realisieren. Sie waren konfrontiert mit bis dahin unbekannten Informationen über den desolaten Zustand der Umwelt und einem katastrophalen Ausmaß an Altlasten, aber auch mit einer diffizilen Problemstruktur: typisch für die Belastungssituation ist ihre regionale Heterogenität, die eine Verallgemeinerung kaum zuläßt, Zeitdruck angesichts des Schadensausmasses, aber auch der Handlungsdruck, der aus dem immer deutlicher werdenden Konkurrenzverhältnis von ökologischer Sanierung und ökonomischem Wiederaufbau erwächst.

Die spezifische Umbruchsituation machte ein weiteres Mal die Grenzen des bestehenden umweltrechtlichen Instrumentariums deutlich: es erweist sich häufig als zu starr, zu kompliziert und detailliert, um den Anforderungen vor Ort gerecht werden zu können. Die Kommunen als unterste Verwaltungsebenen, die die entscheidenden Vollzugs- und Kontrollaufgaben wahrnehmen, verfügen zwar über die größte Problemnähe und können den direkten Kontakt zu Bürgern und lokaler oder regionaler Industrie herstellen, sind aber gleichzeitig nicht selten im Dickicht umweltpolitischer Detailregelungen überfordert. Den Umweltschutzbehörden fehlt es für eine wirksame Umsetzung und Kontrolle an Qualifikation, Ausstattung und Kompetenzen. Sie sind gefangen in den widerstreitenden Anforderungen, Umweltschutz wirksam durchzusetzen, die wirtschaftliche Standortattraktivität nicht zu gefährden und den Bürgern ihr Recht auf eine gesunde Lebensumwelt zu garantieren. Gelingt die Harmonisierung dieser unterschiedlichen Anforderungen nicht, bleibt der Umweltschutz nicht selten auf der Strecke bzw. wird über lange Zeit durch Interessenkollisionen blockiert.

Die politischen Entscheidungsträger können zwar zugunsten von Umweltschutzinteressen intervenieren, ihre Motivation ist jedoch stark geprägt durch politische Verwertbarkeit ihres Engagements, die wiederum bestimmt wird durch den öffentlichen Problemdruck und die Forderungen der potentiellen Wähler. Im umweltpolitischen Alltagsgeschäft erweisen sich die Vertreter der politischen Parteien dagegen zu oft in grundsätzlichen Positionsgegensätzen gefangen. Die Bereitschaft oder Fähigkeit zu sachorientiertem und innovativem Vorgehen wird nicht selten durch ideologische Frontenbildung mehr blockiert, denn gefördert. Umweltpolitik in der Routine bleibt Aufgabe der kommunalen Umweltverwaltungen. Im Interesse einer Stabilisierung von wirksamer Umweltschutzpolitik unabhängig von Problemkonjunkturen ist daher die Stärkung der kommunalen Umweltschutzverwaltungen unabdingbar.

Der Ausweg aus deren Dilemma weist in zwei Richtungen, die sich mit den Schlagwörtern „Dezentralisierung" und „Deregulierung" markieren lassen (vgl. Teubner/Willke 1984, S. 4; Bulling 1989, S. 288). Für die Umweltpolitik bedeutet Dezentralisierung die Erweiterung der kommunalen Kompetenzen; Deregulierung impliziert eine Reduzierung von Detailregelungen, die Ergänzung der rechtlichen Instrumente der Umweltpolitik durch informelle Verhandlungssysteme sowie die Entlastung der öffentlichen Verwaltung durch Einbeziehung von gesellschaftlichen Kräften in den politischen Prozeß.[1] Hierzu ist auch die Einbeziehung der Betroffenen in einer frühen Phase der Ausarbeitung von umweltrelevanten Planungen und Umweltschutzauflagen zu rechnen, mit der Handlungsblockaden, Verschleppung, leises Unterlaufen von Bestimmungen und zeitraubendes Prozessieren vermieden und die gesellschaftliche Akzeptanz gesteigert werden kann. Durch Berücksichtigung unterschiedlicher Sichtweisen kann das Lösungsspektrum erweitert werden.

Diese Argumente haben die Institutionalisierung von Bürgerbeteiligung bei Genehmigungsverfahren etc. begünstigt. Beteiligung ist hierbei jedoch begrenzt auf ein konkretes Projekt, der Beteiligungsrahmen ist eng gesteckt. Ein neueres Instrument, das ebenfalls als Reaktion auf Defizite der regulativen Umweltpolitik entstanden ist, ist die vermittlergestützte Mediation bei Umweltkonflikten.[2] Vermittlungsverfahren sind naturgemäß vor allem reaktiv auf die konsensuale Beilegung von Konflikten ausgerichtet, d.h. das Vorhandensein von Konfliktparteien und Interessengegensätzen ist konstituierender Bestandteil von Vermittlungsverfahren. Über diese Ansätze von Betroffenenintegration und Öffnung umweltpolitischer Entscheidungsprozesse

---

1 Die Problematik von Recht als Mittel der Umweltpolitik ist bereits frühzeitig erkannt worden. Vgl. Bohne, Eberhard/Hartkopf, Günter: Umweltpolitik, Band 1, Grundlagen, Analysen und Perspektiven, Opladen 1983, Kap. II. und Müller, E.: „Standortvorteile" der kommunalen Umweltpolitik – Die Notwendigkeit neuer dezentraler umweltpolitischer Instrumente, in: Hucke/Jochen/Ueberhorst/Reinhard (Hg.): Kommunale Umweltpolitik, Basel/Boston/Stuttgart 1983, S. 39-53. Vgl. auch Hoffmann-Riem, W.: Interessenausgleich durch Verhandlungslösungen, in: Zeitschrift für angewandte Umweltforschung, Jg. 3 (1990), H. 1, S. 19-35.

2 Vgl. Striegnitz, M./Callies, J. (Hg.): Um den Konsens streiten. Neue Verfahren der Konfliktbearbeitung durch Verhandlung, Rehburg-Loccum 1991; Hoffmann-Riem, W.: Konfliktvermittler in Verwaltungsverhandlungen, Heidelberg 1989; Passavant, Oliver: Mittlerunterstützte Kooperation in komplexen Verwaltungsprojekten, in: Die öffentliche Verwaltung (DÖV), Jg. 40 (1987), H. 12, S. 523.

gehen die „runden Tische" in Sachen Umweltschutz und ökologische Sanierung, die in den neuen Bundesländern nach 1989 entstanden sind, weit hinaus. Sie basieren auf einer Mischung aus basisdemokratischen Elementen, gesellschaftlicher Kooperation und Bündelung von Sachverstand und nehmen damit das Kooperationsgebot in der Umweltpolitik beim Wort. Dennoch ist es bislang nicht zu einer Verstetigung oder gar Ausweitung informeller, auf Kooperation angelegter Verfahren in der kommunalen Umweltpolitik gekommen. Eine Ursache dürfte die Freiwilligkeit und geringe rechtliche Verbindlichkeit derartiger Verfahren sein. Letztere hat zu der Befürchtung geführt, daß Kooperation von Kommunen, Bürgern und Industrie nur unter starkem Problemdruck zustandekommt, d.h. wenn Umweltschutz bei allen Beteiligten Priorität genießt, zumindest aber der Handlungsbedarf eingesehen wird. Entfällt der Druck, würde die schwächere Seite – also in der Regel die Bürger oder die Kommune – „über den Tisch gezogen", oder hinter verschlossenen Türen zwischen Umweltverwaltung und Industrie „gemauschelt". Umweltpolitische Kooperation als Prinzip sei also für den Routinefall unrealistisch. Diese Befürchtungen sind nicht von der Hand zu weisen, wenn die Verhandlungsmacht der Beteiligten sehr unterschiedlich ist, oder wenn das öffentliche Interesse an strengen Umweltschutzmaßnahmen nachläßt. Wenn aber die Funktionalität von kooperativen und informellen Instrumenten der Umweltpolitik grundsätzlich anerkannt wird, und kommunaler Umweltschutz in Zeiten ökonomischer Krise und sinkenden Umweltengagements nicht ganz zur Dispositionsmasse werden soll, dann muß das Interesse der Frage gelten, mit welchen flankierenden Maßnahmen kooperative kommunale Umweltpolitik unabhängig vom aktuellen Problembewußtsein stabilisiert werden kann.

Mit dem vorliegenden Beitrag sollen die Argumente für eine Modernisierung des kommunalen Umweltschutzes durch kooperative Verfahren gestützt werden, indem mit Japan ein Land vorgestellt wird, das auf eine lange diesbezügliche Erfahrung im Vollzug von Umweltschutzmaßnahmen verfügt und sich mit den Ergebnissen seiner Umweltpolitik durchaus sehen lassen kann. Die nähere Betrachtung dieser Erfahrungen eröffnet die Möglichkeit, begründete Aussagen über die Vorteile, aber auch die Grenzen von Kooperation als umweltpolitischem Prinzip zu treffen.

Der Beitrag gliedert sich in drei Teile. Zunächst wird auf die umweltpolitischen Rahmenbedingungen eingegangen, unter denen die japanischen Kommunen auf die ökologische Krise in den sechziger Jahren reagiert haben. In Teil zwei werden exemplarisch zwei zentrale Bereiche informeller, auf Kooperation abzielender kommunaler Umweltpolitik vorgestellt, nämlich die Praxis der Umweltschutzabkommen zwischen Kommunalverwaltungen, Industriebetrieben und Bürgern sowie Informationssysteme als Vollzugs- und Koordinierungshilfe. Teil drei schließlich diskutiert die Brauchbarkeit der japanischen Erfahrungen für die hiesige Bewältigung ökologischer Altlasten und die Stärkung von kommunalem Umweltschutz.

1. Der Blick zurück: Umweltkrise und kommunale Reaktionen

Japan galt bis in die siebziger Jahre hinein als ökologisches Krisenland, das seinen wirtschaftlichen Aufstieg zur Weltspitze mit Umweltzerstörung wie kaum ein anderes Industrieland bezahlt hatte.

Wasserverschmutzung durch Industrieabwässer hatte schon in den fünfziger Jahren schwerste gesundheitliche Schäden hervorgerufen. Zu trauriger Berühmtheit gelangten die Quecksilbervergiftungen in Minamata und Niigata. 1960 traten in der Hafenstadt Yokkaichi im Umfeld eines zwei Jahre zuvor in Betrieb genommenen petrochemischen Kombinats bei der Bevölkerung chronische Atemwegserkrankungen auf. Die Stadtverwaltung erkannte aufgrund der kurzen Zeitspanne zwischen Inbetriebnahme und Krankheitsausbruch einen Kausalzusammenhang an und stellte den Betroffenen zunächst eine unentgeltliche medizinische Betreuung zur Verfügung. Der Fall von Yokkaichi blieb kein Einzelfall: Im Zuge der wirtschaftlichen Expansion der sechziger und frühen siebziger Jahre mehrten sich in allen industriellen Ballungsgebieten von Japan asthmatische und bronchiale Erkrankungen, häufig chronischen Ausmaßes, Todesfälle unter Patienten mit chronischen Atemwegserkrankungen an Tagen mit extremer Luftbelastung nahmen zu. Im Jahre 1974, als erstmals Patienten mit Atemwegserkrankungen, die von den kommunalen Gesundheitsämtern als Folge von Luftverschmutzung eingestuft worden waren, eine regelmäßige Rente erhielten, lag die Anzahl der „offiziell anerkannten“ Kranken bei 19.340, im Jahr der Abschaffung der Rente, 1987, bei 101.778.[3]

Die Regierung reagierte 1967 mit der Verabschiedung eines „Rahmengesetzes über die Bekämpfung industrieller Umweltverschmutzung" (kôgai taisaku kihon-hô), das gleichzeitig den Beginn einer staatlichen Umweltpolitik signalisierte. Das Gesetz bildete die Grundlage für eine Fülle von Spezialgesetzen, mit denen Kompetenzen und Handlungsgrundlagen der einzelnen Verwaltungsebenen in den Bereichen Luft, Wasser, Boden, Lärm und Erschütterungen sowie üble Gerüche gelegt wurden. Schon zehn Jahre später, im Jahre 1977, attestierte die OECD (1977) Japan eine effiziente Umweltpolitik: die Anzahl der Smogtage in den Ballungszentren war zurückgegangen, die Belastung der Luft durch SO_2 war deutlich gesenkt worden.

Weniger Beachtung geschenkt wurde den Initiativen der Kommunen, die bereits lange vor der Zentralregierung seit den frühen sechziger Jahren – konfrontiert mit den Anzeichen der ökologischen Krise – eigenständig ein umweltpolitisches Instrumentarium entwickelt hatten. Dabei konnten sie auf kein Regelungswerk zurückgreifen, denn auf nationaler Ebene bestand bis 1967 kein wirksames regulatives Instrumentarium, Umweltpolitik war als Bereich staatlicher Politik noch nicht existent. Luftverschmutzung mit ge-

3 Zur – weltweit wohl einmaligen – Umweltrente vgl.: Foljanty-Jost, G.: Rückblick auf ein umweltpolitisches Modell: Die Emissionsabgabe in Japan, in: Asien, Nr. 32, Juli 1989, S. 15-37.

sundheitlichen Folgen in der Bevölkerung stellte medizinisch, rechtlich, politisch und sozial ein völlig neues Problem dar. Es existierten keine Erfahrungen mit der Behandlung der Kranken an akuten Smogtagen, die Frage der Kostenübernahme für Behandlung und Arbeitsausfall war unklar, die Verantwortung für die Schäden war angesichts der Beteiligung aller ansässigen Industriebetriebe an der Luftbelastung offen, administrative Zuständigkeiten, Kompetenzen und Pflichten waren ungeregelt.

Die Kommunen reagierten in dieser Situation weitgehend nach dem trial-and-error-Prinzip, motiviert durch Zeit- und Problemdruck. Angesichts der gesundheitlichen Auswirkungen der Luftverschmutzung bestand ein akuter Legitimationsdruck. Für die politisch Verantwortlichen weitete sich die Umweltkrise zu einer politischen Krise aus, als die Wähler in den betroffenen Gebieten in den Kommunalwahlen Anfang der siebziger Jahre Kandidaten der Opposition ihre Stimme gaben. Schließlich gerieten auch die Unternehmen unter Zugzwang, als immer mehr Betroffene sich zu Schadensersatzklagen entschlossen.

2. *Kooperativer Politikstil als Grundlage kommunaler Umweltpolitik*

Im spezifischen Zusammentreffen von Zeitdruck, Leidensdruck und Legitimationsdruck entwickelten die Kommunen einen Politikstil, der hier als kooperativ bezeichnet werden soll. Er basierte auf der Idee der „kurzen Wege", d.h. des direkten Kontakts zwischen Umweltverwaltung, Industrie und Bürgern und verfolgte das Ziel, den Handlungsspielraum der Kommune durch Einbeziehung der Industrie und der Bürger auszuweiten, Konfliktpotential durch gemeinsame konsensorientierte Lösungen abzubauen und schnell zu tragfähigen Ergebnissen zu kommen. Institutionell fand dies Niederschlag in der Einrichtung von pluralistisch besetzten umweltpolitischen Beiräten sowie dem Abschluß von Umweltschutzabsprachen zwischen Kommunen und Unternehmen. Grundlage hierfür war der Aufbau eines Informationsnetzes, das neben Meßreihen und Datenerhebungen auch Planerstellung und Ausnutzung von Beschwerden über Umweltbelastungen umfaßt.

Die Kommunen spielten mit diesem Vorgehen in Teilbereichen eine Vorreiterrolle für die nationale Umweltpolitik, die Elemente kooperativen Handelns wie beispielsweise die Institution der Umweltschutzbeiräte für die zentralstaatliche Ebene nach 1967 übernahm.

2.1 Umweltschutzabsprachen

Die Praxis der Kommunen, mit Unternehmen Absprachen über Umweltschutzmaßnahmen vor Ort zu treffen und diese in Form von sogenannten Umweltschutzabsprachen zu institutionalisieren, geht auf ein Abkommen der

Industriestadt Yokohama mit dem ortsansässigen Energieerzeuger Tokyo Strom AG zurück, das 1964 abgeschlossen wurde, und den ersten Versuch einer Kommune darstellte, die Baugenehmigung eines umweltbelastenden Unternehmens an Umweltschutzauflagen zu knüpfen. Motiv der Kommune, die unter starkem Druck örtlicher Umweltschutzinitiativen stand, war, mit der Zusatzvereinbarung die Regelungsdefizite des herrschenden Umweltrechts zu kompensieren und einer weiteren Verschlechterung der Luftqualität durch das neue Kohlekraftwerk vorzubeugen. Das Abkommen gilt bis heute als Prototyp eines Umweltschutzabkommens, da der Kraftwerksbetreiber sich nicht nur auf die Kopplung von Baugenehmigung und strengeren Abgasnormen als gesetzlich vorgeschrieben einließ, sondern auch erstmals in der japanischen Umweltgeschichte der Kommune ein Recht auf Betriebsbegehung zu Kontrollzwecken und eine Weisungsbefugnis bei zu erwartenden Umweltschäden einräumte (vgl. Narumi 1970). Die Stadt schloß in der Folgezeit mit nahezu allen Großbetrieben im städtischen Industriegebiet ähnliche Abkommen ab. 1968 folgte Tokyo mit einem ebenfalls spektakulären Abkommen mit dem gleichen Kraftwerksbetreiber. Als Novum wurde hier – wiederum ohne rechtliche Grundlage – das Prinzip der Offenlegung von betrieblichen Meßdaten und eine Reduzierung des Schwefelgehalts in Schweröl von 2,1% auf 1,3% vereinbart.

In den frühen siebziger Jahren hatten sich Umweltschutzabkommen als kommunales umweltpolitisches Instrument durchgesetzt. 1974 hatten 40 von 47 Präfekturen und fast die Hälfte aller Städte, Dörfer und Gemeinden Abkommen abgeschlossen.

Tabelle 1: Anzahl der gültigen Umweltschutzabkommen 1971-1992

1971	1975	1980	1986	1989	1990	1991	1992
854	8.923	17.841	28.581	33.294	35.256	37.000	39.800

Nach: Kankyô-chô (Hrsg.): Tôkyô, laufende Jahrgänge

Umweltschutzabsprachen sind heute zum festen Bestandteil kommunaler Umweltpolitik avanciert, sie gelten neben kommunalen Umweltschutzsatzungen als zweiter Pfeiler kommunaler Umweltpolitik schlechthin (Harada 1981).

Was waren die Ursachen dafür, daß Abkommen neben kommunalen Satzungen zu dem wichtigsten kommunalen Umweltschutzinstrument werden konnten?

Das umweltpolitische Umfeld in dieser frühen Phase, d.h. das Nebeneinander von geringer rechtlicher Regelungsdichte und hohem Problemdruck begünstigte den Einsatz von Abkommen mit normativer Ausrichtung. Hierzu zählen Absprachen über:

- Emissionsnormen
- Brennstoffnormen
- Abwassernormen
- Datenerhebung und -veröffentlichung

Solange keine gesetzlichen Grundlagen bestanden, wurden hier Normen experimentell ausgehandelt, so die Gesamtemissionsmengenbeschränkung für SO_2 und NO_2 in Yokohama, die später in die Luftreinhaltungsgesetzgebung übernommen wurde. Oder aber es wurden bestehende Normen aufgrund der spezifischen örtlichen Problemlage durch Aushandlung verschärft.

Gerade in diesen Fällen stellt sich allerdings die Frage nach der Verbindlichkeit der Abkommen. Es ist zwar argumentiert worden, es handele sich bei Umweltschutzabkommen um privatrechtliche Verträge mit entsprechend bindender Kraft, durchgesetzt hat sich jedoch die Bewertung von Abkommen als gentlemen's agreements.[4] Das bedeutet, daß von einer rechtlichen Unverbindlichkeit und einer rein moralisch bindenden Wirkung ausgegangen werden muß. In der japanischen Diskussion hat dies jedoch nicht dazu geführt, Abkommen generell als wirksames umweltpolitisches Instrument zu verwerfen. Die Gesamtanzahl der 1992 in Kraft befindlichen Abkommen lag bei 39.800. Ursache dürften die Sanktionsmittel sein, die einer Kommune faktisch zur Verfügung stehen, um Kooperationsbereitschaft notfalls zu erzwingen; sei es die Androhung, ihrerseits Kooperationswilligkeit in anderen Bereichen einzustellen; sei es, das Abkommen in der Öffentlichkeit bekannt zu machen und damit die disziplinierende Wirkung des Rechts durch die von öffentlicher Kontrolle zu ersetzen. Diese Form von Sanktionsandrohungen ist eher wirksam bei Klein- und Mittelbetrieben, die stärker als die Großindustrie vom Wohlwollen der Verwaltung abhängig sind. Bei der Großindustrie ist demgegenüber das Widerstands- und Durchsetzungspotential gegenüber der Kommune allein aufgrund ihrer Bedeutung für die lokale Wirtschaft deutlich höher zu veranschlagen. So läßt sich erklären, warum die Anzahl der abgeschlossenen Abkommen in typischerweise großdimensionierten Industriezweigen wie Stahl oder Chemie deutlich niedriger als in Branchen mit einem hohen Anteil an klein- und mittelständischen Unternehmen ist (Tabelle 2). Gemeinden mit einem hohen Anteil an Großindustrie neigen eher dazu, Umweltschutznormen satzungsmäßig zu fixieren und damit ein Minimum an Rechtssicherheit herzustellen (vgl. Yamanouchi, Otsubo 1989, S. 221-245).

---

4 Zu den Umweltschutzabsprachen vgl. ausführlich: Foljanty-Jost, G.: Kommunale Umweltpolitik in Japan – Alternativen zur rechtsförmlichen Steuerung, Hamburg 1988, S. 88-91.

Tabelle 2: Neu abgeschlossene Umweltschutzabkommen nach Industriebranchen 1993

Branche	Anzahl der Unternehmen	Branche	Anzahl der Unternehmen
Landwirtschaft	121	Gummi, Leder	33
Bergbau	44	Keramik, Steine, Erden	196
Baugewerbe	134	Eisen, Stahl	86
Lebensmittel	207	NE-Metalle	85
Bekleidung, Textilien	77	Metallverarbeitung	304
Holz	64	Maschinenbau	377
Chemie	198	Elektrotechnik	36
Papier	70	andere	1440
Erdöl, Kohle	81		

Quelle: Kankyô-chô (Hrsg.): Kankyô hakusho. Kakuron 1993, Tôkyô 1993, S. 316

Mit der Großindustrie kamen Absprachen zustande, als diese sich in der Defensive befand. Dies war bis in die siebziger Jahre hinein der Fall, als die Atemwegserkrankungen in den Industrierevieren zunahmen und eine unübersehbare Flut von Schadensersatzprozessen der Betroffenen drohte. In dieser Situation hat der Abschluß von Abkommen für alle Seiten Vorteile: die Industrie kann mit der Demonstration von Kooperationsbereitschaft die Konfliktbereitschaft seitens der betroffenen Bürger und Bürgerinitiativen verringern. Für die Kommune erweitert sich der Handlungsspielraum und erhöht sich die politische Akzeptanz, für die Bürger werden Lösungen möglich, die das bestehende rechtliche Instrumentarium nicht hergibt, d.h. sowohl rechtlich ungeregelte Bereiche, aber auch unbekannte Formen von Umweltbelastung lassen sich aufgreifen. Für alle Seiten gilt: Es braucht nur dort eingegriffen zu werden, wo akuter Handlungsbedarf besteht, ohne daß gleich ein langwieriges, alle Industriebetriebe gleichermaßen betreffendes Regelungssystem formuliert werden muß. Alle Seiten können ihre spezifischen Handlungsoptionen und -restriktionen in die Gespräche einbringen. Angestrebt ist die konsensuale Entscheidung. Damit gilt statt des blockierenden „entweder oder" ein „sowohl als auch".

Diese Vorteile werden zum Teil hinfällig, wenn hoher Problemdruck und rechtliche Regelungslücken nicht mehr existieren. Die japanische Praxis nach der Verabschiedung eines umfangreichen Pakets von Umweltschutzgesetzen 1970 zeigt, daß die normsetzende Funktion von Abkommen mit zunehmender Verrechtlichung an Bedeutung verliert. Sie werden damit nicht zwangsläufig funktionslos: In Japan werden auch unter den veränderten Rahmenbedingungen seit dem Ende der siebziger Jahre noch jährlich mehr als 2000 neue Abkommen geschlossen, obwohl seither eine hohe Regelungsdichte besteht, eine reale Entlastung der Luftbelastung festzustellen ist und ein breites Umweltengagement in der Öffentlichkeit nicht mehr besteht. Daß die Umweltschutzabsprachen dennoch weiterhin in diesem Umfang abgeschlossen werden, zeigt, daß sie heute als Bestandteil der kommunalen Umweltpolitik institutionalisiert und nicht mehr abhängig von dem Vorhandensein von aktuellem Problemdruck und Bürgerprotesten von den Kommunen eingesetzt werden. Die Bevölkerung wird kaum noch beteiligt. 1992 waren von 2800 neu abgeschlossenen Absprachen 169 im Beisein von Bürgervertretern zustandegekommen, allerdings ohne die Möglichkeit der aktiven Beteiligung einzuräumen. In weiteren 136 Abkommen war die Bürgerseite als gleichberechtigter Verhandlungspartner zugegen. 219 Abkommen wurden direkt zwischen Unternehmen und Bürgern abgeschlossen (Kankyô-chô 1993, S. 316).

Die Abkommen sind unter den heutigen Bedingungen des umweltpolitischen „Normalfalls" ein Instrument der Vollzugsoptimierung geworden, d.h. Verhandlungsgegenstand sind heute konkrete Schritte zur Umsetzung von gesetzlichen Auflagen, darunter auch Informations- und Kontrollpflichten der Betriebe.

Das Repertoire des kommunalen Umweltschutzes hat sich dadurch erweitert. Wie neue Absprachen zwischen Kommunen und Produzenten von Halbleitern zeigen, läßt sich die innovative, normsetzende Funktion der Umweltschutzabsprachen reaktivieren, wenn es darum geht, zu erwartende neu auftretende Umweltprobleme präventiv zu bearbeiten, für die noch kein rechtliches Regelungsinstrumentarium besteht.

2.2 Informationen als Frühwarnsystem

Möglichst lückenlose Informationen über den Stand der Umweltbelastung und deren Ursachenstruktur sind nicht nur Voraussetzung für die Konzipierung von Problemlösungen, sondern auch Grundlage für die Entwicklung von Umweltschutzengagement der Bevölkerung und die Wahrnehmung von Überwachungs- und Kontrollfunktionen. Informationen sind Voraussetzung für Chancengleichheit in Verhandlungen zwischen Industrie, Kommune und Bevölkerung.

Die regelmäßige und vollständige Erfassung von umweltrelevanten Daten kann und sollte Aufgabe der zentralstaatlichen Ebene sein. Die kleinräumige Berichterstattung über die Umweltsituation einer Stadt, eines Kreises oder einer Gemeinde mit einem entsprechend höheren Konkretisierungsgrad ist dagegen als Grundlage für Umweltschutzaktivitäten vor Ort weitaus handlungsrelevanter.

(a) Umweltberichterstattung

Die japanischen Kommunen verfügen bereits seit Ende der sechziger Jahre über ein ausdifferenziertes Netz zur Erhebung von Immissions-, Emissions- und anderen umweltrelevanten Daten.[5] Je nach politischer Couleur und um-

5 Einen Überblick über die kommunalen Meßnetze für die einzelnen Umweltmedien gibt Weidner, H.: Umweltberichterstattung in Japan, Berlin 1987.

weltpolitischem Engagement der Kommunen werden die Informationen der Öffentlichkeit zugängig gemacht. Jährliche Umweltschutzberichte veröffentlichen alle Präfekturen sowie nahezu sämtliche Großstädte des Landes. Die Bandbreite ist weit: sie reicht von reinen, unkommentierten Datensammlungen bis hin zu hoch differenzierten, kommentierten Darstellungen. Rechtlichen Beschränkungen in der Informationsoffenlegung sind eine Reihe von japanischen Kommunen begegnet, indem sie die oben angesprochenen Umweltschutzabkommen genutzt haben, um mit einzelnen Emittenten Berichtspflichten des Betriebs, zusätzliche Kontrollmöglichkeiten der Kommune sowie Offenlegungsrechte abzusichern. Dies ist insbesondere bei Emissionswerten von Einzelunternehmen außerordentlich bedeutsam, da nur über diesen Weg die Bevölkerung Umweltbelastungen direkt einem Verursacher zuordnen kann. Der Konformitätsdruck auf die Unternehmen wächst, aber auch ihr ökologisches Image, wenn sie sich auf dieses Maß an Transparenz einlassen. Mit der Bereitstellung von Informationen werden die Voraussetzungen für eine Partizipation der breiten Öffentlichkeit an umweltpolitischen Fragen geschaffen.

(b) Das kommunale Beschwerdesystem

In umgekehrter Richtung, jedoch mit ähnlichen Effekten, wirkt das kommunale Beschwerdesystem. Es ist in den Kommunalverwaltungen auf dem Höhepunkt der Umweltkrise in den sechziger Jahren eingerichtet worden, damit Bürger bei Umweltbeeinträchtigungen eine Anlaufstelle haben, die Klagen entgegennimmt und den Ursachen der Beschwerden nachgeht. Hier ist es die Bevölkerung, die die Kommune informiert und zum Handeln veranlaßt. Bei Umweltbeeinträchtigungen kann die Bevölkerung sich an die Kommunalverwaltung wenden. Mit dem Vorliegen einer Beschwerde wird das Problem aktenkundig, die Verwaltung ist gezwungen, den Klagen nachzugehen. In der Regel ist dies Ausgangspunkt für direkte Gespräche mit den mutmaßlichen Verursachern. Die Behörde kann einseitig Maßnahmen „empfehlen“, um Abhilfe zu schaffen. Dieser Weg ist rechtlich unverbindlich, seine bindende Wirkung liegt in der Androhbarkeit von rechtlichen Schritten, aber auch von Offenlegung der Verstöße in der Presse etc.

Daß das Beschwerdesystem die Bereitschaft von kleineren und mittleren Unternehmen, in Umweltschutz zu investieren, durchaus beeinflußt, zeigen Umfragen bei Unternehmen. Dabei ist interessant, daß Umweltschutzauflagen der Behörden sowie gesetzliche Vorgaben weniger zu Umweltschutz motivieren als Beschwerden. Immerhin geben 15% an, daß Beschwerden der auslösende Faktor für Umweltschutzmaßnahmen gewesen sind.

Tabelle 3: Anlaß für Umweltschutzmaßnahmen in Mittel- und Kleinbetrieben

	1983	1984	1985	1986	1987	1988	1992
Verschärfung der Umweltschutzgesetze	21,2	19,0	16,5	13,0	15,0	13,1	14,7
Beschwerden und Forderungen der Bevölkerung	18,1	20,3	18,3	16,2	12,1	16,1	15,3
Weisungen und Empfehlungen der Behörden	24,7	23,3	22,3	21,1	18,5	17,9	12,2
Weisungen und Empfehlungen der Branchenverbände	6,2	7,4	3,3	6,4	3,9	4,8	4,3
Veränderungen im Produktionsprozeß	18,6	19,7	18,2	13,6	16,1	15,8	14,1
Erweiterung der Produktion	21,4	27,5	28,6	25,4	19,9	27,3	21,3
Technologische Innovation	10,9	7,6	10,0	10,2	7,9	7,9	6,3
Verlegung der Produktionsstätte	7,8	7,6	7,1	9,6	6,9	10,6	12,5
Überalterung der Maschinen				31,9	33,5	30,4	29,0
andere Gründe	16,4	15,7	22,9	8,3	13,9	10,1	30,3

Quelle: Kankyô-chô (Hrsg.), 1992, S.171 (Mehrfachnennungen)

Um eine höhere Verbindlichkeit zu erreichen, werden bei grundlegenderen Problemen die vorgesehenen Maßnahmen auch in Form von Umweltschutzabkommen festgeschrieben. Kommt es zu keiner Einigung, kann ein formelles Mediationsverfahren eingeleitet werden, bei dem die Kommune als neutraler Schlichter auftritt.[6]

Das Beschwerdesystem ergänzt die Kontrollkapazitäten der Vollzugsinstanzen, indem es die Standortvorteile der Bevölkerung, d.h. ihre zeitliche und räumliche Nähe zu potentiellen Umweltverschmutzern nutzt. Die Bevölkerung registriert stärker als die Vollzugsinstanzen im Alltag Verstöße gegen Umweltschutzauflagen, kann neue Formen von Belastung ausfindig machen, da sie durch Wohn- und Arbeitsort kontinuierlich anwesend ist und Negativfolgen am unmittelbarsten spürt. Dieser Informationsvorsprung der Bevölkerung macht sich besonders in sensitiven Bereichen wie Lärm- und Geruchsbelastung oder Erschütterungen positiv bemerkbar, die ohne Vorabinformation der Vollzugsbehörden nur sporadisch und zufällig erfaßt werden können. Hier liegen erfahrungsgemäß auch die meisten spezifischen Beschwerden vor, 1991 waren es 38,3%. Auffallend ist auch, daß der Anteil von Beschwerden außerhalb der gesetzlich definierten sieben Belastungskategorien zunimmt. 1975 lag der Anteil bei 12%, 1991 bei 39,2%. Hierin zeigt sich einer-

6 Das außergerichtliche Schlichtungssystem wird analysiert bei: Foljanty-Jost, Gesine: Kooperation statt Konfrontation. Verhandlungen als Mittel der Beilegung von Umweltkonflikten in Japan, in: Zeitschrift für angewandte Umweltforschung, Jg. 3 (1990), H. 1, S. 36-50.

seits die sinkende Treffsicherheit rechtlicher Regelungen, die sich nur auf die sieben Kategorien beziehen, andererseits die Funktion von Beschwerden als Frühwarnsystem für neue Belastungsformen.

Tabelle 4: Beschwerden über Umweltbelastungen aus der Bevölkerung in %

	1975	1980	1985	1991
Gesamt	76.531	64.690	64.550	76.713
davon: in % Luftverschmutzung	15,5	14,3	14,0	12,4
Bodenverschmutzung/ –absenkung	0,8	0,5	0,4	0,3
Erschütterung	*	4,7	4,0	2,4
Lärm	31,1	32,6	30,0	21,9
üble Gerüche	22,8	19,9	19,4	13,7
andere	12,0	15,3	20,4	39,2

*1975 wurden die Werte für Erschütterung und Lärm zusammen erfaßt.

Quelle: Kankyô-chô , laufende Jahrgänge

Zweifellos ist dieses System vor allem reaktiv nutzbar, d.h. wenn bereits Beeinträchtigungen vorliegen. Diese jedoch aufzudecken und zum Thema für Gespräche zwischen Betroffenen, Verursachern und Kommunen zu machen, ist eine nicht zu unterschätzende Funktion des Beschwerdesystems und kann die Treffsicherheit umweltpolitischer Maßnahmen erhöhen. Als zweiter Mechanismus der Informationsverdichtung unterstützt es die Konzipierung und Durchsetzung von Umweltschutzmaßnahmen und erhöht das Aufdeckungsrisiko für umweltschädigende Handlungen.

(c) Umweltschutzplanungen

Ein dritter Mechanismus der Informationsbereitstellung und -nutzung sind schließlich kommunale Umweltschutzpläne sowie die Umweltverträglichkeitsprüfung. Das Prinzip, Umweltpolitik auf der Grundlage von Umweltschutzplänen zu konzipieren, geht auf das Rahmengesetz über die Bekämpfung von Umweltzerstörung von 1967 zurück. Im Zuge der Abkehr von einem medial orientierten und der Hinwendung zu einem integrierten Umweltschutzkonzept setzt sich seit den späten achtziger Jahren als neuer Planungsansatz die Abfassung von „Umweltmanagementplänen" (kankyô kanri keikaku) durch. Der Ansatz geht davon aus, daß ein erfolgreicher Umweltschutz der Komplexität heutiger Umweltprobleme nur dann gerecht werden kann, wenn horizontal, d.h. ressortübergreifend agiert wird und die Umweltschutzbehörden vor allem koordinierende und vermittelnde Funktionen bei der Formulierung von Maßnahmepaketen übernehmen (Saruta 1993, S. 215). Der Umweltmanagementplan ist ein Instrument, begrenzte natürliche Ressourcen in einem Gebiet planvoll, langfristig tragbar und ganzheitlich zu nutzen bzw. zu gestalten. Er kann ergänzt werden durch Spezialplanungen wie Flächennutzungsplanung, Verkehrsplanung, Umweltverträglichkeits- und Risikofolgenabschätzung etc. Bis Mitte 1992 hatten von 52 Präfekturen und Millionenstädten 36 einen Umweltmanagementplan verabschiedet, weitere sieben standen im Planungsprozeß. Die Planung verläuft in drei Stufen: die Kommune entwirft eine Zukunftsvision von Umwelt und Natur mit einer mittleren Reichweite. In einem zweiten Schritt werden Politikszenarien zur Erreichung dieser Zielvorstellungen entworfen, die in einem dritten Schritt in Einzelmaßnahmen übersetzt werden. Der Planungsprozeß selbst setzt eine weitreichende Datenerhebung im Planungsraum voraus, die jedoch anders als bei der Umweltberichterstattung aufgrund des umfassenden Ansatzes nicht allein auf medialen Meßwerten beruhen kann, sondern auch subjektive Anforderungen an die Umweltqualität wie Ruhe, ausreichende Begrünung u.ä. mitberücksichtigt. Als Grundlage für qualitative Zielbestimmungen benutzen einige Gebietskörperschaften, darunter auch Tokyo, Umfragen in der Bevölkerung.

Wenn man davon ausgeht, daß integrierte Umweltschutzplanungen nur dann Aussicht auf Umsetzung haben, wenn sie auf Zustimmung und Kooperationsbereitschaft bei allen Betroffenen stoßen, ist der Aspekt der Betroffenenbeteiligung am Planungsprozeß von zentraler Bedeutung (Asano 1993, S. 65). Die Einbeziehung von Umfrageergebnissen ist dabei nur eine, eine institutionalisierte Einbindung von Unternehmen und Bürgern in den Planungsprozeß ist die weitergehende Möglichkeit. Mit Umweltschutzbeiräten der Kommunalverwaltung, in denen Vertreter der Wissenschaft, der Wirtschaft, der Verbände und z.T. der Verwaltung auf ehrenamtlicher Basis kommunale Umweltschutzmaßnahmen diskutieren und Empfehlungen erarbeiten, besteht eine Institution, die diese Aufgabe übernehmen kann. Beiräte dieser Art finden sich auf allen Verwaltungsebenen und in allen Politikfeldern. Durch die Anbindung an die Verwaltung ist ihre Arbeit den parteipolitischen Grabenkämpfen in der Regel entzogen, Parteizugehörigkeit bzw. Parteienproporz spielen in der Auswahl der Mitglieder weitaus weniger eine Rolle als öffentliches Prestige und Status. Ihre Reichweite und Durchsetzungsfähigkeit läßt sich nicht verallgemeinern, generell gelten sie als Ort der Interessenvermittlung, des Informationsaustausches und der kooperativen Politikformulierung. Problematisch ist allerdings, daß die Mitglieder von der Verwaltungsspitze ausgewählt und ernannt werden, ein im westlichen Sinne repräsentativer Durchschnitt der betroffenen Interessengruppen ist dabei häufig nicht gegeben, d.h. kritische Stimmen aus Gewerkschaften und Umweltschutzgruppen sind in der Regel deutlich unterrepräsentiert. Da jedoch nicht nach dem Mehrheitsprinzip entschieden wird, sondern im Konsensverfahren, ist von der quantitativen Ungleichheit nicht zwangsläufig auf die Qualität der Ergebnisse zu schließen.

Durch die Einbeziehung von Beiräten und ihre aktive Rolle bei der Ausformulierung und Darstellung der Pläne in der Öffentlichkeit können die Umweltmanagementpläne eine doppelte Funktion erfüllen: durch den integrativen, die unterschiedlichen gesellschaftlichen Interessen einbindenden

Planungsprozeß kann ein breiter lokaler oder regionaler Konsens über Umweltschutzziele und Maßnahmen hergestellt werden und späteren Vollzugshemmnissen vorgebeugt werden.

Mit dem fertigen Plan werden der breiteren Öffentlichkeit umfassende Informationen über Status Quo, wünschenswerte Politikziele und geplante Maßnahmen vorgelegt. Sie erhält damit eine Orientierungshilfe für eigenes Handeln und eine Grundlage für die Bewertung von kommunaler Umweltpolitik.

3. Kooperation als leitendes Prinzip: Chancen und Grenzen

Aus den Erfahrungen der japanischen Kommunen mit extralegalen Instrumenten der Umweltpolitik in den vergangenen zwanzig Jahren lassen sich folgende Vorteile zusammenfassen:

- Informelle Verfahren erweitern den Handlungsspielraum der Kommunen,
- Integration und institutionalisierte Kommunikation möglichst vieler Beteiligter mit dem Ziel einvernehmlicher Problemlösungen erhöhen die Akzeptanz von Planungen und Umweltschutzauflagen. Die Kooperationsbereitschaft bei der Umsetzung steigt.
- Absprachen lassen auf dem Wege der Selbstverpflichtung unbürokratische, unkonventionelle und kurzfristige Maßnahmen zu.
- Neben der basisdemokratischen Komponente wird eine Bündelung von Sachverstand und Engagement über Betroffenheit ermöglicht, die weniger durch parteipolitische Kontroversen belastet ist als die Arbeit von Fachausschüssen der Gemeinde- oder Stadträte.

Die Grenzen einer Umweltpolitik, die sich informeller Verhandlungs- und Beratungssysteme bedient, ergeben sich aus den Voraussetzungen für ihre Wirksamkeit:

- Grundlage ist Freiwilligkeit und rechtliche Unverbindlichkeit.
- Die Beteiligten müssen über eine vergleichbare Verhandlungsmacht verfügen, Bürger verfügen nicht zwangsläufig über die gleiche Durchsetzungsstärke wie die Kommune oder die Industrie.
- Beteiligung, Verfahren und Verhandlungsergebnisse müssen öffentlich kontrollierbar sein, um Demokratiedefizite zu vermeiden.

Die japanische Praxis zeigt:

- Mangelnde rechtliche Sanktionsmittel lassen sich durch moralischen Druck, Konfliktandrohung und Transparenz kompensieren.
- Waffengleichheit besteht, solange die Industrie in der Defensive ist und Kommunen und Bürger an einem Strang ziehen.
- Informelle Verfahren setzen Vorteile für alle Beteiligten voraus, damit es zu ernsthafter Kooperationsbereitschaft kommt.

Hinzu kommen weitere Voraussetzungen, die im Falle Japans einem umfassenden Einsatz von kooperativen Verfahren entgegenkommen.

Hierzu zählt vor allem der Problemdruck. Die japanischen Kommunen haben die unterschiedlichen Varianten informeller Steuerung in einer Phase entwickelt, als die Bevölkerung in den Ballungszentren unter extremer Umweltbelastung litt. Die gesundheitlichen Folgen der Luftverschmutzung waren spektakulär. Akuter Problemdruck und eine zur damaligen Zeit nicht prognostizierbare Kostenlawine für die Entschädigung der an der Luftverschmutzung Erkrankten haben die Mobilisierbarkeit der Bevölkerung und die Kooperationsbereitschaft der Industriebetriebe begünstigt. Zynisch gesprochen: das tödliche Ausmaß der Belastung hat günstige Bedingungen für umweltpolitische Initiativen geschaffen. Die Kommunen standen unter politischem Druck, nachdem das Umweltthema wahlentscheidend geworden war. Den Industrieunternehmen stand eine Welle von Schadensersatzprozessen ins Haus. Das Prinzip der Kooperation und Absprache war unter diesen Bedingungen für alle Beteiligten nicht nur zur aktuellen Krisenbekämpfung die beste Lösung, sondern auch zur Wiederherstellung von sozialem Frieden.

Die Entwicklung zeigt, daß diese Bedingungen für die Einführung von innovativen Verfahren wichtig sind, daß es jedoch im Zeitverlauf zu einer institutionellen Verselbständigung der Verfahren kommen kann, die dann nicht mehr vom konkreten Problemstand abhängig sind.

Neben dem akuten Problemdruck dürfte die wirtschaftliche Situation die Kooperationsbereitschaft aller Beteiligten beeinflussen: In Japan fiel die Umweltkrise in eine Zeit höchsten wirtschaftlichen Wachstums. Damit waren die Kommunen umweltpolitisch nicht erpreßbar: die Standortvorteile in den Industriezentren machten die Androhung von Standortverlagerung wegen zu strenger Umweltschutzauflagen unrealistisch. Die Alternative „Arbeitsplatzsicherung oder Umweltschutz“ bestand in Zeiten der Vollbeschäftigung nicht. Sie besteht allerdings auch heute nicht, da sich aufgrund der Ideologie der lebenslangen Beschäftigungsgarantie in Großunternehmen, wie zum Beispiel der Chemie- und Stahlindustrie sowie aufgrund der geringen Standortalternativen „Ökologie oder Ökonomie“ nicht in einem Maße wie bei uns zu einem Widerspruch entwickelt hat.

Schließlich muß berücksichtigt werden, daß anders als bei uns informelle, auf direkten Kontakten basierende Aushandlungsmuster fester Bestandteil der politischen Kultur sind. Der Vorwurf der zu geringen Transparenz oder demokratischen Kontrollierbarkeit wurde zwar im westlichen Ausland, weitaus weniger jedoch innerhalb von Japan erhoben. Sowohl die Kooperationsbereitschaft als auch die öffentliche Akzeptanz einer auf Kooperation fußenden Umweltpolitik wird dadurch begünstigt.

Der Handlungsspielraum deutscher Kommunen ist zum gegenwärtigen Zeitpunkt zweifellos begrenzter, die Voraussetzungen für ein Mehr an Umweltschutz durch informelle Absprachen sind nicht günstig, solange die Industrie Umweltschutz als Hindernis für den wirtschaftlichen Aufschwung zurückweisen kann und für weite Teile der Bevölkerung die Sicherung des

Arbeitsplatzes und einer bezahlbaren Wohnung höchste Priorität besitzt. Deshalb brauchen jedoch die umweltpolitischen Erfahrungen der japanischen Kommunen nicht in das Reich der Utopie verwiesen zu werden. Anders als im Japan der frühen sechziger Jahre ist Umweltschutz bei uns heute ein etablierter Politikbereich. Wahlen kann man zwar gegenwärtig wohl nicht mit, aber auch nicht gegen die Umwelt gewinnen. Kooperation in Sachen Umweltschutz dient heute durchaus der unternehmerischen Imagepflege.

Es bleibt das Problem der Definitions- und Verhandlungsmacht bei Kooperationslösungen. Die Relevanz von Information als Instrument zur Herstellung von Waffengleichheit zwischen Vertretern von Umweltschutzinteressen, Kommunen und Unternehmen ist dabei nicht zu unterschätzen. Von großer Bedeutung dürfte hierbei die Kapazität der Umweltschutzverwaltung sein, Information und Transparenz zu nutzen, um die eigene Verhandlungsposition zu stärken. Planungen, Umweltschutzberichte und auch Beschwerdesysteme sind mögliche Instrumente, um durch Wissen die umweltpolitische Kompetenz von Kommunen und Bürgern zu erhöhen. Sie bieten Informationen und Transparenz und dienen der Verbesserung von Chancengleichheit im Verhandlungsprozeß. Sie können als Mittel eingesetzt werden, um Kooperationsbereitschaft bei Unternehmen herzustellen und Umweltschutzengagement in der Bevölkerung zu wecken.

Mit den ökologischen runden Tischen ist eine Modernisierung der dezentralen Umweltpolitik in Richtung auf eine Institutionalisierung kooperativer Verfahren eingeleitet worden. Ihre Zukunft dürfte nicht nur von gesellschaftlichen und politischen Rahmenbedingungen abhängen, sondern auch vom Willen der Beteiligten. Eine Schlüsselrolle kommt hier der Bereitschaft und Fähigkeit der Kommunen zu, in der Einbindung von öffentlichen Interessenvertretern in den Planungs-, Formulierungs- und Durchsetzungsprozeß von umweltrelevanten Maßnahmen keine Entwertung und Konkurrenz, sondern Entlastung und Befruchtung der eigenen Arbeit zu sehen.

Die Erfahrungen der japanischen Kommunen zeigen, daß dies nicht nur möglich, sondern auch umweltpolitisch sinnvoll ist.

Literatur

Abromeit, H.: Der verkappte Einheitsstaat, Opladen 1992

Abromeit, H.: Die „Vertretungslücke“. Probleme im neuen deutschen Bundesstaat. Gegenwartskunde 3/1993

Adler, H./Koch, G./Lambach, R./ Völker, U.: Aufbau von Jugendhilfestrukturen in den neuen Bundesländern (2) – Einige Informationen zur Lage der Jugendämter, in: Jugendhilfe 31 (1993) 3, S. 129-134

Ahnert, L. u.a.: Außerfamiliäre Tagesbetreuung für Kinder unter 3 vor und nach den gesellschaftlichen Veränderungen im Osten Deutschlands. Abschlußbericht der Kurzstudie 9/8 der KSPW, Halle 1992

Ahrbeck, R.: Die allseitig entwickelte Persönlichkeit. Studien zur Geschichte des humanistischen Bildungsideals. Berlin 1979

Algermissen, J.: Der Betrieb – Eine Analyse des Betriebes als Situationsfeld im Rahmen der Allgemeinen Wirtschaftslehre, Hildesheim 1993 (unveröffentl. Schrift)

Arbeitsgemeinschaft für Jugendhilfe (AGJ): Jetzt Perspektiven und Strukturen für die Jugendhilfe in Ostdeutschland sichern – Sonderplan Neue Länder. Stellungnahme der AGJ zur dezentralen Förderung des Bundes im Bereich der Jugendhilfe. Verabschiedet vom Vorstand der AGJ am 15. Juni 1992 in Berlin, in: Jugendhilfe 30 (1992) 7, S. 290-293

Asano, N.: Nihon no kankyô kanri keikaku to kadai, in: Jurisuto, Nr. 1015, 1993, S. 65

Backhaus-Maul, H./ Olk, Th.: Von der Subsidiarität zum „contracting-out“. Zum Wandel der Beziehungen zwischen Staat und Verbänden in der Sozialpolitik, in: W. Streeck (Hg.). Verbände und Staat, Sonderheft 25 der Politischen Vierteljahresschrift, Opladen 1994 (im Erscheinen)

Backhaus-Maul, H./Olk, Th.: Intermediäre Organisation und kommunale Sozialpolitik im deutschen Einigungsprozeß, in: Zschr. für Sozialreform 37 (1991) 11/12, S. 676-700

Backhaus-Maul, H./Olk, Th.: Von der „staatssozialistischen“ zur kommunalen Sozialpolitik, in: Archiv für Kommunalwissenschaften 32 (1993) 2. Halbjahresband, S. 300-330

Bast, K./Ostner, I.: Ehe und Familie in der Sozialpolitik der DDR und BRD – ein Vergleich, in: Schmähl, 1992, S. 228-270

Becher, T.: Disciplinary Discourse, in: Studies in Higher education. Nr. 12/1987

Beck, M.: Einrichtungen und Personal der Jugendhilfe 1990, in: Wirtschaft und Statistik (1992) 7, S. 456-462

Beck, U.: Die Erfindung des Politischen. Versuch einer Theorie der reflexiven Moderne, Frankfurt a.M. 1993

Beck, U.: Gegengifte. Die organisierte Unverantwortlichkeit, Frankfurt a.M. 1988.

Beck, U.: Risiskogesellschaft. Auf dem Weg in eine andere Moderne, Frankfurt a.M. 1986.

Becker-Schmidt, R.: Die doppelte Vergesellschaftung – die doppelte Unterdrückung, in: Unterkirchner, Lilo/Wagner, Ina (Hg.): Die andere Hälfte der Gesellschaft. Österreichischer Soziologentag 1985, Wien 1987, 10-25

Beckmann, P.: Die ökonomische Lage von Arbeitslosen-Familien in Ostdeutschland, in: Erwerbsbeteiligung von Frauen – Anreize und Barrieren (SAMF Arbeitspapier 1993/2). Gelsenkirchen 1993

Behnken, I./Krüger, H.-H. u.a.: Schülerstudie '90, Weinheim/München 1991

Betz, H.-G.: Krise oder Wandel? Zur Zukunft der Politik in der postindustriellen Moderne, in: APuZ, B 11, 1993

BMFJ (Hg.): Frauen im mittleren Alter. Lebenslagen der Geburtskohorten von 1935 bis 1950 in den alten und neuen Bundesländern, hrsg. vom Wissenschaftlichen Beirat für Frauenpolitik beim Bundesministerium für Frauen und Jugend. (Schriftenreihe des Bundesministeriums für Frauen und Jugend, 13), Stuttgart/Berlin/Köln 1993

Bock, T.: Qualifikationsprofil und Ausbildungsstruktur für Sozialarbeiter in den neuen Bundesländern (Statement beim Symposion: Kommunale Gesellschaftspolitik im geeinten Deutschland der Werner-Reimer-Stiftung). Bad Homburg v.d.H., vom 29. bis 31. Januar 1992

Bohn, I./Kreft, G./Stüwe, G./Weigel, G.: Aktionsprogramm gegen Aggression und Gewalt 1992 – 1994. Erster Zwischenbericht September 1991 – Dezember 1992 (Institut für Sozialarbeit und Sozialpädagogik). Frankfurt/M. 1993

Bohne, E./Hartkopf, G.: Umweltpolitik, Band 1, Grundlagen, Analysen und Perspektiven, Opladen 1983

Bolz, L.: Von Deutschem Bauen. Reden und Aufsätze, Berlin/Ost 1951

Botkin; J.W./Elmandrja, M./Malitza, M.: Das moralische Dilemma. Zukunft und Lernen. Club of Rome. Bericht für die achtziger Jahre, Innsbruck/München/Wien/Zürich 1979/1981.

Bramer, H.: Berufliche Weiterbildung in der DDR vor der Wende, in: Mitteilungen aus der Arbeitsmarkt- und Berufsforschung, Heft 2, 1991, S. 423 – 431

Brenner, G./Nörber, M. (Hg.): Jugendarbeit und Schule, Weinheim/München 1992

Brinkmann, C./Engelbrech, G.: Erwerbsbeteiligung und Erwerbstätigkeit von Frauen. In: BeitrAB 143, 1991, 23-26

Brödel, R.: Erwachsenenbildung am Beginn der Transformation, in: Brödel, R. (Hg.): Theorie und Praxis, Band 36, Hannover 1993

Brödel, R.: Wohlfahrtsstaatliches Krisenmanagement durch arbeitsmarktbezogene Weiterbildung. Erwachsenen- und Weiterbildung in den neuen Ländern, in: Der pädagogische Blick. Zeitschrift für Wissenschaft und Praxis in pädagogischen Berufen, 1. Jg., 1993/Heft 3

Büchner, P./Fuhs, B./Krüger, H.-H.: Kinderalltag und Kinderfreizeit in Ost- und Westdeutschland, in: deutsche jugend 41 (1993), H. 1, S. 31-41

Büchner, P.: Aufwachsen in den 80er Jahren, in: P. Büchner/H.-H. Krüger/L. Chisholm (Hg.): Kindheit und Jugend im interkulturellen Vergleich. Opladen 1990, S. 79-94

Bulling, M.: Kooperatives Verwaltungshandeln (Vorverhandlungen, Arrangements, Agreements und Verträge) in der Verwaltungspraxis, in: Die öffentliche Verwaltung (DÖV), Jg. 42 (1989), H. 7, S. 277-289

Bundesanstalt für Arbeit (Hg.): Qualifizierung in den neuen Bundesländern. Hintergründe, Tendenzen, Folgerungen. Materialien aus der Arbeitsmarkt- und Berufsforschung 7/1990

Bundesminister für Bildung und Wissenschaft (Hg.): Qualität der Weiterbildung sichern. Zweites Kolloquium zu Fragen der Weiterbildung am 15. und 16. April 1991 in Potsdam. Konzentrierte Aktion Weiterbildung, Bonn 1991

Bundesminister für Jugend, Familie, Frauen und Gesundheit: Achter Jugendbericht – Bericht über Bestrebungen und Leistungen der Jugendhilfe (BT-Drucksache 11/6576), Bonn 1990

Bundesministerium für Bildung und Wissenschaft: Berufsbildungsbericht 1991 und 1992, Bonn 1991

Bundesvereinigung der Deutschen Arbeitergeberverbände: Die wichtigsten Ergebnisse der Experten-Umfrage „Weiterbildung in der DDR“, Köln 1990
Deininger, D.: Einrichtungen der Jugendhilfe in den neuen Ländern und Berlin-Ost 1991, in: Wirtschaft und Statistik, (1993) 4, S. 2-12
Deters, M./Weigandt, S. (Hg.): Fremdbestimmt – selbstbestimmt. Deutsch-deutsche Karrieremuster von Frauen im Beruf, Berlin 1987
Deutsches Institut für Wirtschaftsforschung (Hg.): Handbuch DDR-Wirtschaft, Berlin 1984
Deutsches Jugendinstitut (Hg.): Was tun Kinder am Nachmittag. München 1992
Dewe, B./Ferchhoff, W.: Staatsverdrossenheit in der Gesellschaft als Problem einer Didaktik der politischen Weiterbildung, in: Hessische Blätter für Volksbildung, Heft 4/1984
Dietrich, R.: Das System beruflicher Erwachsenenbildung in der ehemaligen DDR mit Ausblick auf künftige Strukturprobleme in den neuen Bundesländern, in: Mitteilung aus der Arbeitsmarkt- und Berufsforschung 2/1991, S. 432ff.
Dietzen, A.: Soziales Geschlecht: soziale, kulturelle und symbolische Dimensionen des Gender-Konzeptes, Opladen 1993
Dölling, I.: Marxismus und Frauenfrage in der DDR. Bemerkungen zu einer notwendigen Debatte, in: Das Argument 177, 1989, S. 709-718
Döring, O./Schäfer, E.: Weiterbildungsstrukturen in Sachsen-Anhalt, in: WB in Sachsen-Anhalt, Heft III/93
du Bois-Reymond, M./Büchner, P./Krüger, H.H. u.a.: Kinderleben. Modernisierung von Kindheit im interkulturellen Vergleich, Opladen 1994
du Bois-Reymond, M./Büchner, P./Krüger, H.-H.: Modern family as every day negotiation, in: Childhood 1 (1993), H. 2, S. 87-99
Engelbrech, G./Schenk, S./Wagner, P. (Hg.): Bedingungen der Frauenerwerbsarbeit im deutsch-deutschen Einigungsprozeß. (BeitrAB 167), Nürnberg 1993
Environment Agency (Hg.): Quality of the Environment in Japan, Tokyo 1992
Erste Durchführungsbestimmung zur Verordnung über die Leitung, Planung und Finanzierung der Jugendklubs in der DDR vom 10. September 1987, GBL I Nr. 24 vom 14. Oktober 1987, S. 236
Familiengesetzbuch der DDR vom 20. Dezember 1965 (GBL, i 1966 Nr. 1 S. 1) i. d. F. des Einführungsgesetzes vom 19. Juni 1975 zum Zivilgesetzbuch der DDR (GBL, i Nr. 27 S. 517), Staatsverlag der DDR, Berlin 1982
Fischer, W./Hax, H./Schneider, H. K.: Treuhandanstalt, das Unmögliche wagen, Berlin 1993.
Foljanty-Jost, G.: Kommunale Umweltpolitik in Japan – Alternativen zur rechtsförmlichen Steuerung, Hamburg 1988, S. 88-91
Foljanty-Jost, G.: Kooperation statt Konfrontation: Verhandlungen als Mittel der Beilegung von Umweltkonflikten in Japan, in: Zeitschrift für angewandte Umweltforschung Jg. 3 (1990), H. 1, S. 36-50
Foljanty-Jost, G.: Rückblick auf ein umweltpolitisches Modell: Die Emissionsabgabe in Japan, in: Asien, Nr. 32, Juli 1989, S. 15-37
Ford, H.: Philosophie der Arbeit. (My philosophy of industry) Autorisiertes Interview mit Fay Leon Faurote, Dresden 1929
Frauenreport ’90, Berlin 1991
Funke, H./Schulze, H.-J.: Jugendhilfe in der DDR – Konzeptionen, Leistungen, Problemlagen, in: Reporttexte Jugendhilfe in den neuen Bundesländern 1991, S. 144-148
Galuske, M./Rauschenbach, T.: Jugendhilfe Ost – Entwicklungen, aktuelle Lage und Zukunft eines Arbeitsfeldes, Weinheim 1994
Geiss, I.: Die deutsche Frage 1806 – 1990. Mannheim/Leipzig/Wien/Zürich 1992
Geißler, R.: Soziale Ungleichheit zwischen Frauen und Männern im geteilten und im vereinigten Deutschland, in: Aus Politik und Zeitgeschehen 14-15/1991, 13-24

Gerlach, H./Malik, R./Osenberg, H./Schwandt, A.: Erste Regionalinformationen zur Wohnungsversorgung im vereinten Deutschland. Informationen zur Raumentwicklung, Heft 5/6 1991, S. 253-276

Glaeßner, G.-J.: Vom „demokratischen Zentralismus" zur demokratischen Verwaltung? Probleme des Umbaus einer Kaderverwaltung, in: Seibel, W./Benz, A./Mäding, H. (Hg.). Verwaltungsreform und Verwaltungspolitik im Prozeß der deutschen Einigung, Baden-Baden 1993, S. 67-79

Göhring, J. u.a.: Kommentar zum Zivilgesetzbuch, Berlin 1983

Gottl-Ottlilienfeld, F. v.: Fordismus. Über Industrie und technische Vernunft, 3., um den Abdruck verwandter Arbeiten erweiterte Auflage, Jena 1926

Gottschall, K.: Chancengleichheit durch Bildung? Zum Stellenwert von Weiterbildung für die Erwerbschancen von Frauen, in: Mitteilungen aus der Arbeitsmarkt- und Berufsforschung 2/1991, S. 396ff.

Guggenberger, B./Meier, A. (Hg.): Der Souverän als Komparse. Zwischenrufe zur deutschen Verfassungsdiskussion, 0pladen 1993

Gysi, J. u.a.: Die Zukunft von Familie und Ehe, Familienpolitik und Familienforschung in der DDR, in: G. Burkhart (Hg.): Sozialisation im Sozialismus, 1. Beiheft der ZSE (1990), S. 124-138

Gysi, J./Schubert, R.: Zu einigen methodischen Problemen empirisch-soziologischer Familienforschung – Rückschau und Ausblick. In: Jahrbuch für Soziologie und Sozialpolitik. Berlin 1989, S. 277 – 292

Hafemann, H.: Von der Schwierigkeit, Demokratie und Selbstorganisation einzuüben. Erfahrungen im Aufbauprozeß des Landesjugendrings in Thüringen, in: Zeitschrift für Pädagogik, (1993) 30, Beiheft, S. 283-297

Harada, N.: Kankyô-hô, Tôkyô 1981

Hauser, R. u.a.: Die Auswirkungen der hohen Unterbeschäftigung in Ostdeutschland auf die personelle Einkommensverteilung. (WZB discussion papers p. 93-103). Berlin 1993

Heidemann, W.: Wie und wo im Umbruch der DDR qualifizieren?, in: Die Mitbestimmung 4/1990, S. 96ff.

Henninges, H. v.: Bildungsstruktur, Ausbildungsstruktur und ausbildungsadäquater Einsatz, in: BeitrAB 143, 1991, 17-22

Heuer, U.-J. u.a.: Wirtschaftsrecht, Berlin 1985

Hoffmann, I.: Jugendämter in den neuen Bundesländern, in: Kinder und Jugendliche aus der DDR. Jugendhilfe in den neuen Bundesländern – Reporttexte, Berlin 1991, S. 149-156

Hoffmann, I.: Zum Verständnis der Jugendhilfe in der ehemaligen DDR, in: Forum Jugendhilfe, Arbeitsgemeinschaft für Jugendhilfe – Mitteilungen, (1990) 2, S. 17-20

Hoffmann, J.: Jugendhilfe in der DDR – Grundlagen, Funktionen und Strukturen. München 1981

Hoffmann-Riem, W.: Interessenausgleich durch Verhandlungslösungen, in: Zeitschrift für angewandte Umweltforschung, Jg. 3 (1990), H. 1, S. 19-35

Hoffmann-Riem, W.: Konfliktvermittler in Verwaltungsverhandlungen, Heidelberg 1989

Holst, E.: Zeitverwendung – Berufsarbeit, Hausarbeit, Freizeit, in: BeitrAB 143, 1991, S. 46-50

Horn, N.: Das Zivil- und Wirtschaftsrecht im neuen Bundesgebiet, 2. Aufl., Köln 1993

Hradil, St.: Die „objektive" und die „subjektive" Modernisierung. Der Wandel der westdeutschen Sozialstruktur und die Wiedervereinigung, in: Politik und Zeitgeschichte, 1992

Huber, L.: „Wissenschaftspropädeutik" – Eine unerledigte Hausaufgabe der Allgemeinen Didaktik. (Im Druck)

Huber, L.: Fachkulturen. Über die Mühen der Verständigung zwischen den Disziplinen. In: Ermert, K./Huber, L./Liebau, E. (Hg.): Humboldt, High-Tech und High-Culture. Loccumer Protokolle Nr. 14/1990, Rehburg-Loccum 1990

Infratest Sozialforschung: Arbeitsmarkt Monitor für die neuen Bundesländer. Umfrage 11/1990. Beiträge zur Arbeitsmarkt- und Berufsforschung 148.1 und 148.2, Nürnberg 1991

Institut für Arbeitsmarkt- und Berufsforschung der Bundesanstalt für Arbeit (Hg.): Aktuelle Daten vom Arbeitsmarkt. Stand Oktober 1993, (IAB-Werkstattbericht, Nr. 1.10/15.10.1993) 1993

Jansen, P./Kißler, L./Greifenstein, R.: Direkte Arbeitnehmerbeteiligung mit oder ohne Arbeitnehmervertretung?, in: WSI 9/1990, S. 602-10

Jonas, H.: Das Prinzip Verantwortung. Versuch einer Ethik für die technologische Zivilisation. Frankfurt a.M. 1979/1984.

Kafka, P.: Einfalt und Vielfalt. Über das Wesen der Energie- und Wachstumskrise, in: „Wechselwirkung", Heft 7/1980

Kankyô-chô (Hg.): Kankyô hakusho, Tôkyô laufende Jahrgänge 1974-1993

Kickbusch, I./Riedmüller, B.: Die armen Frauen. Frauen und Sozialpolitik. Frankfurt/M. 1984

Kieselbach, Th./Voigt, P. (Hg.): Systemumbruch, Arbeitslosigkeit und individuelle Bewältigung in der Ex-DDR, Weinheim 1992

Klarhöfer, S./Bausch, I./Götting, M./ Mitdank, D.: Von schwarzen und weißen Schafen auf dem Weiterbildungsmarkt, in: WB in Sachsen-Anhalt, Heft II/93

Kratky, K. W. (Hg.): Systemische Perspektiven. Zur Theorie und Praxis systemischen Denkens, Heidelberg 1991

Krause, H.-U.: Fremdunterbringung in der ehemaligen DDR, in: Jugendhilfe 30 (1992) 1, S. 24-27

Kreckel, R.: Politische Soziologie der sozialen Ungleichheit, Frankfurt am Main 1989

Kreft, D.: Öffentliche Träger, Wohlfahrts- und Jugendverbände, selbstorganisierte (alternative) Projekte und Initiativen – Zur Entwicklung ihres Verhältnisses -, in: Boll, F./Olk, T. (Hrsg.): Selbsthilfe und Wohlfahrtsverbände, Freiburg i. Brsg. 1987, S. 56-68

Krüger, H.-H.: Zum Wandel von Freizeitverhalten und kulturellen Lebensstilen bei Heranwachsenden in Westdeutschland. In: P. Büchner./H.-H. Krüger (Hg.): Aufwachsen hüben und drüben, Opladen 1991, S. 203-221

Küchler, F.v./Kade, S.: Das Bildungs- und Weiterbildungssystem der ehemaligen DDR, in: Küchler, F. v./Kade, S. (Hg.): Erwachsenenbildung im Übergang – deutsch-deutsche Dialogversuche, Frankfurt/Bonn 1992, S. 13-36

Kudera, W.: Eine Nation, zwei Gesellschaften? Eine Skizze von Arbeits- und Lebensbedingungen in der DDR, in: Jurczyk, Karin/Rerrich, Maria S.(Hg.): Die Arbeit des Alltags. Beiträge zu einer Soziologie der alltäglichen Lebensführung. Freiburg 1993, S. 133-61

Kuhn, T.S.: Die Struktur wissenschaftlicher Revolutionen (mit Postskriptum). Frankfurt a.M. 1969

Kultusministerium Mecklenburg-Vorpommern: Vorläufige Rahmenrichtlinien Technik, Werken in den Schulformen Grundschule, Hauptschule, Realschule und Gymnasium, Schwerin 1991

Kultusministerium Thüringen: Vorläufiger Lehrplan Arbeit-Wirtschaft-Technik für die Grund- und Regelschule, Erfurt 1993

Kurbjuhn, M./Fichter, M.: Auch im Osten brauchen die Gewerkschaften Gestaltungskompetenz, in: Gewerkschaftliche Monatshefte 1/93, S. 35-46

Landua, D.: Das Jahr danach – Zum Transformationsprozeß Ostdeutschland und seiner Bewertung aus der Sicht der Betroffenen. (WZB discussion papers p. 92-102), Berlin 1992

Landua, D.: Stabilisierung trotz Differenzierung. Sozialstrukturelle Entwicklungen und wahrgenommene Lebensqualität in Ostdeutschland 1990-1992 (WZB discussion papers p. 93-107), Berlin 1993

Lang, S.: Lebensbedingungen und Lebensqualität von Kindern, Frankfurt/New York 1985
Lange, I.: Die Rolle der Frau im Produktionsprozeß bestimmt ihre Stellung in der sozialistischen Gesellschaft, in: Einheit 24, 1969, S. 339-347
Lemke, C.: Frauen in leitenden Positionen. Probleme der Frauenpolitik in der DDR, in: Deutschland Archiv 9, 1981, S. 970-979
Lingelbach, P.: Das Kinder- und Jugendhilfegesetz in den neuen Bundesländern, in: Landes- und Kommunalverwaltung, (1992) 2, S.39
Lipps, W.: Gesetzgebungs- und Anwendungsfehler im Treuhandrecht der ehemals volkseigenen Wirtschaft, in: BB 1991, Beilage zu Heft 9, S. 1ff.
Lochmann, R.: Deutschland wächst zusammen – Jugendhilfe/Heimerziehung wachsen mit, in: Jugendhilfe 30 (1992) 4, S. 168-174
Lotze, S./Spörl, E./Sprau-Kuhlen, V.: Jugendhilfestrukturen in den neuen Bundesländern, in: Diskurs – Studien zu Kindheit, Jugend, Familie und Gesellschaft. 3 (1993) 2, S. 44-53
Mannschatz, E. u.a.: Heimerziehung. Volk und Wissen, Berlin 1984
Mannschatz, E.: Jugendhilfe als DDR-Nachlaß, Münster 1994
Markefka, M./Nauk, B. (Hrsg.): Handbuch der Kindheitsforschung. Neuwied 1993
Maskow, D.: Die Umwandlung von volkseigenen Betrieben in Kapitalgesellschaften, in: BB 1990, Beilage zu Heft 10, S. ff.
Mayntz, R.: Große technische Systeme und ihre gesellschaftsstheoretische Bedeutung, in: Kölner Zeitschrift für Soziologie und Sozialpsychologie, Jg. 45, Heft 1, 1993, S. 97-108
Meier, B.(Hg.): Lehrerbildung im Lernfeld Arbeitslehre, Hamburg 1993
Mnich, E.: Bürgerumfrage Halle 1993. Der Hallesche Graureiher 93-1, Forschungsberichte des Instituts für Soziologie. Martin-Luther-Universität Halle-Wittenberg 1993
Mühlfeldt, C. u.a.: Auswertungsprobleme offener Interviews, in: Soziale Welt 32 (1981), S. 325-352
Müller, E.: „Standortvorteile" der kommunalen Umweltpolitik – Die Notwendigkeit neuer dezentraler umweltpolitischer Instrumente, in: Hucke, J. und Ueberhorst, R. (Hg.): Kommunale Umweltpolitik, Basel, Boston, Stuttgart 1983, S. 39-53
Müller, M.: Jugendfreizeit in der DDR, in: Burkart, G.: Sozialisation im Sozialismus. Lebensbedingungen in der DDR im Umbruch. Zeitschrift für Sozialisationsforschung und Erziehungssoziologie, (1990) 1. Beiheft, S. 70-76
Müller-Rückert, G.: Frauenleben und Geschlechterverhältnis in der ehemaligen DDR, Bielefeld 1993
Münder, J.: Perspektiven der Jugendhilfe in der BRD und der DDR, in: Soziale Praxis (1990) 8, S.60-80
Narumi, M.: Kigyô to no kôgai bôshi kyôtei – Yokohama hôshiki, in: Jurisuto, Nr. 458, 1970, S. 279-283
Nauk, B.: Sozialstrukturelle Differenzierungen der Lebensbedingungen von Kindern in West- und Ostdeutschland, in: Markefka, M./Nauk, B. (Hrsg.): Handbuch der Kindheitsforschung. Neuwied 1993, S. 143-163
Nees, A.: Sozialpädagogische Einrichtungen und Dienste der Jugendhilfe in den neuen Bundesländern, in: Aus Politik und Zeitgeschichte – Beilage zur Wochenzeitung Das Parlament, Beiheft 3 (1994), S. 38-46
Nickel, H. M.: Frauen in der DDR, in: Aus Politik und Zeitgeschehen 16-17, 1990, S. 39-45
Nickel, H. M.: Frauen- und Arbeitsmarktforschung in der ehemaligen DDR (3 Thesen), in: BeitrAB 167, 1993, S. 11-19
Nickel, H. M.: Geschlechtertrennung durch Arbeitsteilung, in: Feministische Studien 1, 1990, S. 12-25
Niehues, J.: Jugendarbeit in den neuen Bundesländern, in: Blätter der Wohlfahrtspflege – Deutsche Zeitschrift für Sozialarbeit, 139 (1992) 4, S. 105-108

Noller, J. F.: Die Krise des etablierten Parteiensystems am Beispiel Deutschlands, in: Gegenwartskunde 3/1993

Obertreis, G.: Familienpolitik in der DDR. 1945-1980, Opladen 1986

OECD: Environmental Policies in Japan, Paris 1977

Olbertz, J.H.: Kann Bildung Abhilfe schaffen? Ein Beitrag aus der Sicht der Erziehungswissenschaft. In: Hartwich, H.-H. (Hg.): Bindungsverlust und Zukunftsangst. Leben in der Risikogesellschaft. Eine Disputation, Opladen 1994.

Olbertz, J.H.: Nachdenklichkeit als universitäre Bildungsaufgabe, in: K. Ermert/L. Huber/E. Liebau (Hg.): Humboldt, High-Tech und High-Culture. Loccumer Protokolle Nr. 14/1990, Rehburg-Loccum 1990

Olk, Th./Bertram, K.: Jugendhilfe in Ostdeutschland vor und nach der Wende, in: H.-H. Krüger/W. Marotzki (Hg.): Pädagogik und Erziehungsalltag in der DDR. Opladen 1994, S.321-349

Olk, Th./Merten, R.: Modernisierung der Sozialpädagogik, in: Otto/Hirschauer/Thiersch (Hrsg.): Zeit-Zeichen sozialer Arbeit. Entwürfe einer neuen Praxis. Neuwied, Berlin, Kriftel 1992, S. 135-144

Olk, Th./Schiebel, M.: Selbsthilfe- und Initiativgruppen in der Jugendhilfe der neuen Bundesländer. Expertise im Auftrag der Expertenkommission zur Erstellung des 9. Jugendberichtes, Halle 1993

Palentien, C./Pollmer, K./Hurrelmann, K.: Ausbildungs- und Zukunftsperspektiven ostdeutscher Jugendlicher nach der politischen Vereinigung Deutschlands, in: Aus Politik und Zeitgeschichte B 24/93 vom 11.6.1993, S. 3-13

Passavant, O.: Mittlerunterstützte Kooperation in komplexen Verwaltungsprojekten, in: Die öffentliche Verwaltung (DÖV), Jg. 40 (1987), H. 12, S. 516-523

Patemann, C.: Gleichheit, Differenz, Unterordnung. Die Mutterschaftspolitik und die Frauen in ihrer Rolle als Staatsbürgerinnen, in: Feministische Studien 1/1992, 54-67

Plander, H.: Flucht aus dem Normalarbeitsverhältnis: An den Betriebs- und Personalräten vorbei? Rechtsgutachten für die Hans-Böckler-Stiftung, Baden-Baden 1990

Plum, W./Horak, P.: Aufbau von regionalen Einrichtungen. Weiterbildung: Information und Beratung in den neuen Bundesländern, in: Grundlagen der WB, April 1993

Postman, N.: Das Verschwinden der Kindheit, Frankfurt a.M. 1983

Progundke, A.: Eine Chance für Jugendverbände? In: Kinder und Jugendliche aus der DDR. Jugendhilfe in den neuen Bundesländern – Reporttexte. Berlin 1991, S. 209-219

Reinicke, P.: Ausbildung von Fürsorgern/innen (Sozialarbeitern) in der DDR, in: Die berufliche Sozialarbeit, (1990) 3, S. 38-45

Reißig, R.: Transformation Ostdeutschlands – empirische Wahrnehmungen und theoretische Erklärungen (WZB discussion papers p. 93 -001), Berlin 1993

Ruttke, H.: „Feuerzangenbowle?" Anmerkungen zum Programm „Aufbau Freier Träger", in: Informationen zur Jugendförderung 1. Ausgabe April 1993, S. 10-14

Sahner, H.: Regionalentwicklung: Kultur als Standortfaktor. Halle und sein Umland – unterschätzte Möglichkeiten. Der Hallesche Graureiher 94-2, Forschungsberichte des Instituts für Soziologie. Martin-Luther-Universität Halle-Wittenberg 1994

Saruta, K.: Kôgai kankyô wo meguru kadai to taisaku – chihô jichitai no torikumi, in: Jurisuto, Nr. 1015, 1993, S. 1-15

Schäfer, H.-P.: Berufliche Weiterbildung in der DDR, in: Bundesministerium für innerdeutsche Beziehungen (Hg.): Vergleich von Bildung und Erziehung in der Bundesrepublik Deutschland und in der Deutschen Demokratischen Republik. Materialien zur Lage der Nation, Köln 1990

Schäfer, K.: Aufbau der Jugendhilfe in den neuen Bundesländern, in: Recht der Jugend und des Bildungswesens 40 (1992) 1, S. 31-38

Schanz, G.: Mitarbeiterbeteiligung. Grundlagen – Befunde – Modelle, München 1985.

Schätzke, A.: Zwischen Bauhaus und Stalinallee. Architekturdiskussion im östlichen Deutschland 1945-1955, in: Bauwelt Fundamente, 1991, S. 95

Schmachtenberg, R.: Eine Arbeitsmarktpolitik, die allein auf dem AFG gründet, kann Strukturbruch nicht bewältigen, in: Die Mitbestimmung 2/1991, S. 123ff.

Schmähl, W. (Hg.): Sozialpolitik im Prozeß der deutschen Vereinigung. Frankfurt a.M., New York 1992

Schmidkunz, H.: Einleitung in die akademische Pädagogik, Halle a.S. 1907

Schmithals, F.: Pädagogik – die unmögliche Wissenschaft, in: E. Leitner/D. v. Queis/F. Schmithals (Hg.): Die pädagogische Herausforderung der Universität,Weinheim 1990

Schneider, U./Sengling, D.: Im Osten durchaus Neues – Ein Appell zum Verhältnis öffentlicher und freier Träger, in: NDV, 73 (1993) 5, S. 175-178

Schroeder, K.: Die blockierte Vereinigung. Gemeinsamkeiten und Unterschiede der Deutschen in Ost und West, in: Gegenwartskunde 3/1992

Schulte, H.: Allgemeine technische Bildung – Technikunterricht, Stuttgart 1991

Schütze, F.: Biographieforschung und narratives Interview. In: neue praxis 13 (1993), H. 6, S. 283-293

Seger, M./Wastl-Walter, D.: Die sozialistische Stadt in Mitteleuropa. Der Modellfall Halle a.d. Saale. Zustand und Struktur am Ende einer Epoche, in: Geogr. Rdsch. 43 (1991), H. 10, S. 570-579

Seidenstücker, B./Lieber, Ch.: Für eine hohe Wirksamkeit auf dem Gebiet der Erziehungshilfe. Standpunkte zur Arbeitsweise der Jugendhilfeorgane bei der Überwindung von Gefährdungssituationen, in: Jugendhilfe 22 (1984) 9, S. 230-241

Seidenstücker, B.: Jugend, Recht und Jugendhilfe in der DDR, in: Neue Praxis 20 (1990) 4, S. 328-341

Seidenstücker, B.: Jugendhilfe im Übergang. Zur Ambivalenz von Geschichte und Perspektive, in: Böllert, K./Otto, H.-U. (Hrsg.): Soziale Arbeit in einer Neuen Republik. Anpassung oder Fortschritt? Bielefeld 1993, S. 147-165

Seidenstücker, B.: Jugendhilfe in der DDR, in: Soziale Praxis (1990) 8, S.9-59

Siebert, H.: Erwachsenenbildung in Ostdeutschland – was bleibt?, in: Brödel, R. (Hg.): Theorie und Praxis. Band 36, EB am Beginn der Transformation, Hannover 1993

Sommer, T.: Die Krise holt den Westen ein, in: DIE ZEIT 15/1993, S. 1

Spieler, K.: Zur Situation der Jugendarbeit in der ehemaligen DDR, in: Deutscher Verein (Hg.): Jugendhilfe im gesellschaftlichen Wandel (Konzept und Redaktion: J. Faltermeier). Heft 42 der Arbeitshilfen, Frankfurt/M. 1992, S. 201-213

Spoerr, W.: Treuhandanstalt und Treuhandunternehmen zwischen Verfassungs-, Verwaltungs- und Gesellschaftsrecht, Köln 1993

Steffen, H.: Befragung von Teilnehmern von Weiterbildungsmaßnahmen in Sachsen-Anhalt, in: WB in Sachsen-Anhalt- Heft II/93

Steffen, H.: Qualifizierungsbedarf der Erwerbstätigen in den neuen Bundesländern, in: WB in Sachsen-Anhalt, Heft I/93

Striegnitz, M./Callies, (Hg.): Um den Konsens streiten. Neue Verfahren der Konfliktberatung durch Verhandlung, Rehburg-Loccum 1991

Teubner, G./Willke, H.: Kontext und Autonomie: Gesellschaftliche Selbststeuerung durch reflexives Recht, in: Zeitschrift für Rechtssoziologie, Jg. 5 (1984), H. 1, S. 4-35

Topfstedt, T.: Städtebau in der DDR 1955-1971 (Seemann-Beiträge zur Kunstwissenschaft), Leipzig 1988

Tümmler, S.: Ergebnisse einer Bestandserhebung in den neuen Bundesländern und in Berlin-Ost, in: Kreft, D.: Jugendhilfe und KJHG. Zwischenbewertungen, aktuelle Rahmenbedingungen und Handlungsperspektiven. Frankfurt/M. 1993, S. 57-75

Tümmler, S.: Zu einigen Aspekten der Entwicklung der Jugendhilfe in den neuen Bundesländern, in: Forum Jugendhilfe, Arbeitsgemeinschaft für Jugendhilfe, (1990) 2, S. 21-24

Ulrich, G.: Zur Situation der Jugendhilfe in Leipzig, in: Aus Politik und Zeitgeschichte, 38. Beiheft (1992), S. 29-35

Verordnung über die Aufgaben und die Arbeitsweise der Organe der Jugendhilfe (Jugendhilfeverordnung) vom 3. März 1966 (GBL, iI Nr. 34 S. 215) i. d. F. des Einführungsgesetzes vom 12. Januar 1968 zum Strafgesetzbuch der DDR (GBL, i Nr. 3 S. 97) und der Anpassungsordnung vom 13. Juni 1968 (GBL, iI Nr. 62 S. 363; Ber. Nr. 103 S. 827)

Verordnung über die Leitung, Planung und Finanzierung der Jugendklubs der FDJ-Jugendklub-Verordnung- vom 10. September 1987, GBL I Nr. 24 vom 14. Oktober 1987, S. 233

Verordnung über Kindereinrichtungen der Vorschulerziehung vom 22. April 1976 (GBL I Nr. 14, S. 201) – Auszug -

Vester, M.: Das Janusgesicht sozialer Modernisierung. Sozialstrukturwandel und soziale Desintegration in Ost- und Westdeutschland, in: Aus Politik und Zeitgeschehen 26-27/1993

Voigt, D. (Hg.): Qualifikationsprozesse und Arbeitssituationen von Frauen in der Bundesrepublik und der DDR. Berlin 1989

Wächter,G./Kaiser, T./Krause, T.: Klauseln in Unternehmenskaufverträgen mit der Treuhandanstalt, in WM 1992, S. 293ff.

Waterkamp, D.: Handbuch zum Bildungswesen der DDR, Berlin 1987

Weidner, H.: Umweltberichterstattung in Japan, Berlin 1987

Weimar, R.: Treuhandgesetz, Stuttgart 1993

Wilke, H.: Systemtheorie. Eine Einführung in die Grundprobleme der Theorie sozialer Systeme, 3. überarbeitete Auflage, Stuttgart/New York 1991

Yamanouchi K./Otsubo, K.: Agreements on Pollution Prevention: Overview and one Example, in Weidner, H. und Tsuru, S. (eds.): Environmental Policy in Japan, Berlin 1989, S. 221-245

Zeiher, H./Zeiher, H.: Raum und Zeit im Kinderalltag, in: M. Markefka/B. Nauk (Hg.): Handbuch der Kindheitsforschung, Neuwied 1993, S. 389-401

Zeiher, H.: Modernisierungen in den sozialen Formen von Gleichaltrigenkontakten, in: D. Geulen (Hg.): Kindheit. Weinheim 1989, S. 68-87

Autorinnen und Autoren

Marion Büßenschütt, Rechtssekretärin beim DGB-Kreis Halle-Merseburg

Bernd Dewe, Prof. Dr., Institut für Pädagogik, Martin-Luther-Universität Halle-Wittenberg

Gudrun Ecker, 1990-1994 Vorsitzende des DGB-Kreises Halle-Merseburg, seit 1994 beim DGB Niedersachsen

Gesine Foljanty-Jost, Prof. Dr., Institut für Politikwissenschaft, Martin-Luther-Universität Halle-Wittenberg

Elke Hartmann, Prof. Dr., Institut für wirtschaftliche und technische Bildung, Martin-Luther-Universität Halle-Wittenberg

Wolfhard Kothe, Prof. Dr., Juristische Fakultät, Martin-Luther-Universität Halle-Wittenberg

Heinz-Hermann Krüger, Prof. Dr., Institut für Pädagogik, Martin-Luther-Universität Halle-Wittenberg

Martin Kühnel, M.A., Institut für Politikwissenschaft, Martin-Luther-Universität Halle-Wittenberg

Jan Olbertz, Prof. Dr., Institut für Pädagogik, Martin-Luther-Universität Halle-Wittenberg

Thomas Olk, Prof. Dr., Institut für Pädagogik, Martin-Luther-Universität Halle-Wittenberg

Ursula Rabe-Kleeberg, Prof. Dr., Institut für Pädagogik, Martin-Luther-Universität Halle-Wittenberg

Heinz Sahner, Prof. Dr., Institut für Soziologie, Martin-Luther-Universität Halle-Wittenberg

Sven Thomas, M.A., Institut für Politikwissenschaft, Martin-Luther-Universität Halle-Wittenberg

Jürgen Weißbach, Dr., Vorsitzender des DGB Sachsen-Anhalt

GPSR Compliance

The European Union's (EU) General Product Safety Regulation (GPSR) is a set of rules that requires consumer products to be safe and our obligations to ensure this.

If you have any concerns about our products, you can contact us on ProductSafety@springernature.com

In case Publisher is established outside the EU, the EU authorized representative is:

Springer Nature Customer Service Center GmbH
Europaplatz 3
69115 Heidelberg, Germany

Batch number: 10809466

Printed by Printforce, the Netherlands